V&R

Roland Wetter

Hypnosystemische Lebensberatung

Grundlagen und Impulse für die Praxis

Mit einem Vorwort von Anke Lingnau-Carduck

Vandenhoeck & Ruprecht

Mit 20 Abbildungen und einer Tabelle

Bibliografische Information der Deutschen Nationalbibliothek:
Die Deutsche Nationalbibliothek verzeichnet diese Publikation in der Deutschen Nationalbibliografie; detaillierte bibliografische Daten sind im Internet über https://dnb.de abrufbar.

Umschlagabbildung: Sura Nualpradid/Shutterstock.com

Satz: SchwabScantechnik, Göttingen
Druck und Bindung: ⊕ Hubert und Co. BuchPartner, Göttingen
Printed in the EU

Vandenhoeck & Ruprecht Verlage | www.vandenhoeck-ruprecht-verlage.com

ISBN 978-3-525-45340-7

Inhalt

TEIL 2 Hypnosystemische Lebensberatung Praxiswissen

TEIL 3 Übungen, Methoden und Imaginationen

Vorwort einer Reisenden

Dieses Buch erscheint zu einer Zeit, in der die Menschen durch die Coronapandemie vermehrt in soziale, psychische und existenzielle Notlagen geraten. Wir stehen immer wieder vor der Herausforderung, in ungewissen und unsicheren Zeiten Wege zu finden, wie wir uns sichern und orientieren können. Die vorliegende Einladung zu einer Reise in die hypnosystemische Lebensberatung ermöglicht einen gesundheitsförderlichen Blick auf einen möglichen Weg zur Sicherung durch die Nutzung eigener neuronaler Erlebnisnetzwerke und die Aktivierung unbewusster Ressourcen. Das Buch liefert Erkenntnisse zu der Frage, wie inneres Erleben entsteht, und weckt Lust auf die Erkundung diverser Antworten in den Kontexten des eigenen (Arbeits-)Lebens.

Neben entstehungsgeschichtlichen Einblicken der Lebensberatung in Deutschland wird in diesem Buch durchgängig skizziert, wie nützlich, komplementär ergänzend zu heilkundlichen Angeboten unseres Gesundheitssystems gerade auch in diesen Zeiten der niedrigschwellige Zugang zu Lebensberatungsstellen und weiteren Kontexten für unsere Gesellschaft ist. Für viele Klientinnen und Klienten ist es sichernd und hilfreich zu wissen, dass es sich bei einer Lebensberatung nicht um eine Diagnostik oder Therapie handelt. Zu erleben, dass mit relativ kurzen Wartezeiten Termine zu bekommen sind, dass die Prozesse auch in ihrer zeitlichen Dauer von Selbst(mit)bestimmung geprägt sind und dass sie im Mehrpersonensetting mit den eigenen Unterstützungspersonen stattfinden dürfen, trägt sehr zu einer hoffnungsförderlichen Haltung in der Erwartung von Eigenwirksamkeit bei. Wertschätzende Kommunikation verbunden mit einem, wie Roland Wetter in diesem Buch schreibt, »echten Interesse an den persönlichen, sozialen und kulturellen Bedingungen und Entwicklungen der Klienten« ermöglicht dem Beratung suchenden Menschen in einer Willkommenskultur ein »sich einlassen können« auf die eigenen inneren Veränderungsmöglichkeiten. Die hohe Diversität der Anlässe für Menschen, die ihren Weg in eine Lebensberatung finden, macht gleichzeitig auch die Vielfalt der Wege deutlich verstehbar, mit dem Leben in seiner Komplexität (und manchmal auch nur in gefühlter Kompliziertheit) entwicklungsförderlich zurechtzukommen.

Das Buch ist aus meiner Sicht ein fundiert zeitgemäßes und wegweisendes interdisziplinäres Modell für die zirkulären vielfältigen Ankopplungsmomente und -punkte in der beraterischen Arbeit!

So nimmt Roland Wetter die Lesenden mit auf eine Reise, ausgehend von dem »Heimathafen« des Dreiklangs Systemische Beratung – Erickson'sche Hypnotherapie – Embodiment.

Wir reisen als Lesende nahezu leicht und unwillkürlich, analog zu den Techniken der hypnosystemischen Lebensberatung, durch verschiedenste Landschaften unserer Aufmerksamkeitsfokussierung. Die Reiseroute streift mit einer kurzen Skizzierung die Landschaften theoretischer Grundlagen systemischen Denkens und Handelns, der Hypnotherapie und der Embodiment-Ansätze. Die Nutzbarkeit des in jedem Fall reichen, unbewussten Ressourcenpotenzials wird anhand einer Vielzahl von Fallbeispielen, 21 Übungen und Methoden sowie 11 Imaginationen sehr anschaulich illustriert. Sie verbindet sich mit dem recht hohen »Risiko« eines eigenen Ressourcenwachstums für wahrscheinlich alle die Lesenden, die Inhalte dieses Buches ausprobieren werden in ihren Kontexten.

Bemerkenswert ist in diesem Buch der achtsame und behutsame Umgang mit Sprache, durch den sich bei mir als lesend Reisende nahezu unbemerkt eine ermutigende Zuversicht einstellte. Zuversicht darauf, zunehmend die eigene Selbstfürsorge in der Aufmerksamkeit fokussieren zu können und somit grundlegende beraterische Kompetenzen in eigenem Tempo weiter zu fördern.

Seit nunmehr 20 Jahren verbindet mich mit Roland Wetter das gemeinsame Lernen und Wachsen auf professioneller und persönlicher Ebene. So hörte ich ihn beim Lesen seines Buches in meinem inneren Ohr sprechen und freue mich sehr über sein nun veröffentlichtes Werk, ein Geschenk an erfahrene Lebensberaterinnen und -berater sowie Berufsanfänger gleichermaßen.

Er gewährt einen durchaus autobiografischen Einblick in seine lange gewachsene, qualifizierte Fachexpertise und teilt großzügig seine gehobenen und weiterentwickelten Schätze. Gut nachvollziehbar beschreibt er seine Art der Realisierung und Umsetzung nützlicher Erkenntnisse und Wissensstände hin zu einer gelingenden Verschränkung von Haltung und Interventionstechniken.

Empfehlen möchte ich dieses Buch allen Fachkräften, die junge und ältere Menschen allein oder in größeren Systemen wirksam unterstützen möchten und hierfür in dieser praxisnahen Einführung in hypnosystemisches Arbeiten einen Zugewinn an eigener innerer Stärke generieren können. Die Steckbriefe vor den Methodenbeschreibungen erleichtern die passgenaue Auswahl der zu übenden Methoden und Imaginationen. So ist auch der Einstieg für Unterstützende, die keine fundierte Weiterbildung in Hypnotherapie oder Embodiment-Techniken haben, leicht möglich – ein niedrigschwelliger Zugang zu dem eigenen Mut, auch neue Dinge auszuprobieren, ganz sicher mit dem Gewinn kraftgebender Resonanz.

Ich wünsche allen Interessierten eine inspirierende, erkenntnisreiche und kurzweilige Lesereise in die Landschaft der hypnosystemischen Lebensberatung, eine ganzheitliche Reise zu der Nutzung ihres eigenen unbewussten Ressourcenreichtums und schließe mein Vorwort in der lyrischen Form eines »Elfchens«, einer Reduktion meines persönlichen Fazits in elf Worten.

Dreiklang
dieser Lebensberatung
aufmerksam – achtsam – ganzheitlich
verbindet Körper, Geist, Erleben
hypnosystemisch

Anke Lingnau-Carduck

Die Reise beginnt – Vorwort des Autors

Die erste Begegnung mit hypnosystemischen Ideen konnte ich 1994 während des ersten Semesters meines Sozialpädagogikstudiums an der Universität Siegen machen. Damals besuchte ich bei Siegfried Mrochen ein »Beratertraining für Sozialpädagogen«, das über drei Semester die grundlegenden Konzepte der systemisch-lösungsorientierten, hypnosystemischen und strategisch-kurzzeitorientierten Beratungs- und Therapieansätze behandelte. Wir Studierenden hatten damals die Möglichkeit, die theoretischen Modelle kennenzulernen und erste praktische Erfahrungen im Experimentieren mit Beratungssequenzen zu sammeln.

Besonders bewegte mich in einem Seminar, wie Siegfried Mrochen mit einem Kommilitonen arbeitete, der so stark stotterte, dass er kaum zwei Wörter flüssig zusammenhängend sprechen konnte. Siegfried bat den Studenten, ihm seinen Arm in seine Hand zu legen, und sprach dann sinngemäß: »Und während ein Teil deiner Aufmerksamkeit bei deinem Arm hier in meiner Hand sein kann … kann ein anderer Teil mir einfach nur zuhören …« Dann begann er mit dem Studenten zu sprechen und zwischen beiden entstand ein lebendiger und flüssiger Dialog. Diese Erfahrung ist für mich zu einem Schlüsselmoment geworden.

In meiner beruflichen Praxis habe ich mich dann weiter intensiv mit diesen Ideen beschäftigt, entsprechende Weiterbildungen besucht und sie in verschiedenen Feldern der stationären und ambulanten Jugend- und Familienhilfe anwenden und weiter vertiefen können. Inzwischen bin ich seit vielen Jahren in einem Beratungszentrum tätig und unterstütze neben Kindern, Jugendlichen, Familien ebenso Paare, Einzelpersonen und Fachkräfte.

Die Idee zu dem Buch entstand vor etwa vier Jahren. Damals entwickelte ich für eine Beratungsstelle ein Tagesseminar »Einführung in hypnosystemisches Arbeiten«. Im Zuge der Vorbereitung des Workshops entkeimte mehr und mehr das Vorhaben, meine Erfahrungen zu verschriftlichen und Interessierten zugänglich zu machen. Das Ergebnis halten Sie nun in Ihren Händen.

Ziel des Buches ist es, die vielen Facetten hypnosystemischer Praxis lebendig und spürbar werden zu lassen. Es richtet sich an Profis, die Menschen in besonderen Lebenssituationen beraten oder therapeutisch begleiten und dabei spannende neue Erfahrungen machen möchten. Dabei finden die Kontexte der Jugendhilfe, Beratungsstellen und freien Praxen besondere Berücksichtigung. Auch Fachkräfte aus anderen, verwandten Bereichen dürfen sich gern angesprochen fühlen.

Das Buch gliedert sich in drei Teile. Im *ersten Teil* steht das Hintergrundwissen im Mittelpunkt. Neben dem Verständnis von Lebensberatung in verschiedenen Kontexten, den unterschiedlichen Lebensphasen und Entwicklungskontexten sowie der Entstehungsgeschichte des hypnosystemischen Ansatzes werden die drei zentralen Zugänge – systemisches Denken und Handeln, Hypnotherapie nach Milton Erickson und Embodiment – skizziert. Ein Kapitel zum traumasensiblen Arbeiten erhält ebenfalls seinen Raum. Im *zweiten Teil* beschreibe ich ausführlich das anwendungsbezogene Praxiswissen sowie die begründeten hypnosystemischen Kernannahmen und erläutere sie an vielen Beispielen. Dabei spielen die hypnosystemische Kommunikation sowie die Prozessgestaltung eine wichtige Rolle. Die Nutzung der Entwicklungskontexte, die beraterischen Kompetenzen sowie die affektive Rahmung finden ebenso besondere Berücksichtigung. Der *dritte Teil* steht ganz im Zeichen einer großen Anzahl von Übungen, Methoden und Imaginationen. Dabei soll hypnosystemische Lebensberatung lebendig, unmittelbar und sehr konkret für Sie erfahrbar werden!

Jetzt wünsche ich Ihnen, liebe Leserinnen, Lesende und Leser, viel Freude und Neugierde beim Entdecken hypnosystemischer Ideen für die Lebensberatung. Möglicherweise löst es bei dem einen oder anderen wie von selbst den Impuls aus, damit zu experimentieren und Neues entstehen zu lassen.

Roland Wetter

TEIL 1

Hypnosystemische Lebensberatung

Hintergrundwissen

Zum Begriff und zur Entstehungsgeschichte von Lebensberatung

Der Begriff »Lebensberatung« ist in Deutschland eng mit der Entstehung von Beratungsstellen nach dem Zweiten Weltkrieg verbunden und wurde vor allem durch kirchliche Träger geprägt. »Nachdem bereits 1949 der Deutsche Arbeitskreis für Familienberatung ins Leben gerufen worden war, kam es in den 50er Jahren im Rahmen des von den Alliierten initiierten ›Marshall-Planes‹ in der BRD zur gesetzlichen Einführung der auf Kinder und Jugendliche und ihre Eltern begrenzten Erziehungsberatung. Diese wurde als kommunale Aufgabe begriffen und mit öffentlichen Mitteln finanziert. Als kirchliche Antwort auf diese staatliche Beschränkung analog dem Vorbild der amerikanischen ›child guidance clinics‹ wurden Evangelische Ehe- und Lebensberatungsstellen auf- und ausgebaut – offen für Menschen jeglichen Alters und jedweder Problemlage« (Fernkorn, Haid-Loh, Hufendiek, Meyer, Merbach, Volger, 2014, S. 31). Lebensberatung ist in Deutschland kein geschützter Begriff – wie beispielsweise »Psychotherapie« – und wird zunehmend in vielen Bereichen der psychosozialen Versorgung angewendet.

Dagegen gehört Lebens- und Sozialberatung in Österreich seit 1990 neben der medizinischen, psychotherapeutischen und klinisch-psychologischen Versorgung zur Gesundheitsvorsorge und ist gesetzlich verankert. »Unter Lebens- und Sozialberatung verstehen wir die professionelle, bewusste und geplante Beratung, Betreuung und Begleitung von Menschen in Entscheidungs- und Problemsituationen. Lebens- und Sozialberatung ist insbesondere eine Hilfestellung und ein Angebot für Menschen, die unter den alltäglichen Belastungen oder Krisensituationen leiden, die für ihr Leben eine neue Richtung und neue Wege suchen oder sich persönlich weiterentwickeln wollen« (Bitzer-Gavornik, 2016, S. 19). Im Zuge dessen entstanden zahlreiche Ausbildungseinrichtungen und ein eigenes Berufsbild als »Diplom-Lebensberater«. Lebens- und Sozialberater gehören zur »Fachgruppe der Personenberater und Personenbetreuer« in Österreich.

In diesem Buch wird Lebensberatung als eine Unterstützungsform komplementär zu den heilkundlichen Angeboten unseres Gesundheitssystems beschrieben und bezieht sich auf alle Themen, in denen Menschen eine Klärung, Entlastung und Bewältigung einer unbefriedigenden bzw. krisenhaften persönlichen oder beruflichen Situation anstreben und dazu professionelle Unterstützung in Anspruch nehmen. Lebensberatung wird in diesem Sinne weit gefasst und bildet einen Rahmen für Unterstützungsangebote in unterschiedlichen Kontexten und Settings. Die Arbeitsweisen beziehen sich dabei im Wesentlichen auf drei Kontexte: Beratungsstellen, freie Praxen sowie Jugendhilfe gemäß SGB VIII. Damit leisten sie einen wichtigen Beitrag zur psychosozialen Versorgung.

Lebensphasen und Entwicklungskontexte: Rahmenbedingungen für beraterisches Gestalten

Entwicklung von Menschen geschieht sowohl innerhalb der eigenen Person als auch in Beziehungen zu anderen Menschen. Daher ist es wichtig, die Wechselwirkungen des Einzelnen mit seinen jeweiligen Bezugspersonen zu berücksichtigen (Rotthaus, 2015). Gerade in der Beratung von Kindern und Jugendlichen mit ihren Eltern ist wesentlich, neben den Entwicklungsaufgaben eines Kindes oder Jugendlichen, z. B. die der Autonomie, auch die entsprechende »Entwicklungsaufgabe« der Eltern, nämlich Autonomie ihres Kindes altersangemessen zu fördern, im Blick zu haben. Ein Mensch kann erst in Bezug auf einen anderen ein Ich-Bewusstsein entwickeln. Autonomie gibt es demnach nicht an sich, sondern ist erst in Bezug auf eine andere Person möglich. Eine Balance zwischen Autonomie und sozialer Gebundenheit, die immer wieder neu hergestellt werden muss, ermöglicht eine »gesunde« Entwicklung (Rotthaus, 2005). Helm Stierlin (1989) hat dies mit dem Begriff der »bezogenen Individuation« umschrieben: ganz bei mir und gleichzeitig auf andere bezogen.

Kinder im Grundschulalter sind noch in hohem Maße an ihre Eltern gebunden. Zugleich erweitern sie ihren sozialen Aktionsradius mehr und mehr auf Klassenkameraden und Freunde und gestalten ihre Lebenssituation zunehmend mit (Rotthaus, 2015). Sie freuen sich daran, neue Erfahrungen außerhalb der Familie machen zu können, und brauchen zugleich immer wieder die Sicherheit ihrer nahen Bezugspersonen. Kinder in diesem Alter sind meist neugierig, möchten lernen, haben Interesse am spielerischen und praktischen Tun und freuen sich über jeden neu gemachten Entwicklungsschritt. Sie haben das Bedürfnis nach Erfahrung und Anregung, Dinge zu meistern, nach sozialem Miteinander sowie nach Wohlbefinden (Olness und Kohen, 2006). Es macht sie stolz, zum ersten

Mal ohne Eltern bei einer Freundin übernachten zu können, allein mit dem Bus zur Schule zu fahren oder zum ersten Mal beim Bäcker ein Brötchen zu kaufen. Kinder sind besonders auf Lob und positive Rückmeldung angewiesen, da sie für die Entwicklung ihrer Identität ein Gegenüber brauchen, das ihnen liebevolle Zugewandtheit und Sicherheit vermittelt. Und Kinder müssen mit der Zeit lernen, ihre Gefühle und Impulse zu regulieren und »angemessen« mit diesen umzugehen (Holtz und Mrochen, 2005) sowie altersentsprechend Stück für Stück mehr Verantwortung zu übernehmen.

Kinder in diesem Alter werden zur Beratung durch ihre Eltern angemeldet. Sie können in der Regel noch kein eigenes Anliegen formulieren. In der Beratung geht es darum, einen Rahmen für das Kind zu schaffen, indem es sich sicher und angenommen fühlt. Erst danach kann geschaut werden, wie mit dem Kind und den Eltern ein entsprechendes Beratungsziel entwickelt werden kann (vgl. Kapitel »Entwicklungspsychologische, soziale und kulturelle Bedingungen nutzen«, S. 88).

Jugendliche befinden sich an einer anderen Stelle ihrer Entwicklung. Sie sind im Übergangsbereich zwischen Kind und Erwachsenen. Sie ahnen zwar, dass es nicht so weiter geht wie bisher, haben aber meist (noch) kein Modell, wie sie ihr Leben gestalten möchten. Für Jugendliche stehen Fragen der Identitätsentwicklung im Mittelpunkt. Damit verbunden ist die Entfaltung der Geschlechterrolle sowie das soziale Bindungsverhalten. Die Auseinandersetzung mit Werten, Normen, Ethik und Politik erhält mehr Aufmerksamkeit. Die Heranwachsenden haben zunehmend mehr Handlungsspielräume (Signer-Fischer, 2011).

In der Beratungsarbeit mit Jugendlichen erscheinen folgende Überlegungen in Bezug auf die Veränderungsdynamik dieser Entwicklungsphase wichtig (Ludewig, 2010):

- Aufgrund der Ungewissheit von anstehenden Änderungen gilt es, lieber das Bekannte auszuhalten als eine Veränderung zu riskieren, bei der die Folgen (noch) nicht absehbar sind.
- Veränderungen, die zwar als notwendig, aber auch als risikoreich erlebt werden, erfordern daher ein Wagnis.
- Beratung soll daher Bedingungen schaffen, die ein Wagnis für den Jugendlichen begünstigen, das Erleben von Hoffnung und Auto-

nomie intensivieren und ein »mehr vom anderen« statt »mehr vom selben« wahrscheinlicher werden lässt.

Jugendliche können in dieser Hinsicht als »Grenzgänger« beschrieben werden (Ludewig, 2005a, 2005b, 2010). Sie verfügen über ein enormes Potenzial, jedoch noch wenig Erfahrung in der Umsetzung. Jugendliche werden leicht unter- oder überschätzt. Meistens lieben sie ihre Eltern, verleugnen dies aber aus der Angst, als Kind behandelt zu werden, und halten die Eltern lieber auf Distanz. Die Eltern reagieren dann oft hilflos, gekränkt oder ärgerlich. Die bisherigen Beziehungsmuster sind nicht mehr nützlich und neue sind noch nicht etabliert (Ludewig, 2010).

Das Augenmerk der Beratung mit Adoleszenten liegt darauf, einen interaktionellen, von Wertschätzung und Kooperation getragenen Kommunikationsrahmen zu schaffen. Die Beteiligten sollen sich darin sicher und angenommen fühlen, um das Wagnis von notwendigen Veränderungen einzugehen (Liechti, 2009). Dafür ist es wichtig, sich auf ihre Lebenssituation einzustellen, ihre speziellen Ressourcen anzusprechen und zu fördern (Rotthaus, 2005; vgl. »Infogespräch« im Abschnitt »Umgang mit Sprache und Gesprächsführung«, S. 82).

Meist sind Jugendliche dann motiviert für Beratung, wenn sie das Gefühl haben, davon profitieren und Veränderungen beeinflussen zu können. Sie spüren sehr genau, ob die Beraterin, der Therapeut oder die Pädagogin sie als »Grenzgänger« annehmen und akzeptieren kann.

Manchmal ist es zunächst sinnvoll, mit den Beteiligten mögliche Entwicklungsaufgaben von Familien mit Jugendlichen zu thematisieren. Im Anschluss daran kann überlegt werden, was dies konkret für die jeweilige Familie bedeuten könnte und welche Auswirkungen damit für die Beteiligten verbunden wären. Dabei wird deutlich, dass auch Eltern von Jugendlichen in gewisser Hinsicht »Grenzgänger« sind, da sie nicht mehr Eltern eines (kleinen) Kindes, aber auch noch nicht die eines erwachsenen Kindes sind (vgl. Methode »Drei-Felder-Modell«, S. 203).

Jugendliche benötigen Begleitende, die diesen zuweilen schwierigen Übergang vom Kind zum Erwachsenen mit ihnen aushalten, Ambivalenzen oder sogar Multivalenzen als Ressource nutzen können, immer wieder Hoffnung säen, »respektvoll Klartext« sprechen (Mrochen, 1994, persönliche Mitteilung) und sich dabei als authentische Person in ihrer beruflichen Rolle zeigen. »Deshalb achten sie besonders sensibel auf Botschaften der Therapeutinnen und Erzieher, die erneute Beschuldigungen und Abwertungen enthalten können. Wenn sie erfahren, dass die Therapeuten und Erzieherinnen sich nicht als bessere Eltern, besserwissende Diagnostiker, Therapeuten und Pädagoginnen präsentieren, sondern um das Verstehen der familiären Dynamik, Belastungen und Krisen bemüht sind und auf bisherige Lösungsversuche, Fähigkeiten, Ressourcen und Entwicklungsmöglichkeiten fokussieren, ist der erste wichtige Schritt getan« (Ritscher, 2014, S. 447). Jürgen Hargens prägt den Begriff der »wohlwollenden Penetranz« (Hargens, 2001) und beschreibt damit eine von Wertschätzung und gleichzeitiger Deutlichkeit geprägten Haltung.

Entwicklungskontexte und Lebensphasen von Erwachsenen sind vielseitig und komplex. Für Eltern ergeben sich beispielsweise Erziehungsfragen in Bezug auf die Kinder, die Veränderung der Paarbeziehung nach Geburt sowie nach Auszug der Kinder. Andere beschäftigen sich mit dem Alleinsein, Sinnfragen, beruflichen Themen, dem Umgang mit dem Älterwerden oder den Beziehungen zur Herkunftsfamilie. Und für alle werden Tod und Trauer irgendwann ein Thema sein. In den jeweiligen Lebensphasen geht es darum, Übergänge zu gestalten und Ideen für entsprechende Entwicklungsschritte zu finden. Und manchmal ist es wichtig, anzuerkennen, dass es so ist, wie es ist. Dabei erhält auch bei Erwachsenen die Polarität von Autonomie und Bindung seine Bedeutung.

Elvira Muffler (2016) fasst die Entwicklungsaufgaben sinngemäß zusammen: »Während Kinder ›Mütterliches‹ und ›Väterliches‹ von außen brauchen, um sich gut zu entwickeln, heißt erwachsen sein, dass man sich selbst mit Mütterlichem und Väterlichem versorgen kann, milde mit sich ist, liebevoll mit seinen Schwächen umgehen kann und Verantwortung für eigene Bedürfnisse übernimmt. Wenn wir den Mut finden, das ›Ängstliche‹ in uns liebevoll zu betrachten, passieren wundersame Dinge« (2016, persönliche Mitteilung).

Die unterschiedlichen Lebensphasen und Entwicklungskontexte, in denen Menschen Lebensberatung nachfragen, werden auch durch die vielen verschiedenen Anlässe deutlich.

Mögliche Anlässe für Lebensberatung:

- Herr D. (23 Jahre) lebt in einer Notschlafstelle für wohnungslose Menschen. Er hat als Kind viele schwierige Erfahrungen machen müssen und fühlt sich oftmals unsicher und überfordert, eine Lebensperspektive zu entwickeln. Eine Betreuerin der Einrichtung empfiehlt ihm eine Lebensberatung.
- Frau M. (55 Jahre) erlebt sich mit der Pflege ihrer Mutter zu Hause überfordert und kommt an ihre körperlichen und psychischen Grenzen. Die Vorstellung, ihre Mutter professionell pflegen zu lassen, erzeugt bei ihr ein schlechtes Gewissen. In der Beratung sucht sie einen Umgang mit dem Dilemma.
- Vor vier Wochen hatte Marie (6 Jahre) einen schweren Unfall, den sie körperlich und offenbar auch psychisch gut überwunden hat. Ihre Eltern melden sich zur Beratung, da sie das Erlebte nicht verarbeiten können und sich schuldig fühlen.
- Herr B. (26 Jahre) soll den elterlichen Handwerksbetrieb übernehmen, doch er möchte viel lieber Rettungssanitäter werden. Seine Eltern wissen noch nichts davon und gehen davon aus, dass ihr Sohn den Betrieb übernehmen wird. Herr B. fühlt sich niedergeschlagen und hilflos.
- Maurice (17 Jahre) war immer ein guter Schüler. Jetzt stehen die Abiturprüfungen an, und er erlebt sich als ängstlich, angespannt und innerlich unruhig.
- Herr S. (30 Jahre) und Frau A. (28 Jahre) sind seit 8 Jahren ein Paar. Während Frau A. einen intensiven Kinderwunsch verspürt, denkt Herr S., dass dafür die Beziehung noch stabiler werden muss.
- Frau G. (20 Jahre) befindet sich in einer Ausbildung zur Bankkauffrau. Sie fühlt sich von der Abteilungsleitung abwertend behandelt und überlegt, die Ausbildung abzubrechen. Bald steht ein Gespräch an, was bei Frau G. Druck auslöst.
- Die Bilder im Fernsehen aus der Ukraine lösen bei Frau N. (83 Jahre) nächtliche Albträume und Erinnerungen an eigene Kriegs- und Fluchterfahrungen aus. Sie hatte gedacht, eigentlich ein schönes Leben verbracht zu haben, und fragt sich nun, ob sie noch »normal« ist. Frau N. wird vom Gemeindepfarrer an eine Beratungsstelle vermittelt.

- Philipp (15 Jahre) eröffnet seinen Eltern, dass er sich sexuell zu anderen Jungen hingezogen fühlt, was zu einem heftigen Streit besonders mit seinem Vater führt. In der Familienberatung lernen Eltern und Sohn, respektvoll miteinander umzugehen und ihre Beziehung neu zu gestalten. Philipp möchte zudem Einzelgespräche für sich nutzen.
- In Familie S. kommt es regelmäßig zu Konflikten zwischen Ben (13 Jahre) und seiner Schwester Hanna (11 Jahre), die zunehmend handgreiflich ausgetragen werden. Die Eltern fühlen sich hilflos und wenden sich ans Jugendamt.
- Herr L. (38 Jahre) leidet unter Selbstzweifeln und Antriebslosigkeit. Einen Platz bei einem Psychotherapeuten könnte er in einem Jahr bekommen. Seine Hausärztin schlägt ihm eine Lebensberatung vor.
- Frau E. (45 Jahre) bittet um Hilfe für sich und ihre zwei Kinder (14 Jahre und 12 Jahre). Ihr Mann und Vater der Kinder nahm sich vor zwei Wochen das Leben. Sie ist sehr verzweifelt und weiß nicht, wie es weitergehen kann.
- Jakob (16 Jahre) wurde im Zuge eines gerichtlichen Sorgerechtsentzugs in einer Jugendwohngruppe untergebracht. Seine Mutter, Frau A. (34 Jahre), ist traurig und beschämt, Jakob fühlt sich wütend und hilflos. Kontakt zum Vater besteht nicht.
- Frau L. (60 Jahre) war Zeugin eines Überfalls auf eine Tankstelle. Seitdem zeigt sie Symptome wie Zittern und innere Unruhe. Ihr Hausarzt hat ihr Beruhigungsmittel verschrieben und eine Therapie empfohlen. Ihre Freundin schlägt ihr ein Gespräch in einer Beratungsstelle vor, da sie selbst gute Erfahrungen damit gemacht hat und zeitnah einen Termin bekommen kann.
- Zwischen Frau (40 Jahre) und Herrn H. (42 Jahre) kommt es zu massiven häuslichen Auseinandersetzungen. Der gemeinsame Sohn Paul (11 Jahre) leidet sehr unter der Situation.[1]

Diese beispielhaften Anlässe zeigen, wie unterschiedlich die Themen und entwicklungsbedingten Kontexte von Lebensberatungen sein können.

1 Alle Klientennamen, auch die abgekürzten, wurden in diesem Buch geändert sowie die Fallbeispiele anonymisiert.

Handlungsfelder: Hypnosystemisches Arbeiten in verschiedenen Kontexten

Hypnosystemische Lebensberatung integriert Haltungen und Methoden der Systemischen Beratung, der Erickson'schen Hypnotherapie sowie Embodiment-Ansätze. Sie ist kontextsensibel, lösungsorientiert und ressourcenaktivierend. Sie sieht sich auf Augenhöhe mit anderen Beteiligten im Helfersystem, bezieht weitere Unterstützungskontexte mit ein, arbeitet in Netzwerken und initiiert bei Bedarf weitergehende Hilfen.

Hypnosystemisches Arbeiten ist in ganz verschiedenen Kontexten ein hilfreiches Verfahren, Menschen bei der Entfaltung ihrer Potenziale zu unterstützen. In Beratungsstellen und freien Praxen kann meist unmittelbarer mit beraterischen und therapeutischen Ansätzen gearbeitet werden, da der Komplexitätsgrad des Angebots dort geringer ist als in der Jugendhilfe. Dort müssen im Zuge der Hilfeplanung im Dreieck Familie–Jugendamt–Hilfeanbieter zunächst Rahmenbedingungen für die gemeinsame Arbeit geschaffen werden. In Beratungsstellen und freien Praxen kann durch entsprechend gestaltete Gespräche und durch konkrete Methoden und Übungen die große Bandbreite hypnosystemischer Angebote oftmals direkter zur Anwendung kommen.

Beratungsstellen

In Deutschland entstanden ab den 1950er Jahren viele Erziehungs-, Familien-, Paar-, und Lebensberatungsstellen sowie im Verlauf spezielle Fachberatungsstellen in unterschiedlicher Trägerschaft. Die Beratungsstellenlandschaft ist sehr verschieden. In den Erziehungs- und Familienberatungsstellen arbeiten multiprofessionelle Teams aus Psychologinnen, Sozialpädagogen, Sozialarbeitern, Heilpädagoginnen etc. mit Kindern, Jugendlichen, jungen Erwachsenen, Familien und Eltern mit unterschiedlichen beraterisch-therapeutischen Verfahren. Erziehungsberatungsstellen gehören zur Pflichtversorgung einer Kommune und werden von verschiedenen Trägern angeboten. Daneben gibt es Paar- und Lebensberatungsstellen, die teils in Erziehungsberatungsstellen integriert sind. Außerdem verfügen wir in Deutschland über ein regional sehr unterschiedlich breites Angebot an speziellen themenbezogenen Fachberatungsstellen wie z. B. Schulberatung, Suchtberatung, geschlechterbezogene Beratung, Schwangeren- und Schwangerschaftskonfliktberatung, Beratung für Menschen mit Gewalterfahrung.

Beratungsstellen zeichnen sich durch ein hohes Maß an Niederschwelligkeit aus. Eine Anmeldung ist für alle Menschen unabhängig vom Status möglich. Es muss weder ein Antrag bei einer Behörde gestellt werden noch ist eine Überweisung eines Arztes erforderlich. Die Beratung ist in der Regel freiwillig, daher ist die Beratungsmotivation vergleichsweise hoch, was für die Veränderungsmotivation nicht automatisch gilt. Wichtiger Aspekt der Niederschwelligkeit ist auch, dass Angebote in Beratungsstellen für die Kundinnen und Kunden in der Regel kostenlos sind.

Beratungsstellen bieten in vielerlei Hinsicht eine hohe Flexibilität. Je nach Kontext, Anliegen und Ziel kann im Einzel- oder Mehrpersonensetting gearbeitet werden. Die Anzahl der Beratungskontakte sowie die Abstände zwischen den Sitzungen sind sehr unterschiedlich und richten sich nach den jeweiligen Bedarfen und vereinbarten Aufträgen. In Krisen kann oftmals ein zeitnaher Termin angeboten werden. Der Beratungsbeginn ist vergleichsweise zeitnah und die Wartezeiten sind relativ überschaubar, wobei sich dies regional sehr unterscheiden kann. Die Bundeskonferenz für Erziehungsberatung (bke) empfiehlt, dass 80 Prozent der Anmeldenden einer Beratungsstelle innerhalb von drei, spätestens vier Wochen ein Erstgespräch angeboten wird (bke, 2022). Die meisten Beratungsprozesse sind nach meiner Erfahrung in der Regel nach zwei bis etwa acht Kontakten beendet. Verstärkt durch die Coronapandemie kommen zunehmend digitalisierte Formate zum Einsatz.

Freie Praxen

Viele Kolleginnen und Kollegen in freien Praxen bieten Beratung und Therapie diesseits des »Heilauftrags« an. Manche haben sich auf bestimmte Themen und Settings spezialisiert. So arbeiten einige mehr mit Einzelpersonen, andere eher mit Paaren oder Familien. Zugleich gibt es eine große Vielfalt an beraterisch-therapeutischen Verfahren, die zur Anwendung kommen. Freie Praxen haben einen großen Gestaltungsspielraum in ihrer Beratungsarbeit. Es steht ihnen frei, zu entscheiden, mit welchen Klienten und in welchen Settings sie wie lange arbeiten möchten. Sie finanzieren sich im Gegensatz zu den kostenlosen Beratungsstellen und den kassenfinanzierten Psychotherapien über ein entsprechendes Honorar, das Klienten in der Regel als Selbstzahler entrichten müssen.

Jugendhilfe

Gesetzliche Grundlage der Jugendhilfe ist das SGB VIII. Demnach haben Kinder, Jugendliche und Eltern ein Recht auf Unterstützung durch das Jugendamt. Die Arbeit im Kontext der Jugendhilfe ist sehr vielschichtig und stellt oftmals eine besondere Herausforderung für alle Beteiligten dar. Während die niederschwellige Form eine Beratung durch die Sozialarbeiterinnen und Sozialarbeiter des Allgemeinen Sozialen Dienstes (ASD) des Jugendamtes darstellt, erfordern weitergehende Hilfen einen entsprechenden Antrag auf *Hilfe zur Erziehung*. Jugendhilfe geschieht im Dreieck Jugendamt–Familie–Leistungsanbieter. Die Form der Hilfen umfasst je nach Bedarf ein breites Spektrum und reicht von aufsuchender Beratung bis hin zu stationären Angeboten in Wohngruppen und Pflegefamilien.

In den Jugendämtern bietet vor allem systemische und hypnosystemische Kommunikation viele Möglichkeiten, Beratungs- und Hilfeplangespräche klar zu strukturieren und ressourcenorientiert zu gestalten. In NRW bieten beispielsweise die Landesjugendämter den Mitarbeitenden in den Jugendämtern vor Ort eine Qualifizierung in »Systemischer Hilfeplanung«, um entsprechende Kompetenzen zu erwerben. Manchmal reichen schon wenige kommunikative Angebote, um in Gesprächen die Beziehung zu stärken, neue

Impulse zu setzen und hilfreiche Suchprozesse entstehen zu lassen (Prior, 2003).

Entsprechende Hilfen werden durch das Instrument der Hilfeplanung durch die Fachkräfte des Jugendamts gesteuert. Hilfeplanung ist ein komplexer Prozess, in dem es wichtig ist, die sich aus den unterschiedlichen Rollen ergebenden Aufgaben klar und wertschätzend zu kommunizieren. Die Gestaltung eines Hilfeplangesprächs als überwiegend formalen Verwaltungsakt lässt dagegen viele Ressourcen im Hilfesystem ungenutzt. »Eine systemische Perspektive ermöglicht die Realisierung von Hilfeplanung als Potentialentfaltung in einem transdisziplinären Prozess, orientiert an den Lebenswelten der Familien in kongruenter Kooperation mit den Fachkräften in der Kinder- und Jugendhilfe, der Medizin und der Bildungseinrichtungen« (Lingnau-Carduck und Wolter, 2021, S. 120). Eine wesentliche Grundlage für die Wirksamkeit von Hilfen zur Erziehung ist eine tragfähige und kontinuierliche Beziehung zwischen Fachkräften und Hilfeempfängern. Darüber hinaus ist es wichtig, die Familien bei der Auswahl der Hilfe sowie bei der Entwicklung von Zielen aktiv zu beteiligen (Winkelmann, 2020).

Aufsuchende Hilfen wenden sich an Familien, die besser erreicht werden können, wenn die Möglichkeit besteht, sie in ihrem unmittelbaren Lebensumfeld aufzusuchen. In Familien, die freiwillig oder unfreiwillig aufsuchende Hilfen erhalten, gab es in der Vergangenheit oftmals eine Reihe von Lösungsversuchen, die leider nicht zum gewünschten Erfolg führten. Die Familien sind oft von sozialer Benachteiligung betroffen und komplex belastet. Die Kinder und Jugendlichen sind in besonderem Maße Risikofaktoren für ihre seelische und körperliche Gesundheit ausgesetzt (Bräutigam und Müller, 2014). Die Familien machen so wiederholt die Erfahrung von Scheitern und Kränkung. »Sie wissen in der Regel, was sie in ihrem Leben verändern müssen, wenn es uns professionellen Helfern gelingt, ihren Beitrag zur Veränderung zu wertschätzen und sie in ihren Anstrengungen zu unterstützen. Sie benötigen im Allgemeinen keine Hinweise oder ein Herausstellen ihrer Probleme, sie kennen diese selbst zur Genüge« (Conen, 2002, S. 40).

In der aufsuchenden Familienhilfe arbeiten oftmals zwei systemisch qualifizierte Fachkräfte mit der Familie an den zuvor im Hilfeplan entwickelten Zielen. Es gibt eine Vielfalt an Settings, die sich an den jeweiligen Bedarfen orientiert. So können Beratungsgespräche mit der ganzen Familie, den Eltern und den Kindern jeweils allein oder auch in wechselnden Konstellationen stattfinden. Durch die »Beratung am Küchentisch« findet die unmittelbare Lebenswirklichkeit der Familien Berücksichtigung. Dadurch werden die Profis stark mit Fragen der eigenen Werte und Lebensvorstellungen konfrontiert. Da die Annahme und der Erfolg der Hilfe wesentlich dadurch bestimmt werden, ob sich die Familien durch die Fachkräfte wertgeschätzt und gesehen fühlen, erfordert dies eine ständige Auseinandersetzung mit den eigenen Wertesystemen (Bräutigam und Müller, 2014).

In der aufsuchenden Familienarbeit, insbesondere der Aufsuchenden Familientherapie (AFT), haben systemische Konzepte inzwischen eine lange Tradition. Diese können leicht durch hypnosystemische Elemente angereichert und ergänzt werden.

Jugendliche, die in *Wohngruppen* leben, können aus unterschiedlichsten Gründen nicht im elterlichen Haushalt verbleiben. Auch hier gab es zuvor viele Bemühungen, die familialen Beziehungen und die erzieherischen Kompetenzen zu stärken, um ein Zusammenleben mit der Familie zu ermöglichen. Die Unterbringung ist für die Familie eine sehr einschneidende Erfahrung, die mit einer Vielzahl unterschiedlicher Gefühle verbunden ist: Neben einer Entlastung mischen sich oft auch Wut, Verzweiflung und Kränkung, verbunden mit der Vorstellung, als Eltern versagt zu haben oder als Kind nicht »gut genug« zu sein.

Jugendliche in stationären Einrichtungen haben häufig sehr belastende Erfahrungen machen müssen und sich wenig selbstwirksam erlebt. So kann es ihnen schwerfallen, den nötigen Mut und die innere Stärke zu entwickeln, um ihren neuen Platz in der Familie zu finden und eine Idee davon zu bekommen, wie sie ihr Leben in Zukunft eigenverantwortlich gestalten möchten.

Es gibt inzwischen viele verschiedene Formen von Wohngruppen in unterschiedlicher Trägerschaft. Größere Träger bieten neben sog. Regelgruppen spezielle Angebote für von Traumata betroffene Jugendliche, Clearinggruppen, geschlechterbezogene oder andere spezialisierte Intensivgruppen.

Eine systemisch orientierte Arbeit in Wohngruppen berücksichtigt nach Bertsch und Böing (2005) vier miteinander verknüpfte Perspektiven im Sinne einer »lernenden Gemeinschaft – zusammen mit den Kindern und ihren Familien« (Bertsch und Böing, zit. nach Ritscher, 2014, S. 448):

- Das Leben innerhalb der Gruppe: Ziel ist die Entwicklung von sozialen Kompetenzen und die Übernahme von Verantwortung innerhalb der Gruppe.
- Pädagogische und therapeutische Angebote: Ziel ist es, die Eigenverantwortung zu stärken und »kognitiv-affektive sowie selbstreflexive Kompetenzen zu fördern«.
- Die Unterstützung der Jugendlichen bei ihren Aktivitäten im sozialen Raum wie Schule, Freunde oder Nachbarschaft mit dem Ziel, ihre sozialen Kompetenzen zu fördern.
- Die systematische Einbeziehung der Familie mit dem Ziel, durch familientherapeutische Angebote die Beziehungen zu stärken und als Ressource zu nutzen. Dabei kann sich auch die Frage stellen, ob eine Rückkehr in den Familienhaushalt möglich ist.

Auch in Jugendwohngruppen finden sich viele Anwendungsmöglichkeiten für hypnosystemisches Arbeiten. Besonders in der Einzelarbeit mit den Jugendlichen sowie in den familientherapeutischen Angeboten lassen sich hypnosystemische Konzepte leicht nutzen, um Jugendliche und ihre Familien wirksam zu unterstützen.

In all diesen Tätigkeitsfeldern ist es wichtig, nicht zu schnell und einseitig Ziele in den Blick zu nehmen, sondern die so vertrauten alten Muster noch eine Zeit lang bewahren zu dürfen und als derzeit noch bestmögliche Lösungsversuche zu würdigen. Denn im symptomatischen Verhalten als Teil des alten Musters äußern sich Hinweise auf wichtige Bedürfnisse der Beteiligten. Damit nutzt hypnosystemisches Arbeiten genau dieses Spannungsfeld zwischen dem Bewahren von Bestmöglichem und dem Wunsch nach Veränderung als Ressource und eröffnet Räume, sich als wirksamen und kraftvollen Gestalter zu erfahren.

Weitere Kontexte

Der Sozialarbeiter Ralf Eric Kluschatzka-Valera beschäftigt sich in seinem Blog »Hypnosoziale Systemik« mit Anwendungsmöglichkeiten des hypnosystemischen Ansatzes in der Sozialarbeit. Dabei stehen besonders die vielen Möglichkeiten einer *ressourcenorientierten Kommunikation* im Vordergrund. »Das Ziel der ›Hypnosozialen Systemik‹ ist der konkrete und praxisrelevante Aufbau und Ablauf einer helfenden Kommunikation, um gelingende Unterstützungssituationen zu gestalten. Die ›Hypnosoziale Systemik‹ bietet konkrete Vorgehensweisen und Werkzeuge an, um sozialarbeiterische Gespräche und Situationen an Zielen, Stärken und Lösungen zu orientieren. Das Ziel dieses Vorgehens ist der Aufbau einer helfenden Kommunikation, die zieldienlich über Hilfeprozesse abläuft – manchmal sogar über Jahre der Begleitung« (Kluschatzka-Valera, 2021, siehe auch 2022).

Darüber hinaus kann hypnosystemische Beratung bzw. Elemente davon auch in vielen anderen Kontexten stattfinden und wirksam sein: in Präventivangeboten von Krankenkassen im Rahmen Systemischer Gesundheitsförderung (Lingnau-Carduck und Kronenberg, 2021), in Schulen, in Krankenhäusern und Arztpraxen, in Psychotherapie, in Rehabilitation, in der Arbeit mit älteren Menschen, Menschen mit Behinderungen und Menschen aus unterschiedlichen Herkunftsländern sowie im Bereich der Seelsorge. Überall dort unterstützt hypnosystemische Kommunikation Menschen in ihrem Selbstwirksamkeitserleben.

Traumasensibles Arbeiten

»Zentrale Anforderungen an die Arbeit mit traumatisierten Menschen sind das Ermöglichen von Kontrollerfahrung, der Selbstregulation und die Möglichkeit, eine verlässliche Beziehung im sicheren Kontext zu erleben« (Hantke, 2012, S. 200).

Wofür ein Kapitel zum traumasensiblen Arbeiten? Fachkräfte in Jugendhilfe, Beratungsstellen und freien Praxen kommen häufig mit Menschen in Kontakt, die existenziell belastende Erfahrungen gemacht haben. Und das in der Regel viel früher als spezialisierte Traumatherapeuten:

- Der Erzieher einer Wohngruppe, der mit selbstverletzendem Verhalten eines Jugendlichen konfrontiert wird, sich hilflos fühlt und dies nicht einordnen kann.
- Die Beraterin, die eine Frau betreut, die immer wieder häusliche Gewalt seitens ihres Partners erlebt.
- Der Berater, der einen jungen Mann begleitet, der den Suizid einer Person an einem Bahnsteig als Zeuge erlebt hat.
- Die Pflegeeltern, welche beim Zubettbringen ihres 10-jährigen Pflegesohnes mit seiner panischen Angst, verlassen zu werden, umgehen müssen.
- Der Berater, bei dem sich ein junger Familienvater wegen Erziehungsproblemen anmeldet und der im ersten Gespräch davon berichtet, vor vielen Jahren als Söldner im Bosnienkrieg gewesen zu sein. Er gibt an, von dem Erlebten immer wieder »überflutet« zu werden und »die Bilder nicht mehr loszuwerden«.

Viele Beraterinnen, Pädagogen, Erzieherinnen, Lehrer, Pflegeeltern, Therapeutinnen, Pflegekräfte, Notfallseelsorger, Polizistinnen etc. leisten den »Löwenanteil der Arbeit mit Betroffenen«

(Hantke und Görges, 2012, S. 29). Im Zuge dessen haben sich in den vergangenen Jahren ergänzend zur »Traumatherapie« die Bereiche »Traumaberatung« und »Traumapädagogik« entwickelt. In beiden Bereichen werden die Erkenntnisse der Psychotraumatologie für beraterische (z. B. Beratungsstellen, Jugendamt, Soziale Arbeit) und pädagogische (z. B. Wohngruppen, Schulen, Kindertagesstätten) Kontexte genutzt, um Betroffene in ihrem Selbstwirksamkeitserleben zu unterstützen. Daher möchte ich an dieser Stelle einige Aspekte traumasensibler Beratung kurz skizzieren und darlegen, warum sich hypnosystemische Verfahrensweisen gerade hier sehr bewährt haben.

Traumasensibel meint dabei die Fähigkeit der Fachkraft, entsprechende Hinweise auf eine mögliche Traumatisierung zu erkennen und mitzuberücksichtigen, einen sicheren Rahmen sowie eine erste Stabilisierung des Betroffenen zu ermöglichen und bei Bedarf traumatherapeutische Angebote zu vermitteln.

Dabei ist es wichtig, immer wieder Selbstfürsorge zu betreiben, die eigenen Grenzen (persönlich, fachlich, institutioneller Kontext) zu kennen und zu achten und sich angemessen selbst vor dem intensiven Erleben des Klienten schützen und distanzieren zu können. Intervision bzw. Supervision sind hier als Unterstützung unerlässlich. Nur eine »geschützte Beraterin« kann einerseits passend mit dem Klienten mitschwingen und andererseits aus einer sicheren Position hilfreich intervenieren. Eine Fachkraft, die glaubt, vom Trauma betroffene Klienten »retten« zu müssen oder zu können, wird letztlich für die Klienten nicht hilfreich und wirksam sein können, sondern läuft eher Gefahr, eigene Grenzen nicht zu beachten. Die Wahrscheinlichkeit steigt, dass die Beraterin durch die Begleitung der hochbelasteten Klientinnen und Klienten selbst traumatisiert wird (Sekundärtraumatisierung). Hantke und Görges (2019) nutzen in dem Zusammenhang die Metapher eines Werkzeugs. Demnach sind wir Berater selbst Werkzeuge unserer Arbeit. Und für gute Arbeit braucht es eben ein gepflegtes Werkzeug.

Nach Korittko (2019, S. 18) sind Traumata »Ereignisse, die sich durch ihre Plötzlichkeit (›aus heiterem Himmel‹), durch ihre bedrohliche Heftigkeit (zerstörerische Kräfte in der Natur, häufiger noch zwischen Menschen) und ihre Ausweglosigkeit (schutzloses Ausgeliefertsein) von Alltagsbelastungen unterscheiden. Sie können einmalig oder über Monate und Jahre wiederholt geschehen.«

Die Situation wird vom Betroffenen als überwältigend, existenziell bedrohlich und voller Ohnmacht erlebt. Dieser Bedrohung konnte durch »kämpfen« und »flüchten« nicht entkommen werden. Das Erlebte führt im Organismus zu einer erheblichen Stressreaktion und versetzt Körper und Geist in Alarmbereitschaft. Wenn weder »kämpfen« noch »flüchten« möglich ist, kommt es zur Erstarrung (Reddemann und Dehner-Rau, 2006). Das Gehirn schaltet auf Notfall und das bewusste Denken und planvolle Handeln stehen nicht mehr zur Verfügung. Hantke (2012) weist darauf hin, dass in dieser Notfallsituation Muskelspannung, Herzschlagfrequenz, Blutdruck und Atmung außerhalb des normalen Bereichs liegt. Im normalen Bereich befindet sich unser Organismus dann, wenn eine Belastung als bewältigbar erlebt wird und wir hinreichend Zugang zu unseren Ressourcen haben. Der Organismus reagiert also unwillkürlich auf ein unnormales Ereignis.

Wichtig ist es, den Klientinnen und Klienten diese Zusammenhänge leicht verständlich zu erklären, damit sie diese besser einordnen und nachvollziehen können. Klienten erleben es oftmals als entlastend, dass ihre Gefühle und ihr Körpererleben als »normal« – im Sinne der Situation angemessen – beschrieben werden und der Organismus versucht, sich vor dem Erlebten zu schützen und es zu bewältigen.

Es wird unterschieden zwischen einmaligen Ereignissen, wie z. B. ein Autounfall oder ein Überfall (Monotrauma), oder strukturellen Belastungssituationen (Mehrfachtraumatisierung) wie Vernachlässigung, das (Mit-)Erleben von häuslicher, sexualisierter oder psychischer Gewalt oder auch langanhaltende Mobbingerfahrungen. Die meisten Monotraumata können nach einigen Wochen oder Monaten vom Organismus selbst gut überwunden und verarbeitet werden. Menschen, die ein Monotrauma erlebt haben und ansonsten in sicheren sozialen und wirtschaftlichen Bezügen leben sowie eine hohe Resilienz in sich tragen, können gerade in Beratungsstellen und freien Praxen hilfreiche Unterstützung erlangen. Manchmal reichen schon wenige Sitzungen, um eine spürbare Entlastung zu erfahren. Mehrfachtraumatisierungen sind viel diffiziler zu verarbeiten, insbesondere dann, wenn sie von nahestehenden Personen im frühen Kindesalter verursacht werden und strukturell geschehen (Reddemann und Dehner-Rau, 2006).

Auch traumatische Kriegs- und Fluchterfahrungen zählen dazu. Die damit verbundenen Traumata und dessen Auswirkungen können transgenerativ über mehrere Generationen weitergetragen werden.

Maria Krautkrämer-Oberhoff und Kristof Haaser (2013) schildern in einem Werkstattbericht ihre Erfahrungen mit der Implementierung eines traumapädagogischen Konzepts in der Jugendhilfe. Aus ihrer Sicht kann einem Kind im Rahmen einer Traumatherapie geholfen werden, »sich den überwältigenden Erlebnissen in einem geschützten Rahmen anzunähern. Flashbacks ereignen sich jedoch überwiegend im normalen Lebensalltag und dementsprechend sollte es auch hier Möglichkeiten geben, unterstützend und helfend darauf zu reagieren. Das erfordert jedoch, dass die Erziehungspersonen entsprechend darauf eingestellt und geschult sind. Hier greift der traumapädagogische Ansatz« (S. 70). Dabei geht es darum, ein Verständnis für das zu entwickeln, was gerade beim Kind und dann bei einem selbst passiert, sich als Betreuerin selbst »herunterregulieren« zu können und dem Kind dann ein sicheres, beruhigendes, klares und zugewandtes Beziehungsangebot zu machen. So steigt die Wahrscheinlichkeit, dem Kind dabei helfen zu können, die Kontrolle über seine Affekte und sein Verhalten wiederzuerlangen.

Aus traumasensibler Sicht haben nämlich Verhaltensweisen, die zunächst auffällig und unverständlich erscheinen, einen »guten Grund«. Dieser muss im Kontext mit den belastenden Erfahrungen der Vergangenheit gesehen werden. Er lädt den Betroffenen unwillkürlich immer wieder ein, sein damals sinnvolles Verhalten – z. B. sich zu schützen – erneut zu aktivieren, obschon es im Hier und Jetzt gar nicht erforderlich wäre. Dadurch entstehen in der Gegenwart viele schwierige Situationen und neues Leid.

Deutlich wird auch, dass traumapädagogische Arbeit einen klaren institutionellen Rahmen erfordert, der sowohl den Fachkräften wie auch den Kindern und Jugendlichen ein hohes Maß an »Sicherheit bei aller Unsicherheit« bietet. Es braucht entsprechend qualifizierte Fachkräfte und einen angemessenen Betreuungsschlüssel, eine möglichst klare Tagesstruktur, regelmäßige Supervision sowie ein von Klarheit und Wertschätzung geprägtes Leitungsverständnis und eine entsprechende Trägerkultur.

Die wesentliche Aufgabe traumasensibler Lebensberatung besteht in der *Stabilisierung*. Diese hilft den Klienten dabei, im »Hier und Jetzt« zu sein und ihre Aufmerksamkeit auf das zu richten, worauf sie Einfluss haben. Dabei geht es in der Grundhaltung eher um die Frage »*Wie* haben Sie das Schlimme überlebt« und nicht so sehr um die Frage »*Was* haben Sie Schlimmes erlebt?« (vgl. Korittko, 2019, S. 47 f.).

Stabilisierung betrifft nach Korittko (2019) vier Bereiche:

- Äußere Sicherheit: Es ist nur möglich, sich von den Belastungen des traumatischen Stresses zu erholen, wenn die existenzielle Bedrohung nicht weiter besteht. Die so wichtige Anerkennung des Leids kann nur dann wirksam sein, wenn das Leid beendet ist.
- Eingebundensein in soziale Gemeinschaften: In der traumatischen Situation fühlt sich der Betroffene »mutterseelenallein«. Es ist keiner da, der denjenigen aus der traumatischen Situation befreit und diese beendet. Daher ist wichtig mit der oder dem Betroffenen zu entwickeln, welche sozialen Gemeinschaften für sie oder ihn wichtig sind.
- Selbstwirksamkeit: In der traumatischen Situation gab es Ohnmacht und Hilflosigkeit und keine Selbstwirksamkeit. Wesentliches Ziel traumasensibler Beratung ist es, Betroffene in ihrem Selbstwirksamkeitserleben zu unterstützen. Das betrifft die Entwicklung einer geregelten Tagesstruktur, Ernährung und Körperpflege, wirtschaftliche Sicherheit und soziale Kontakte. Dazu gehört auch der Umgang mit affektiver Überflutung. Es ist nämlich nicht möglich, durch kleinste Traumaerinnerungsreize (z. B. Bilder, Geräusche, Gerüche, Tonfall, Atmosphäre) nicht angetriggert zu werden. Es ist jedoch möglich, Strategien zu erlernen, mit denen dann selbstwirksam dem intensiven Wiedererleben begegnet werden kann. Im günstigsten Fall kann die oder der Betroffene sich dann selbst beruhigen und stabilisieren.
- Erleben eines lebendigen Körpers: Im traumatischen Erleben steht der gesamte Körper unter Schock und gerät in Erstarrung. Je häufiger und intensiver ein Mensch dies erlebt, umso schneller

gerät der Körper auch schon bei geringerem Stress in Erstarrung. Um diesen Erregungszustand zu unterbrechen und zu beruhigen, hat es sich als sehr sinnvoll gezeigt, Traumatisierte zu leichten körperlichen Aktivitäten anzuleiten.

Nach Hantke hat die Stabilisierung sowohl in der Traumaberatung wie auch in der Traumatherapie Vorrang vor einer direkten Traumabearbeitung: »Manchmal braucht es dann gar keine explizite Traumatherapie, um zusammenzuführen, was den Menschen wieder voll handlungsfähig macht« (Hantke, 2012, S. 204). Dabei richtet sich die Intensität der Stabilisierung nach der Art des erlittenen Traumas. So erfordern strukturelle Mehrfachtraumata die intensivste und längste Stabilisierung.

Leitfragen zur Einordnung von Belastungserleben von Klienten:

- In welchem Kontext arbeite ich als Fachkraft?
- Was ist der Anmeldeanlass für die Unterstützung? Wird beispielsweise konkret um Hilfe nach einem Unfall gebeten oder geht es um andere Themen?
- Ist die äußere Sicherheit gewähreistet oder muss diese erst hergestellt werden?
- Welche Unterstützung braucht es noch, um äußere Sicherheit herzustellen? (z. B. Polizei, Jugendamt, Frauenhaus, Opferschutz, Verwandte).
- In welchen sozialen Kontext ist der Klient, die Klientin eingebunden und wer ist ggf. noch davon betroffen?
- Zeitliche Einordnung des traumatischen Ereignisses (akut – chronifiziert).
- Wie erlebe ich den Klienten in der Beziehung? Kann er auf Beziehungsangebote angemessen eingehen?
- Wie wird erzählt? Beschreibt die Klientin das Erlebte mit einer »angemessenen emotionalen Beteiligung« oder erzählt sie eher assoziiert oder eher dissoziiert?

- Wie geht es dem Klienten körperlich bei der Erzählung? Welche Phänomene lassen sich beobachten? (Körperhaltung, Stimme, Atmung, Kopfhaltung, Augenkontakt, Sprechtempo, Wortwahl, Weinen).
- Welche Veränderung kann im Zeitverlauf beobachtet werden? Verändert (verbessert oder verschlimmert) sich das Belastungserleben nach Tagen, Wochen oder Monaten oder bleibt es gleich?
- Ist es möglich, eine verbindliche Vereinbarung zum möglichen weiteren Vorgehen zu treffen?
- Was löst die Klientin in mir aus?
- Wie sicher fühle ich mich, dem Klienten ein angemessenes Angebot unterbreiten zu können, was auch bedeuten kann, ihn an eine Traumaambulanz zu vermitteln?

Moderne Traumatheorie hat ihren wesentlichen Ursprung in der Hypnoseforschung (Hantke und Görges, 2012). Hypnotherapie nach Milton Erickson beschreibt, wie wir unsere Wahrnehmung aufbauen und unser Erleben immer wieder durch Prozesse der Aufmerksamkeitsfokussierung neu erzeugen. Bei von Traumata betroffenen Personen geschieht dies insofern auf einschränkende Art, als dass der Organismus ständig damit beschäftigt ist, die Betroffenen notfallmäßig zu sichern. Dabei sind jedoch die ressourcenvollen Bereiche des Klienten oder der Klientin (noch) nicht im Fokus der Aufmerksamkeit. Diese sind jedoch wichtig, damit dieser das Erlebte verarbeiten kann.

Traumatisierungen geschehen immer in einem systemischen Kontext mit entsprechenden Wechselwirkungen. Ein hilfreich gestalteter Kontext kann somit ganz wesentlich zur Bewältigung des Erlebten beitragen.

Hypnosystemische traumasensible Konzepte bieten zum einen viele Strategien, Aufmerksamkeit behutsam auf (unbewusste) Ressourcen und Stabilisierendes zu richten. Zum anderen erfahren die Klienten durch die Einbeziehung des Kontextes ein hohes Maß an Sicherheit. So ist es möglich, Klienten dabei zu unterstützen, sich selbst zu beruhigen und sich sozial eingebunden zu fühlen und irgendwann das Erlebte als *einen* Teil in ihre Biografie zu integrieren. Dabei ist es wichtig, sich dem ganz eigenen Tempo der zu Beratenden anzupassen, die individuellen Ressourcen nutzbar zu machen und sich an den Zielvorstellungen der Klienten zu orientieren, denn »traumatisierte Menschen kommen mit großer Sehnsucht und großer Skepsis« (Schmidt, persönliche Mitteilung; siehe auch Schmidt, 2005a).

Zur Entstehungsgeschichte des hypnosystemischen Ansatzes

Die Entstehungsgeschichte des hypnosystemischen Ansatzes begann in den 1970er Jahren. Im Jahr 1974 übernahm Helm Stierlin – gerade aus den USA zurückkehrend – den Lehrstuhl für psychoanalytische Grundlagenforschung und Familientherapie an der Medizinischen Fakultät der Universität Heidelberg (Reitz, 2014). Hier arbeitete Gunther Schmidt neben einigen anderen mit Stierlin zusammen in einem Team und entwickelte familientherapeutische Konzepte. Diese Zeit gilt als Keimzelle der »Heidelberger Schule«. Ausgehend von ursprünglich psychoanalytischen Ideen war die Heidelberger neben der »Mailänder Schule« um Mara Selvini Palazzoli wesentlicher Motor der Entwicklung der Systemischen Therapie in Europa. Auch die sog. »Kybernetische Wende« (von der Kybernetik 1. zur 2. Ordnung) Anfang der 1980er Jahre wurde hier maßgeblich mitgestaltet (Reitz, 2014).

Milton Erickson (1900–1980) war ein amerikanischer Arzt und Psychiater. Als 17-Jähriger erkrankte er an Kinderlähmung und die Ärzte sahen keine Überlebenschance. Doch es kam anders. Erickson war nahezu völlig gelähmt und konnte den ganzen Tag nur in seinem Schaukelstuhl sitzen. Nun begann er, sich an Bewegungen zu erinnern und sich vorzustellen, welche er vor seiner Erkrankung machen konnte. Allein die vorgestellte Bewegung führte dazu, dass minimale Muskelbewegungen möglich wurden. Im Verlauf der Zeit gelang es Erickson, sich wieder fast ohne Einschränkungen zu bewegen. Erickson entwickelte sich in den folgenden Jahrzehnten zu einem der innovativsten Therapeuten und Meister der Kommunikation, der in den USA aufgrund der vorherrschenden psychoanalytischen Bewegung lange Zeit umstritten war (Stierlin, 2008), jedoch letztlich großen Einfluss auf die Entwicklung moderner Hypnotherapie und der Systemischen Therapie hatte.

Gunther Schmidt besuchte 1979 ein Seminar bei Milton Erickson und kam sehr bereichert zurück. Seine Erkenntnis war, dass wesentliche Interventionen und Vorannahmen der damaligen systemischen Familientherapie bereits viel früher von Erickson praktiziert worden waren, nur noch nicht unter dem Namen »Familientherapie« (Schmidt, 2008b, S. 17). Schmidt begann in Heidelberg, die verschiedenen Konzepte miteinander zu verknüpfen und entsprechende Methoden zu entwickeln. Dabei integrierte er vor allem die Modelle der Körperarbeit, der Gestalttherapie sowie des Psychodramas. Schmidts Verdienst ist darin zu sehen, dass er viele theoretische Modelle und praktische therapeutische Erfahrungen zu einem schlüssigen Konzept mit differenzierten methodischen Vorgehensweisen entwickelte. Er schlug dafür um 1980 den Begriff »hypnosystemisch« vor. Schon bald adaptierte er die Ideen in den Bereich des Coachings und der Organisationsentwicklung und eröffnete eine eigene Klinik, die er nach hypnosystemischen Ideen konzipierte (Schmidt, 2011a). Sowohl die Systemische Therapie (seit 2008) als auch die Hypnotherapie (seit 2006) sind in Deutschland wissenschaftlich anerkannt. Im November 2018 erlangte die Systemische Therapie die sozialrechtliche Anerkennung und ist inzwischen als kassenfinanziertes Psychotherapieverfahren zugelassen. Abbildung 1 verdeutlicht die Hauptentwicklungsstränge des hypnosystemischen Ansatzes.

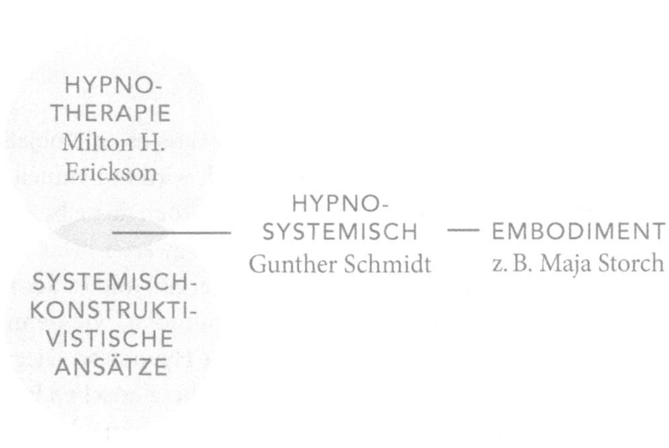

Abbildung 1: Wesentliche Entwicklungsstränge der hypnosystemischen Arbeitsweise

Systemisches Denken und Handeln

Systemische Grundlagen und Haltungen ausführlicher zu beschreiben, würde den Rahmen an dieser Stelle überschreiten. Zugleich erscheint es mir wichtig, einige Aspekte zu skizzieren. Systemische (Lebens-)Beratung bezieht sich auf die Grundlagen der Systemtheorien und des Konstruktivismus, der systemischen Familientherapie und der Beratungswissenschaften. Sie schöpft aus der Vielzahl unterschiedlicher Erkenntnistheorien, entwickelt sich mit neuen wissenschaftlichen Erkenntnissen weiter und erklärt das Verhalten von Menschen nicht isoliert aus deren inneren Eigenschaften heraus, sondern aus ihren Beziehungen und Interaktionen untereinander und zu ihren Systemumwelten. »Der systemische Ansatz stellt hierfür eine Metaperspektive zur Verfügung, welche auf die Entwicklung gemeinsamer Verständnisse und Vorgehensweisen zielt, wobei jedoch Vielfalt und Verschiedenheit als Bereicherung erlebt werden können« (Ochs et al., 2016, S. 8).

Konstruktivismus

Konstruktivismus beschreibt die Annahme, dass es eine objektive Wirklichkeit nicht gibt. Die Sicht auf die Welt wird individuell und sozial konstruiert. Verschiedene Menschen würden dasselbe Phänomen ganz unterschiedlich wahrnehmen und bewerten. Das bedeutet, dass es systemisch betrachtet wenig Sinn ergibt und in der Komplexität des Lebens unmöglich ist, herauszufinden, wie denn die »Wahrheit wirklich ist«. Es geht darum, ob eine Hypothese, Diagnose, Sichtweise oder Beschreibung nützlich für den beraterischen Prozess ist und neue Möglichkeiten eröffnet, und nicht darum, ob sie »richtig« oder »falsch« ist. »Erst ein systemischer Blick eines Beobachters lässt ein System entstehen. Denn erst dieser entscheidet, welche Elemente, welche Beziehungen und welche Grenzen er diesem System zuordnen will. Deshalb ist ›*systemisch*‹ *ein erkenntnistheoretischer Begriff* (›Was kann ich erkennen?‹) und *kein ontologischer* (›Was ist dort wirklich?‹)« (von Schlippe und Schweitzer, 2013, S. 31).

Systemisch bedeutsam ist somit die Frage, wie die Beteiligten eines Systems ihre Wirklichkeitskonstruktion so verändern können, dass ein zieldienlicher Umgang mit einem zuvor definierten Problemerleben möglich wird und der Möglichkeitsraum vergrößert werden kann, hin zu einer eigenwirksamen Wahlfreiheit in der Zuversicht guten Gelingens.

Systemtheorien

Systemtheorie ist ein Oberbegriff für viele verschiedene Modelle und Theorien, die versuchen, komplexes Geschehen zu ordnen, zu beschreiben und letztlich zu reduzieren. Systeme sind Kreisläufe. Das Interessante an einem System sind nicht die Einzelteile, sondern die Verbindungen zwischen den einzelnen Elementen. In der soziologischen Systemtheorie steht die Kommunikation als Verbindung im Fokus. In einem System beeinflusst jedes Element, jede Kommunikation, auch alle anderen direkt oder indirekt verbundenen Elemente. So werden soziale Systeme durch Kommunikation erzeugt und aufrechterhalten, entwickeln sich aus sich selbst heraus und organisieren sich dynamisch. Systeme organisieren sich in einem beständig beweglichen Fließgleichgewicht, in dem sich Phasen der Dynamik und der Konsolidierung abwechseln. So sind Stabilität und Instabilität in jedem System zu jeder Zeit vorhanden.

Kybernetik ist die Lehre der Steuerung komplexer Systeme. Unterschiedliche Ansätze, welche unabhängig voneinander entstanden sind, können wir heute als Grundlagen der Systemtheorie verstehen. Die Kybernetik 1. Ordnung beschreibt sog. triviale Systeme wie beispielsweise einen einfachen elektrischen Schaltkreislauf. Dieses System kann durch Betätigung eines Schalters leicht gesteuert werden und ist von einem sachkundigen Beobachter vorhersehbar. Kybernetik 2. Ordnung besagt, dass komplexe Systeme wie soziale Systeme (z. B. eine Familie, eine Organisation oder auch ein einzelner Mensch mit seinem »inneren System«) nicht instruierbar sind. Es gibt demnach keinen außenstehenden, objektiven Beobachter, der linear steuern kann. Eine Familie oder ein Klient »ist« demnach nicht so oder so »an sich«, sondern der Beobachter verleiht dem, was er beobachtet, Bedeutung. Aufgabe des systemischen Beraters (»der Beobachter, der Beobachter beobachtet«, siehe Abbildung 2) ist es, im Beratungssystem (das Berater und Klienten umfasst) günstige Kontextbedingungen zu schaffen, die dann die Wahrscheinlichkeit erhöhen, dass sich das Heimatsystem (Klient einschließlich relevanter Bezugspersonen) seinen zuvor entwickelten Zielen annähert bzw. mehr Klarheit über mögliche Perspektiven gewinnt. Letztlich können sich Systeme nur selbstorgansiert, aus sich heraus verändern und sind operational in sich abgeschlossen (Autopoiese-Theorie von Humberto Maturana und Francisco Varela, 1987).

Abbildung 2: Die Beobachtung der Beobachtung

Heute stehen uns Systemtheorien zur Verfügung, die neueste Wissenschaftserkenntnisse interdisziplinär einbeziehen und verfügbar machen. So stellt uns beispielsweise die synergetische Systemtheorie Theoriebausteine bereit, um Dynamiken komplexer lebender Systeme zu konzeptualisieren, sodass Veränderungsprozesse leichter nachvollzogen werden können (Haken und Schiepek, 2010).

Zirkularität und Wechselwirkung

Zirkularität beschreibt die Vorstellung der Abkehr von einfachen kausalen Wirkungszusammenhängen. Statt von einem linearen Ursache-Wirkungs-Denken wird von einer zirkulären, auf Wechselwirkung ausgerichteten Sichtweise ausgegangen (siehe Abbildung 3). Es wird angenommen, dass es nicht eine Ursache für ein Verhalten oder Erleben gibt, sondern dass Symptome in einem Wechselspiel von mehreren Aspekten erzeugt und aufrechterhalten werden. Jedes Verhalten ist demnach Ursache und Wirkung zugleich. Es geht daher nicht um die Suche nach einer Ursache für ein Symptom. Die Frage nach dem »Warum« und »Woran liegt das?« spielt somit weniger eine Rolle, sondern eher: »Wofür möchten Sie die Beratung nutzen? Wie wäre das gewünschte Zielerleben? Was wäre dann anders als jetzt? Wie wären die Auswirkungen?« Das heißt nicht, dass frühere belastende Erfahrungen nicht bedeutsam wären, sie werden jedoch nicht linear als Ursache im Sinne von »Wenn wir wissen, woran es liegt, dann gibt es eine Lösung« gesehen.

Abbildung 3: Wechselwirksame, zirkuläre Kommunikations- und Interaktionsmuster

Sechs Grundorientierungen systemischen Arbeitens

Matthias Ochs benennt sechs Grundorientierungen, mit denen er die Umsetzung der erkenntnistheoretischen Grundlagen in die systemische Praxis beschreibt (Ochs, 2020):

1. Lösungs- und Ressourcenorientierung

Wenn sich lebende Systeme entsprechend dem Autopoiese-Konzept (griech.: »Selbsterzeugung«) nur aus sich selbst heraus verändern können und nicht direkt von außen steuerbar sind, ist es für systemische Beratende wichtig, die Ressourcen und Lösungsmöglichkeiten in den Blick zu nehmen. Dies erleichtert Veränderungsprozesse erheblich.

Lösungsorientierung kann sowohl verstanden werden als »sich vom Problem lösen« als auch die Entwicklungsrichtung der Beratung beschreiben. Lösungsorientierung meint somit nicht, dass erst die »Ursache« gefunden werden muss und das Problem durchgearbeitet und verstanden werden muss, damit eine Lösung möglich wird, sondern wirft immer auch den Blick in die gewünschte Zukunft und auf das Zielerleben. Gleichzeitig werden die leidvollen Erfahrungen als Hinweis auf wichtige Bedürfnisse gewürdigt. Besonders bekannt geworden ist hier die »Wunderfrage« von de Shazer (de Shazer und Dolan, 2008), in der die Klienten eingeladen werden, eine gewünschte Zukunft hypothetisch sehr konkret zu beschreiben, nachdem über Nacht ein Wunder geschehen ist.

In der systemischen Praxis ist es also wesentlich, die Ressourcen der Klientinnen zu fokussieren. In Krisen ist unser Blickwinkel eingeschränkt, wir sind leicht mit dem Problemerleben assoziiert (»Problemtrance«) und die für ein Lösungserleben so wichtigen Ressourcen liegen noch brach. Ein zentrales Ziel systemischer Beratung ist es, den Klienten dabei zu unterstützen, wieder in Kontakt mit seinen Fähigkeiten und Kompetenzen zu kommen und ein Gefühl von *Selbstwirksamkeit* zu erfahren.

Ressourcenaktivierung kann auf vier Ebenen geschehen (Abbildung 4):

Ressourcenaktivierung in der Beratung bewirkt (Hanswille, 2015):

- Stärkung von Selbstwert und Identität sowie Vertrauen in die eigenen Fähigkeiten,
- Wertschätzung des eigenen Lebens,
- Gefühl der inneren Stärke und ein Erleben von Hoffnung und Selbstwirksamkeit,
- Erkennen von Entwicklungsmöglichkeiten, Perspektiven und Grenzen,
- mehr Wertschätzung sich selbst und anderen gegenüber sowie mehr innere Ruhe,
- Erleben von sozialer Bedeutsamkeit.

2. Kontext- und Musterorientierung

Innerhalb von Systemen lassen sich Muster beschreiben, die das Zusammenleben der Systemmitglieder wechselwirksam organisieren und sich ständig neu erzeugen. Jedes System zeigt Tendenzen, diese Muster stabil und im Gleichgewicht zu halten (Homöostase) und fortwährend neu entstehen zu lassen (Autopoiese), da sie Sicherheit bzw. eine gewisse Ordnung für die Beteiligten geben. Um sich

Biologische Ressourcen: - Fähigkeiten des Körpers, mit Stress sinnvoll umzugehen - Entwicklung funktionierender Immunabwehr - die neuronale Plastizität des Gehirns nutzen - Warnsignale für körperliche Beschädigung - Anregung positiver körperlicher Erinnerungsbilder - Erspüren physischer Reaktionsmuster - Aktivierung physischer Handlungsmuster - Beeinflussung des Körpers durch Imaginieren - physiologische Anpassung bei Einschränkungen - Gehen, Laufen, Klettern, Sporttreiben	Psychische Ressourcen: - kognitive Fähigkeiten - Emotionalität - Affekte - soziale Kompetenzen - Leistungsfähigkeit - Autonomie - Zugewandtheit - Fähigkeit, Entscheidungen zu treffen - positive Lebenseinstellung - Selbstwertgefühl - Gestaltungsfähigkeit - Wahrnehmungsfähigkeit - alle Fähigkeiten, die wir besessen haben oder besitzen, sowie die, von denen wir nur denken, dass wir sie haben oder haben sollten
Soziale Ressourcen – finden wir in Systemen, in denen wir eingebettet sind: - Zugehörigkeit - Bindung - Sicherheit - Geborgenheit - Identität - Unterstützung - Gemeinschaft - stabile Beziehung(en) - Hilfsangebote erhalten und nutzen - sich anerkannt fühlen	Spirituelle Ressourcen: - stabile Werte- und Glaubensüberzeugungen - Sinnhaftigkeit - Fähigkeit zur Transzendenz, zur Übertragung - Hoffnung auf Entwicklung - Religiosität - innere Überzeugung, dass es mehr gibt als das, was wir unmittelbar in unserem Leben sehen und erleben - Zuversicht, dass es etwas gibt, was über uns hinausgeht und Sinn ergibt

Abbildung 4: Vier Ebenen von Ressourcen (nach Hanswille, 2015, S. 39)

an veränderte Umweltbedingungen anzupassen und sich zu verändern, ist jedoch gleichzeitig ein gewisses Maß an Instabilität und somit Unsicherheit nötig, um sich anschließend wieder neu auszurichten und zu stabilisieren. Dies geschieht zum großen Teil unbewusst und unwillkürlich. Die Inhalte, die oft als Beratungsanlässe präsentiert werden, können als Hinweise auf Muster gesehen werden, die einer Neuausrichtung oder Nachjustierung an veränderte Kontexte bedürfen.

»Verhaltensweisen, Symptome, Probleme oder Erkrankungen lassen sich nicht allein individuumszentriert verstehen und verändern, sondern nur unter Berücksichtigung des Kontextes und der Beziehungen« (Hanswille, 2015, S. 56). Zum Beispiel kann ein Erleben von Angst in einer Gefahrensituation uns schützen und sehr sinnvoll sein, während das gleiche Angsterleben in einer offenkundig sicheren Situation als Problem erlebt wird. Das heißt, Erleben und Verhalten gewinnen ihre Bedeutung und Sinn erst im jeweiligen Kontext. Daraus ergibt sich die Annahme, dass es für ein beschriebenes Problemerleben immer einen »guten Grund« gibt, einen Kontext, in dem das jetzt als Problem erlebte eine Lösungsidee war oder noch ist.

3. Auftrags- und Kundenorientierung

In der systemischen Praxis ist es wichtig, das Vorgehen nicht an eigenen Vorstellungen, Ideen und Hypothesen als Fachkraft auszurichten, sondern sich an den Bedürfnissen, Zielen und Aufträgen der Klientin zu orientieren. *Systemische Ziel- und Auftragsklärung zählt zu den zentralen und fortlaufenden Aufgaben in Hilfeprozessen.* Zugleich ist wichtig, dass die Ziele in dem jeweiligen Hilfekontext grundsätzlich erreicht werden können und der Hilfekontext zum Anliegen und Ziel passt. Oftmals gibt es ausgesprochene und unausgesprochene oder selbst erteilte Aufträge. Ich nutze dafür die Metapher eines Bäckerladens, der Brot, Brötchen und Kuchen im Angebot hat. Manchmal wünschen Klienten dann »Blumen«. Dann zeigt sich, dass die Angebote nicht zum Auftrag passen, was den Beratungsprozess lähmt. Wichtig ist nun, dies auf Metaebene in Form von Ich-Botschaften zu kommunizieren: »Ich habe den Eindruck, dass das, was Sie von mir wünschen (›Blumen‹), ich Ihnen so nicht geben kann – ich könnte Ihnen jedoch ein anderes Angebot (›Bäckerladen‹) machen und Sie schauen dann, ob es passend für Sie ist.« Wichtig ist natürlich, dass der »Bäcker« sein Angebot mit den entsprechenden Zutaten genau kennt. Zahlreiche systemische Fragetechniken stehen zur Klärung von Zielen und Aufträgen zur Verfügung (vgl. Kapitel »Beratungsplanung und Prozessgestaltung«, S. 98).

4. Kooperations- und Beziehungsorientierung

In der systemischen Arbeit geht es um ein proaktives Praktizieren, Anregen und Stärken der Zusammenarbeit auf vielen Ebenen (Ochs, 2020). Systemische Beziehungsorientierung meint vor allem auch, dass eine affektive Rahmung Voraussetzung einer hilfreichen Prozesssteuerung für gelingende Selbstorganisationsprozesse ist (vgl. Kapitel »Affektive Rahmung«, S. 92). Wichtig sind hierbei Empathie, Kongruenz und unbedingte Wertschätzung. »Grundlage für die Kompetenz der affektiv-rahmenden Kontextsteuerung ist Empathiefähigkeit und Selbsterkenntnis über die eigene seelische Verfasstheit sowie den eigenen entwicklungspsychologischen Bindungshintergrund« (Ochs, 2020, S. 147).

5. Neugier- und Kreativitätsorientierung

Ein wichtiger Aspekt des lösungs- und ressourcenorientierten Arbeitens ist es, »neugierig zu sein für die Lösungsimpulse, die das System aus sich heraus – selbstorganisiert – erzeugt« (Ochs, 2020, S. 149). Nach Furman (zit. nach Ochs, 2020, S. 149) sind Kreativität neben Hoffnung und Zusammenarbeit wesentliche Bestandteile der Wirksamkeit des systemisch-lösungsorientierten Ansatzes. »Es geht hierbei primär also um Würdigung der Eigenlogik, Eigenzeit und Autopoiese lebender, komplexer Systeme« (Ochs, 2020, S. 151) im Sinne von »Nichtwissen und Neugier«.

6. Allparteilichkeit- und Neutralitätsorientierung

Allparteilichkeit meint, »für alle Familienmitglieder gleichermaßen Partei zu ergreifen, die Verdienste jedes Familienmitglieds anzuerkennen und sich mit beiden Seiten ambivalenter Beziehungen identifizieren zu können« (von Schlippe und Schweitzer, 2013, S. 205). Neutralität meint weder eine kühle Distanz noch Meinungs- bzw. Standpunktlosigkeit. In Beratungsgesprächen im Mehrpersonensetting ist daher wichtig, die verschiedenen Beiträge der Beteiligten zu würdigen und darauf zu achten, dass alle zu Wort kommen. Von Schlippe und Schweitzer (2013, S. 206) unterscheiden drei Formen von Neutralität: gegenüber Personen, gegenüber Problemen (Veränderungsneutralität), gegenüber Ideen.

Hypnotherapie nach Milton H. Erickson

»Veränderung führt weitaus häufiger zu Einsicht,
als Einsicht zu Veränderung führt.«
Milton H. Erickson

Hypnose hat in verschiedenen Kulturen eine sehr lange Tradition als Heilverfahren. In den USA entwickelte Milton H. Erickson seine spezielle Form der Arbeit mit Hypnose zunächst in den 1950er Jahren, bevor sie in den 1970er Jahren in Deutschland immer mehr Beachtung fand. Seine Form der Hypnotherapie »zeichnete sich v. a. durch eine hohe Klientenzentriertheit und eine Abkehr von der Pathologisierung der Klienten aus. Die in der Person vorhandenen, aber aktuell (noch) nicht zugänglichen Ressourcen sowie ihr inneres Wissen und ihre unbewussten Fähigkeiten wurden in den Fokus gerückt und als das Unbewusste bzw. Unwillkürliche beschrieben. Symptome von heute wurden als bestmöglicher Lösungsversuch der Vergangenheit und damit als Ressourcen gesehen« (Benaguid und Schramm, 2016, S. 22). Und weiter: »Das Unbewusste dient als Konstrukt, als eine Metapher für Unwillkürlichkeit, als eine Instanz, die inneres Wissen und Weisheit hat, die man utilisieren kann (nutzbar machen), um Entwicklungsprozesse anzustoßen« (S. 22).

Erickson ging davon aus, dass eine bewusste Einsicht in Ursachen von Problemen nicht erforderlich ist, um Lösungen zu finden, und lehnte eine »Einsichtstherapie« ab (Walker, 2004). Er orientierte sich eher an der aktuellen Lebenssituation seiner Klientinnen und Klienten, um gemeinsam Lösungen zu kreieren. Die therapeutische Beziehung verstand Erickson als »reziprok, sich zwischen Therapeuten und Klient entwickelnd und in Wechselwirkung gegenseitig beeinflussend« (Benaguid und Schramm, 2016, S. 23). Er sah sich nicht als der wissende Therapeut oder Arzt, der weiß, welche Lösung für die Klienten passend ist, sondern eher als Kommunikationspartner auf Augenhöhe: »Der wichtigste Faktor zu Beginn jedes therapeutischen Gesprächs ist die Herstellung eines guten Rapports – das heißt eines positiven Gefühls des Einverständnisses und der gegenseitigen

Achtung zwischen Therapeuten und Patient. Durch diesen Rapport schaffen Therapeut und Patient zusammen einen neuen therapeutischen Bezugsrahmen, der als Wachstumsmedium dienen wird, in welchem sich die therapeutischen Reaktionen des Patienten entwickeln werden« (Erickson und Rossi, 2008, S. 14).

Ein weiteres wichtiges Prinzip der Hypnotherapie Ericksons ist die »Utilisation«. Es besagt, dass alles, was der Klient in die Beratung oder Therapie einbringt, für das Therapieziel nutzbar gemacht werden kann: seine Werte, Glaubenssysteme, Symptome, Besonderheiten und seine Fähigkeiten. Erickson begegnete seinen Klienten in einer überaus ressourcenorientierten und wertschätzenden Haltung, um ihnen in ihrer Individualität und ihren Entwicklungspotenzialen gerecht zu werden und sie entsprechend zu fördern. Er ging davon aus, dass seine Klienten und Klientinnen alles in sich tragen, was sie zur Bewältigung ihrer Lebenssituation benötigen (Potenzialhypothese). Seine Vorstellung von Ressourcen war breit gefasst und umfasste Fähigkeiten, Kompetenzen, Eigenschaften, Erfahrungen, Werte, körperliche Erscheinung, reale oder imaginierte Personen, Helfer sowie die Interaktion (Benaguid und Schramm, 2016; Mahr, 2015). »Während die traditionelle, auf Pathologie hin orientierte Diagnostik zunächst eher zu einer Selbstwertschwächung des Patienten beiträgt, indem sie ihm ein Defizit attestiert, wird mit dem Utilisationsprinzip möglichst früh darauf hingearbeitet, den Selbstwert des Patienten zu stärken und Selbstheilungskräfte zu mobilisieren« (Revenstorf, 2017, S. 65).

Inzwischen ist Hypnotherapie wissenschaftlich erforscht und ihre hohe Wirksamkeit belegt (Revenstorf, 2017; Benaguid und Schramm, 2016). Hypnose gilt heute in der Regel nicht als eigenständiges Verfahren, sondern wird meist in Verbindung mit anderen Therapie- oder Beratungsverfahren verwendet.

In der Hypnose wird die natürliche menschliche Fähigkeit, Aufmerksamkeit zu fokussieren und nach innen zu richten, genutzt, um unbewusste Ressourcen für die Erreichung der Ziele des Klienten zu aktivieren. Dabei wird unwillkürliches Erleben einbezogen, das viel schneller wirksam ist als Willkürliches (Schmidt, 2004). Währenddessen entstehen ganz natürliche Tranceprozesse. Trance bedeutet so viel wie »hinübergehen« (lat.: transire) von einem Bewusstseinszustand in einen anderen. Dies ist ein ganz natürlicher Vorgang, den jeder aus seinem Alltag kennt, wenn man z. B. in ein Buch oder einen Film versunken ist, in Erinnerungen an einen schönen Urlaub schwelgt oder wenn man beim Autofahren eine Ausfahrt verpasst, da man mit seinen Gedanken ganz woanders war. In der Hypnotherapie und hypnosystemischen Beratung werden entsprechende Prozesse der Aufmerksamkeitsfokussierung mit Blick auf die Ziele des Klienten systematisch genutzt. Therapeutin und Klientin befinden sich dabei in einer kooperativen Beziehung. »Dieser Ansatz betont also, dass Trance immer in einem Beziehungskontext aufritt, in dem weder der Hypnotherapeut noch der Patient als voneinander unabhängig betrachtet werden können« (Gilligan, 2008, S. 29). Tabelle 1 zeigt die Unterschiede zwischen beiden Zuständen.

Tabelle 1: Unterschiede zwischen Normal- und Trancezustand (nach Benaguid und Schramm, 2016, S. 36)

Normalzustand	Trancezustand
Aufmerksamkeit gestreut	Aufmerksamkeit fokussiert
Aufmerksamkeit eher außen	Aufmerksamkeit eher innen
Entweder-oder-Logik	Sowohl-als-auch-Logik
lineares Denken	assoziatives Denken
Ich-gesteuert	Es-haft
bewusst-willkürlich	unbewusst-unwillkürlich
reden über	erleben von

In der modernen Hypnose ist der Klient anders als in landläufigen Vorstellungen von Hypnose aktiv am Geschehen beteiligt und nicht passiv. Er arbeitet eigenverantwortlich an den für ihn wichtigen Themen und behält die Kontrolle über das Geschehen. Jede Behandlung mit Hypnose setzt einen guten Rapport, also eine Vertrauensbeziehung zwischen dem Klienten und der Therapeutin oder dem Berater voraus. Die Therapeutin erklärt dem Klienten genau, wie die Behandlung abläuft, und erläutert ihre Vorgehensweise transparent. Nach einer Einführungsphase leitet die Therapeutin bzw. der Berater den Klienten behutsam an, seine Aufmerksamkeit nach innen zu richten. Dabei holt sich die Therapeutin immer Rückmeldung, was beim

Klienten gerade passiert, um daraus das weitere Vorgehen zu entwickeln. Hierfür nutzt die Therapeutin entsprechende Techniken und Interventionen, wie z. B. spezielle Sprachmuster, Imaginationen, Metaphern sowie Resonanzen des Körpers. Währenddessen besteht zwischen beiden eine intensive Kooperation. Nach jeder Trance erfolgt eine Reorientierung, in der sich der Klient wieder dem Hier und Jetzt und seinem Alltagsleben widmen kann. Die Arbeit mit Hypnose ist ein sehr schonendes Verfahren für den Klienten oder die Klientin.

Hypnose wird heute in der Psychotherapie genutzt (z. B. bei depressivem Erleben, Angsterleben, Traumata, Zwangsverhalten, Suchtverhalten), in vielen Bereichen der Medizin (z. B. in der Zahnbehandlung, Schmerztherapie, Onkologie, Rehabilitation, Geburtshilfe), in vielen Feldern der Beratung und sozialen Arbeit (Jugendhilfe, Erziehungsberatung, Schulberatung, Lerncoaching), in der Kinder-, Jugendlichen, Paar- und Familientherapie, im Coaching und Mentaltraining von Sportlern und Führungskräften aus der Wirtschaft sowie in der Organisationsentwicklung und Supervision. Überall werden Elemente der Hypnose in andere Verfahren integriert und angewendet.

Hypnose ist keine Möglichkeit zur »objektiven Wahrheitsfindung«, weil Erinnerung und Neubewertung von Erfahrungen im Bewusstsein vermischt werden und es zu Fehlerinnerungen und Verzerrungen kommen kann (Benaguid und Schramm, 2016). Moderne seriöse Hypnotherapie distanziert sich von fragwürdiger »Bühnenhypnose«. Arbeit mit Hypnose erfordert eine fundierte Qualifizierung und eine entsprechende Praxis.

In der Lebensberatung gibt es viele Möglichkeiten, Elemente hypnotischer Arbeit zu integrieren. Dabei ist es wichtig, seine Wahrnehmung zu schärfen und gut zu beobachten, was beim Gegenüber und einem selbst geschieht – was sicher etwas Übung erfordert. Auch die Verwendung von Sprachmustern und konkreten Übungen können von großem Nutzen für die Arbeit mit den Klienten sein. Dabei geht es nicht unbedingt um formale Tranceinduktionen und Hypnotherapie im engeren Sinne, sondern vor allem um die große Bandbreite hypnotischer Kommunikation und Prozessgestaltung.

Den großen Gewinn für die beraterische Arbeit sehe ich in der Nutzung des riesigen unbewussten Ressourcenpotenzials, über welches sowohl die Klienten als auch wir als Berater und Beraterinnen verfügen. So ist es als Berater immer wieder erstaunlich, zu erleben, wie Klienten unwillkürlich Zugang zu ihrem Ressourcenschatz bekommen, von dem sie zuvor nicht wussten, dass sie ihn in sich tragen. Das macht die Arbeit mit hypnotischen Elementen »so leicht und nicht einfach zugleich«.

Hypnotherapie nach Milton Erickson *KOMPAKT*

- Jeder Mensch trägt einen großen unbewussten Ressourcenschatz in sich.
- Durch die Arbeit mit hypnotischen Elementen werden unsere Selbstheilungskräfte mobilisiert.
- Alles, was die Klientinnen und Klienten in die Beratung mit einbringen, kann nutzbar gemacht werden (Utilisationsprinzip). Auch das Problemerleben wird als Lösungsversuch gewürdigt und genutzt.
- In diesem Sinne zeigen Klientinnen und Klienten keinen Widerstand, sondern machen lediglich deutlich, dass ein Vorschlag des Beraters gerade nicht passend für sie war.
- Durch Fokussierung von Aufmerksamkeit entstehen Tranceprozesse, wodurch ein Zugang zu unbewussten Ressourcen möglich wird.
- Es braucht nicht unbedingt eine »Einsicht in Ursachen« von Problemen und entsprechendes »Durcharbeiten«, um nachhaltige Lösungen entstehen zu lassen.
- Diese entstehen, wenn Klienten wieder Zugang zu ihren Ressourcen bekommen und sich selbstwirksam erleben.
- Hypnotische Sprachmuster und andere nonverbale Kommunikationsstrategien unterstützen den Beratungsprozess dabei ganz wesentlich.
- Die Beziehung zwischen Berater/Beraterin und Klient/Klientin ist durch Wertschätzung und Kooperation geprägt.

Embodiment

»Der Körper ist die Bühne der Gefühle.«
Antonio Damasio

Embodiment kann übersetzt werden als »Verkörperung«. Embodiment-Modelle beschreiben und erforschen die Wechselwirkungen zwischen Körpergeschehen und psychischem System (Storch, 2017). Beides wirkt wechselseitig und in einem bestimmten Kontext aufeinander ein. Für Beratung, Coaching, Pädagogik und Therapie, in denen Lern- und Veränderungsprozesse initiiert werden, ist dabei besonders wichtig, welche Auswirkungen das Körpergeschehen auf Gefühle, Denken, Einstellungen und Verhalten hat. Inzwischen kann auch die Hirnforschung zeigen, dass eine bestimmte Körperkoordination unser psychisches Befinden ganz wesentlich beeinflusst (Hüther, 2017), was für Veränderungsprozesse gezielt genutzt werden kann. Durch eine willentliche Veränderung unserer Körperhaltung, einzelner Muskeln sowie der Atmung können wir Einfluss auf Gefühle nehmen, welche einer willentlichen Kontrolle oft nur eingeschränkt oder gar nicht zugänglich sind.

Maja Storch (2017) hat mehrere Experimente beschrieben, die dies sehr anschaulich illustrieren: In einem Versuch von Strack, Martin und Stepper (zit. nach Storch, 2017, S. 40) nahm eine Gruppe von Versuchspersonen einen Bleistift in den Mund und hielt ihn dabei nur mit den Lippen fest. Eine andere Gruppe nahm einen Bleistift in den Mund und hielt diesen nur mit den Zähnen. Dann wurde beiden Versuchsgruppen vier Comics gezeigt und sie sollten diese auf einer Skala von 1 (nicht lustig) bis 10 (sehr lustig) bewerten. Die Gruppe, die den Bleistift mit den Zähnen festhielt, erlebte die Comics signifikant lustiger. Allein durch die Stifthaltung mit den Zähnen wurde die Lachmuskulatur aktiviert, was sich wiederum auf das Lustigkeitserleben auswirkte. Die Stifthaltung mit den Lippen verhinderte bzw. erschwerte ein Lachen, da bestimmte Gesichtsmuskeln nicht genutzt werden konnten, was ein weniger lustiges Erleben der Comics bewirkte.

In einem anderen Experiment von Förster (zit. nach Storch, 2017, S. 65) ging es um die Frage, ob körperliche Ausdrucksmuster von Annäherung und Abgrenzung Einfluss auf die Nahrungsaufnahme haben. Unter dem Vorwand, die Muskelaktivität der Arme während einer politischen TV-Sendung zu messen, sollte eine Gruppe von Versuchspersonen mit der linken Hand eine Tischplatte von unten nach oben drücken (Armbeugebewegung, Komm-her-Bewegung). Die andere Gruppe sollte mit der linken Hand die Tischplatte von oben nach unten drücken (Armestreckungsbewegung, Geh-weg-Bewegung). Nun wurden vor die Teilnehmenden Schälchen mit Keksen gestellt. Am Ende der Versuchszeit hatten die Teilnehmer, die währenddessen die »Komm-her-Bewegung« gemacht haben, im Schnitt 2,6 Kekse gegessen, die Teilnehmer mit der »Geh-weg-Bewegung« hatten nur 0,9 Kekse und damit signifikant weniger gegessen. Daraus lässt sich schließen, dass es einen Zusammenhang zwischen Körperhaltung und Zuwendungs- bzw. Abgrenzungsbedürfnissen gibt und dass allein eine bestimmte Armbewegung Zuwendungs- bzw. Abgrenzungsimpulse auslösen kann.

Storch weist darauf hin, dass es nicht darum geht, mit ein paar einfachen Körperbewegungen komplexe psychische Veränderungen zu ermöglichen, für diese muss sehr viel mehr berücksichtigt werden. Ein gezielter und behutsamer Einbezug des Körpers sowie entsprechender Resonanzen (»somatische Marker« nach Damasio, 1994) kann Veränderungsprozesse in Beratung und Therapie jedoch ganz wesentlich unterstützen und nachhaltiger werden lassen (Storch, 2017). So geht es bei der Entwicklung von Beratungszielen immer auch darum, eine entsprechende Körperkoordination zu finden, die dem Lösungserleben entspricht. In der Zielentwicklung mit einer Klientin etwa so: »Angenommen, Sie haben Ihr Beratungsziel erreicht und sich die Zeit gelassen, die es dafür braucht, und Sie können mit mehr Gelassenheit und innerer Stärke Ihre Situation meistern, wie ist dann die Körperhaltung, wie die Atmung, wie fühlt sich dann der Brust- und Bauchbereich an, wie die Schultern und der Kopf und wie ist dann der Kontakt zum Boden? Vielleicht können Sie einmal damit experimentieren und eine für Sie stimmige Körperhaltung finden.«

Aus Sicht von Storch (2017) ist ebenso wichtig, entsprechende Embodiment-Übungen immer wieder zu trainieren, damit sich entsprechend tragfähige neuronale Netzwerke im Gehirn bilden und das gewünschte Erleben neuronal verankern – und das benötigt Zeit und Übung.

Wienands (2010) beschäftigt sich mit dem noch vergleichsweise neuen Feld der körperorientierten systemischen Ansätze. Für ihn ist es für therapeutische Veränderungsprozesse zentral, dass sie vor allem erfahrungsorientiert sind und neben der verbalen Sprache auch einen »emotionalen Dialog« (S. 36) erfordern. Dabei kann der Körper als wichtige Ressource einen wertvollen Beitrag leisten.

Croos-Müller entwickelte aufgrund ihrer eigenen Erfahrungen als Fachärztin für Neurologie die »body2brain«-Methode. In leicht lernbaren Körperübungen wird die Wechselwirkung zwischen Körper und psychischen Erleben unmittelbar spürbar: »Der Gemütszustand zeigt sich an der Körperhaltung. Aber die Körperhaltung beeinflusst auch den Gemütszustand. Im Umkehrschluss bedeutet dies: Ändern Sie die Reihenfolge! Verändern Sie über Ihre körperliche Haltung gezielt Ihre emotionale und mentale Haltung« (Cross-Müller, 2015, S. 41). In der »Strohhalmübung« geht es beispielsweise darum, in der Vorstellung durch einen Strohhalm ein und wieder auszuatmen, was unmittelbar zu einer Verlangsamung der Atmung und einer Beruhigung des Nervensystems führt (Cross-Müller, 2020). So können wir recht schnell die Erfahrung machen, unser Erleben zu beeinflussen, uns selbst zu beruhigen und wieder in Kontakt mit unserem Körper zu sein. »Body2brain«-Übungen lassen sich gut in Beratungsprozesse integrieren und können von Klienten auch zu Hause gut angewendet werden. Insbesondere sehr belastete Klienten können von dieser Methode als Ergänzung zu therapeutischen Interventionen profitieren.

Meyer-Erben und Zander-Schreindorfer betonen ebenfalls die Nützlichkeit des achtsamen Atmens für die Selbstregulierung: »Sobald man seine Aufmerksamkeit auf die Atmung lenkt, werden Bewusstsein und Körper miteinander verbunden, was sofort das parasympathische Nervensystem aktiviert. Dies wiederum führt zur körperlichen und psychischen Beruhigung« (2021, S. 88). Die Einbeziehung der Atmung ist für die hypnosystemische Beratung also eine wichtige Strategie, da sie sich, bewusst eingesetzt, unmittelbar beruhigend auf unseren Organismus auswirkt.

Gerald Hüther fasst aus neurobiologischer Sicht zusammen: »Weil er so eng mit dem Gehirn und allem, was dort geschah, verbunden war, bietet der Körper einen besonders leichten Zugang zu allen Ebenen des Erlebens und Verhaltens, zu dem im Gehirn abgespeicherten Sinneseindrücken, den Gefühlen, den unbewusst gesteuerten Verhaltensmustern und nicht zuletzt zu den frühen Erinnerungen. Deshalb erfahren die meisten Menschen, sobald sie ihren Körper wiederzuentdecken beginnen, dass sie nun wieder Zugang zu sich selbst finden. Oft kommt es so zu Einsichten, die den ganzen Menschen ergreifen« (2017, S. 97).

Die Lebensberatung bietet an vielen Stellen Möglichkeiten, den Körper gezielt für Veränderungsprozesse zu nutzen. Dies kann auf ganz unterschiedliche Art und Weise geschehen. Manchmal machen Klienten in Beratungen von sich aus Aussagen, indem sie beispielsweise von »einer großen Last auf den Schultern« oder »einem Kloß im Hals« sprechen. So verknüpfen sie die körperliche Ebene mit dem psychischen Erleben, was dazu führt, dass körperorientierte Angebote leichter angenommen und genutzt werden können. Konkrete Übungen wie die body2brain-Methoden oder andere Körper- und achtsamkeitsbasierten Übungen lassen sich in der Regel leicht integrieren. Auch die vielen hypnosystemischen Methoden nutzen per se körperliche Prozesse. Der besondere Gewinn liegt aus meiner Sicht darin, körperliches Erleben gezielt als Ressource für Veränderungsprozesse nutzen zu können. Gunther Schmidt pflegte in Seminaren sinngemäß zu sagen: »Wenn wir unseren Körper doch schon mal dabeihaben, dann können wir ihn doch auch nutzen« (2008a, eigene Mitschrift). Zuweilen ist es auch etwas ungewohnt für Klienten, dann braucht es viel Transparenz, Behutsamkeit, Vertrauen und Übung.

In meiner Beratungspraxis hat es sich bewährt, bei einigen Klienten die Beratungssitzung mit einer kurzen Zentrierungsübung zu beginnen: »Vielleicht nehmen Sie sich wieder einen Augenblick Zeit … hier anzukommen … den Raum wahrzunehmen … das Licht … vielleicht Geräusche … und nehmen einfach wahr … wie es ist … hier auf dem Stuhl zu sitzen … und zu spüren … wo Ihr Körper Kontakt mit dem Stuhl hat … und getragen wird … und wo die Füße den Boden berühren … um nun ganz leicht Ihre Aufmerksamkeit auf Ihre Atmung zu richten … ein paar tiefe Atemzüge nehmen … und ganz langsam wieder ausatmen … und nun die Atmung ihrem natürlichen Fluss überlassen … und schauen Sie … wie ist es jetzt für Sie … hier zu sein?«

Embodiment *KOMPAKT*

- Embodiment-Modelle beschreiben die Wechselwirkungen zwischen körperlichem und psychischem System.
- Alles Erleben findet im Körper eine Resonanz (»somatische Marker«).
- Über eine willentliche Veränderung der Körperhaltung, Körperkoordination und Atmung können wir Einfluss auf unser psychisches und mentales Befinden nehmen.
- Embodiment-basierte Übungen lassen sich leicht in Beratungsprozesse integrieren. Sie benötigen etwas Zeit und Training, damit sie ihre Wirkungen ganz entfalten können.

TEIL 2

Hypnosystemische Lebensberatung
Praxiswissen

Grundannahmen hypnosystemischer Praxis

»Wir leiden nicht an dem Problem an sich,
sondern an der Beziehung zum Problem.«
Gunther Schmidt

Ziel hypnosystemischer Konzepte ist es, Menschen dabei zu unterstützen, zu lernen, ihre Wahrnehmung willentlich so zu gestalten, dass ein gewünschtes Erleben erzeugt wird (Peichl, 2019; Lang, 2022). Dazu hat Gunther Schmidt (2004, 2005a, 2005b) viele Modelle entwickelt, die er durch die Erkenntnisse der Hirnforschung bestätigt sieht (Schmidt, 2008a) und deren Grundlagen ich im Folgenden skizziere. »Eine besondere Stärke des Ansatzes liegt darin, alle Interventionen ›maßgeschneidert‹ abzustimmen auf die einzigartigen Selbstorganisationsprozesse und Kontextbedingungen der Klientinnen und Klienten« (Schmidt, 2011b, S. 18). Dabei werden sowohl deren inneres wie auch äußeres System und die entsprechenden Wechselwirkungen miteinbezogen (siehe Abbildung 5).

Abbildung 5:
Inneres und äußeres System

Wie entsteht Erleben?

Die Prozesse, welche beschreiben, wie unser Erleben entsteht, sind eine (die) zentrale Grundlage hypnosystemischer Praxis: »Alles Erleben wird jeweils ständig neu erzeugt, jede Realität wird also konstruiert – durch Prozesse der Aufmerksamkeitsfokussierung« (Schmidt, 2011b, S. 19). Schmidt führt weiter aus, dass dies mit unseren fünf Sinneskanälen, nämlich sehen (visuell), hören (auditiv), fühlen (kinästhetisch), riechen (olfaktorisch) und schmecken (gustatorisch) geschieht (siehe Abbildung 6), und zwar zum großen Teil unbe-

Abbildung 6: Die fünf Sinneskanäle

wusst und unwillkürlich. Das heißt, dass je nachdem, wohin die Aufmerksamkeit gerichtet ist, entsteht ein unterschiedliches Ich-Erleben. Wenn ich beispielsweise Fahrrad fahre, laufen andere Aufmerksamkeitsfokussierungsprozesse ab, als wenn ich am Schreibtisch sitze und ein Buch schreibe. Und wenn ich in der Führerscheinprüfung bin, geschieht etwas anderes, als wenn ich auf dem Sofa liege. Mich gibt es so gesehen nicht nur einmal, sondern es gibt verschiedene Ich-Zustände, die als Hinweise auf wichtige Bedürfnisse und Sehnsüchte verstanden werden können (siehe Abbildung 7). In den oben genannten Beispielen vielleicht das Bedürfnis nach Bewegung, nach geistigem Ausdruck, nach Mobilität sowie nach Entspannung.

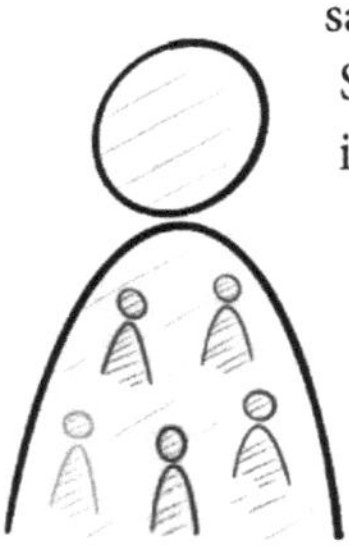

Abbildung 7: Verschiedene Ich-Zustände innerhalb einer Person

Vier Formen des Erlebens

Vier Formen des Erlebens können unterschieden werden (siehe Abbildung 8).

willkürlich-gewünschtes Erleben	willkürlich-ungewünschtes Erleben
unwillkürlich-gewünschtes Erleben	unwillkürlich-ungewünschtes Erleben

Abbildung 8: Formen des Erlebens (nach Schmidt, 2005b, eigene Mitschrift)

Willkürlich-gewünschtes Erleben beschreibt das Phänomen, wenn ich willentlich etwas Gewünschtes mache: Zum Beispiel koche ich mir einen Kaffee und setze mich auf die Terrasse.

Willkürlich-ungewünschtes Erleben könnte entstehen, wenn ich mich an meine Steuererklärung setze. Ich mache dies willentlich, doch (zunächst) ist es kein angenehmes Erleben.

Unwillkürlich-gewünschtes Erleben entsteht, wenn ich morgens auf dem Weg zur Arbeit den Sonnenaufgang sehe und dabei unwillkürlich ein Gefühl von Leichtigkeit und Weite spürbar ist.

Unwillkürlich-ungewünschtes Erleben beschreibt das Phänomen, wenn wie »aus heiterem Himmel« ein unangenehmes Erleben da ist, z. B. wenn ich in eine Radarfalle fahre, mich erschrecke und hoffe, nicht allzu schnell gewesen zu sein.

Alle vier Formen gehören zu unserem gewöhnlichen Erfahrungsrepertoire. Die skizzierten Beispiele dienen lediglich der Veranschaulichung und machen deutlich, dass wir im Allgemeinen ganz gut damit leben können. Leidvoll wird es dann, wenn immer wieder unwillkürlich-ungewünschtes Erleben entsteht und wir dabei mit Hilflosigkeit und Ohnmacht assoziiert sind und das Gefühl haben, keinen Einfluss mehr auf unser Handeln, Denken und Fühlen zu haben. Hypnosystemische Interventionen zielen darauf ab, das ungewünschte Erleben willentlicher gestalten zu können, sich vom Problemerleben zu dissoziieren und somit wieder mehr in die Rolle des

Gestaltenden und in ein Erleben von Wahlfreiheit und Kompetenz zu kommen (Peichl, 2019; Schmidt, 2005a, 2005b).

Unbewusstes Erlebnisarchiv

Emotional geladenen Erfahrungen (angenehme wie unangenehme) werden als *neuronale Erlebnisnetzwerke* im Episodengedächtnis gespeichert, welche in direkter Wechselwirkung mit körperlichen Prozessen stehen. Schmidt (2011b, S. 20) spricht daher davon, dass wir viele »Vergangenheiten« und »Zukünfte« in uns tragen, je nachdem, wohin die Aufmerksamkeit gerichtet ist und welches Erlebnisnetzwerk gerade aktiv ist. Wir haben demnach nicht nur eine Kindheit, sondern viele Kindheiten, je nachdem, mit welchem Erleben wir gerade assoziiert sind. Werden nun in einer aktuellen Situation Ähnlichkeiten mit früheren Situationen erlebt (z. B. durch ein Bild, einen Geruch, einen Tonfall, ein Geräusch), können die frühen Netzwerke durch diese Reize in der Gegenwart aktiviert (getriggert) werden und der betreffenden Person kommt es vor, als sei es wie früher. Dies geschieht unwillkürlich »wie aus heiterem Himmel«. Unwillkürliche Prozesse laufen immer schneller ab und sind wirksamer als jedes willkürliche Handeln (Schmidt, 2004).

Erlebniselemente als Teile von Musterbildungen

Muster können als Netzwerke des Erlebens beschrieben werden. Ein Muster ist eine assoziative, unwillkürliche und oftmals wiederholte Verknüpfung von Erlebniselementen auf allen Sinnesebenen (Schmidt, 2005a, S. 34). Abbildung 9 führt Beispiele solcher Erlebniselemente auf.

Das heißt, wenn ich meine Aufmerksamkeit beispielsweise willentlich darauf richte – … an meinem Lieblingsort am Meer zu sein … und mich daran erinnere … wie es war … als ich mit meiner Frau dort vor vielen Jahren den ersten Urlaub verbracht habe … das Rauschen des Meeres höre … den Geruch von frischen Gräsern in der Nase … meine Atmung leicht und frei … die warme Sonne auf der Haut … den Wind … den Geschmack von frischem Cappuccino und leckerem Apfelkuchen im Strandcafé … die Leichtigkeit

Abbildung 9: Beispiele für Erlebniselemente

im ganzen Körper spüre ... und das Gefühl, mich verbunden und gleichermaßen bei mir zu fühlen ... –, wird im Gehirn ein ganzes Erlebnisnetzwerk mit entsprechenden Mustern aktiviert, und es ist so, als sei die Erfahrung von damals in der Gegenwart ganz präsent (was mir mein Körper ganz unwillkürlich durch ein Lächeln im Gesicht zeigt). Die gleichen Prozesse entstehen eben auch bei emotional belastenden Erfahrungen.

Erleben wird demnach im Wesentlichen von innen heraus vom Organismus selbst erzeugt (Autopoiese) – und zwar kontext- und situationsbezogen. Problemerleben wie auch Lösungserleben können als Ergebnis von Aufmerksamkeitsprozessen und selbst erzeugten Musterbildungen gesehen werden. Muster sind in diesem Sinne Vernetzungen von den oben genannten Erlebniselementen. Diese Erlebniselemente wirken wechselwirksam aufeinander ein, stabilisieren oder schaukeln sich sogar auf. »Hirnphysiologisch lassen sich solche Muster als aktives Feuern von neuralen Netzwerken verstehen, die sich als Verbindungen vieler Synapsen beschreiben lassen« (Schmidt, 2005a, S. 34).

Unterschiedsbildung in Erlebnismustern

Hypnosystemische Interventionen zielen darauf ab, Unterschiede in einzelne Musterelemente einzuführen, welche sich dann auf das ganze Muster auswirken. So macht es einen Unterschied, ob jemand sagt: »Ich bin immer so depressiv und fühle mich niedergeschlagen und habe zu nichts Lust« oder ob er sagt: »Die beiden letzten Abende ging es mir so, davor hatte ich einen schönen Abend und tagsüber geht es mir gut«. Wenn er die erste Aussage tätigt, ist er mit dem Problemerleben assoziiert, während er bei der zweiten Aussage mehr in Abstand dazu ist. Aufgabe des Beraters ist es, mithilfe von hypnosystemischer Kommunikation die Klienten dabei zu begleiten, Unterschiede in ihre bisherigen leidvollen Wirklichkeitskonstruktionen einzuführen und neue, hilfreiche Musterbildungen zu ermöglichen.

Tranceverständnis und Unwillkürlichkeit

Eine verbreitete Vorstellung ist es, dass in der Hypnotherapie immer in induzierter, also in formal angeleiteter Trance gearbeitet wird. In der hypnosystemischen Arbeit ist das Tranceverständnis sehr viel weiter gefasst. Nach Schmidt wird unter Trance »alles Erleben, bei dem Unwillkürlichkeit dominiert, als äquivalent zu Tranceprozessen aufgefasst« (2014, S. 80).

Unwillkürlich ist demnach alles Erleben, das »wie aus heiterem Himmel« ohne bewusstes Zutun geschieht: Das Lied im Radio, was mich einlädt, mich unwillkürlich an den Verlust eines nahestehenden Menschen zu erinnern, da er es zu Lebzeiten so gemocht hat, oder der Sonnenaufgang über den Bäumen während der Fahrt zur Arbeit, der mich einlädt, in mir ein Gefühl von Leichtigkeit und Freude über die Schönheit der Natur entstehen zu lassen. In beiden Situationen entsteht eine leichte Trance, die Aufmerksamkeit wird durch einen auditiven (Lied im Radio) bzw. visuellen (Sonnenaufgang) Auslösereiz eingeladen bzw. gebahnt, sich für einen Moment ganz zu fokussieren und neuronale Netzwerke zum Feuern zu bringen – ein entsprechendes Erleben von Traurigkeit oder Freude wird unwillkürlich erzeugt.

Priming

Priming bedeutet so viel wie Bahnung von Assoziationen und spielt für die hypnosystemische Beratung eine wichtige Rolle. Da das Entstehen von Erleben als *Ergebnis von Aufmerksamkeitsfokussierungsprozessen* gesehen wird, ist es wichtig, zu wissen, wie ich als Berater dazu einladen kann, Aufmerksamkeit in eine gewünschte Richtung zu richten.

Ein schönes Beispiel für Priming ist das bei Kindern (und Erwachsenen) beliebte Fragespiel: Welche Farbe hat der Schnee? Welche Farbe hat die Milch? Was trinkt die Kuh? Allein durch die erste Frage kann bei manchen eine leichte Trance infolge einer kurzen Irritation entstehen, da die Frage so leicht ist, dass sich derjenige kurz fragt, was diese Frage denn soll. Das Gleiche entsteht bei der zweiten Frage, während dazu noch eine leichte Spannung erzeugt wird, wie die Geschichte denn ausgeht, was die leichte Trance vertiefen kann. Währenddessen wir das Wort »weiß« gebahnt und in der Verknüpfung mit »Milch« als Antwort auf die dritte Frage gegeben.

Durch eine assoziative Voraktivierung in Form eines Hinweisreizes (»weiß«) werden wir eingeladen, Aufmerksamkeit unwillkürlich auf bestimmte psycho-physiologische Prozesse und Haltungen zu richten und zu aktivieren. Dies ist ein großer Teil unserer normalen Alltagskommunikation und geschieht ständig.

In einem Experiment von Bargh, Chen und Burrows (zit. nach Schmidt, 2005a) wird Priming sehr anschaulich beschrieben: Zwei gleich große Gruppen mit Teilnehmenden, welche die gleichen Voraussetzungen auch in Bezug auf die körperliche Verfassung mitbrachten, wurden zu einem Gruppengespräch eingeladen. Die eine Gruppe hatte die Aufgabe, sich über das Thema »alte Menschen« zu unterhalten, die andere Gruppe über das Thema »Freizeit und Sport«. Anschließend wurden nicht die Inhalte ausgewertet, sondern die Zeit gemessen, die die Teilnehmenden brauchten, das Gebäude zu verlassen. Dabei zeigte sich, dass die Gruppe, die das Priming-Angebot »alte Menschen« bekommen hatte, signifikant länger brauchte als die andere Gruppe. Durch die Aufmerksamkeitsfokussierung auf das Thema »alte Menschen« wurden offenbar neuronale Netzwerke gebahnt und aktiviert, die dann auch zu physiologischen Zustandsveränderungen führten, ohne dass die Teilnehmenden dies bewusst angestrebt hatten (Schmidt, 2005a, S. 40).

Hypnosystemische Beratung nutzt diese Prozesse, indem genau geschaut wird, welche Priming-Prozesse mit welcher Auswirkung ablaufen und welche Art des Bahnens besonders hilfreich mit Blick auf das Ziel ist: »Man könnte sich fragen, ob nicht die gesamte Kooperation in Beratung und Therapie als ein konsequentes Ritual der Aufmerksamkeitsfokussierung und des zielgerichteten Primings verstanden und entsprechend ausgerichtet werden sollte« (S. 42). Priming kann aber auch auf vielen anderen Ebenen geschehen und in der Beratung genutzt werden. So haben bestimmte muskuläre Aktivitäten Einfluss auf unser Erleben. Zum Beispiel induziert ein gestreckter Arm eher Vermeidungs- und Abgrenzungstendenzen, während ein gebeugter Arm eher Annäherungsimpulse auslöst. »Deutlich wird, wie oft und wie unterschwellig wir in der Alltagskommunikation zu hypnotischen Prozessen eingeladen werden und uns gegenseitig einladen, aber auch, wie oft wir uns z. B. durch innere Dialoge und andere Selbstkommunikation selbst hypnotisieren, ohne es zu wollen« (S. 42).

Hypnosystemische Grundannahmen *KOMPAKT*

- Unser Erleben entsteht als Ergebnis von Prozessen der Aufmerksamkeitsfokussierung und wird ständig neu erzeugt.
- Es gibt somit unterschiedliche Ich-Zustände, je nachdem, wohin die Aufmerksamkeit gerichtet ist.
- Emotional bedeutsame Erfahrungen werden in neuronalen Netzwerken im Episodengedächtnis gespeichert und können durch Reize aktiviert werden. Dies geschieht sowohl bewusst und unbewusst als auch willkürlich und unwillkürlich.
- Die jeweiligen Erfahrungen bilden sich durch zahlreiche Erlebniselemente in Form von ganzen Mustern ab. In diesen neuronalen Mustern sind die einzelnen Elemente miteinander verknüpft und »feuern« bei entsprechenden Auslösereizen miteinander.
- Ziel hypnosystemischer Interventionen ist es, Unterschiede in entsprechende Muster einzuführen und somit eine neue Erfahrung von Selbstwirksamkeit zu ermöglichen.
- Dabei wird unwillkürliches Erleben systematisch genutzt.
- Priming bedeutet so viel wie »Bahnung«. Durch entsprechende Priming-Angebote werden wir eingeladen, Aufmerksamkeit auf ein entsprechendes Erleben zu richten. Priming ist ein großer Teil normaler Alltagskommunikation.

Hypnosystemische Kommunikation

»Man kann nicht nicht kommunizieren« (Watzlawick, Beavin und Jackson, 2011, S. 53). Dieses Axiom aus dem Buch »Menschliche Kommunikation« zeigt die »Illusion der Gerichtetheit der Kommunikation« (Storch und Tschacher, 2016, S. 58). In der Begegnung mit unserem Gegenüber sind wir immer Sender und Empfänger zugleich. Das heißt nicht, dass Kommunikation völlig ungerichtet ist. Sie wird vielmehr vom System aus Sendern und Empfängern selbst erzeugt, indem sich beide in einem wechselwirksamen Zusammenspiel mehr oder weniger aufeinander beziehen. Im günstigen Fall entsteht so eine Synchronisation. Dies alles geschieht verbal und nonverbal-körperlich. Hypnosystemische Kommunikation zielt darauf ab, günstige Bedingungen für ein hilfreiches Zusammenspiel der Beteiligten mit Blick auf die Ziele der Klienten zu schaffen.

Pacing

Pacing (Tempo angleichen) bedeutet, an die Erfahrungswelt des Klienten anzukoppeln. Ziel ist es, mit meinem Gegenüber in einen inneren psycho-physiologischen kooperativen Zustand zu gelangen und eine vertrauensvolle Beziehung (Rapport) zu entwickeln. Dies kann auf unterschiedliche Weisen geschehen. Verbales Pacing meint das Aufgreifen und Wiederholen von Worten und Sprachmustern (vgl. Bierbaum-Luttermann und Mrochen, 2019):

Tom: »In der Schule bin ich für die Lehrer oft der Buhmann, also, mit dem man alles machen kann und der immer der Schuldige ist.«

Berater: »Ah … du bist für die Lehrer oft der Buhmann … und immer der Schuldige?«

Tom: »Ja, genau.«

BERATER: »Also für die Lehrer … Du siehst es anders?«
TOM: »Ja, ich sehe das ganz anders.«

Pacing kann ebenso auf nonverbale Art geschehen, indem der Berater phasenweise z. B. seine Körpersprache, Mimik und Stimmlage an die des Klienten ankoppelt. »Das Aufgreifen einzelner Elemente kann den Kontakt erheblich verbessern. Dies geschieht häufig unbewusst, ›automatisch‹, wenn Menschen sich gut verstehen, und kann sich auch auf physiologische Vorgänge wie z. B. das Angleichen der Pulsfrequenz oder Veränderungen des Muskeltonus auswirken« (Muffler, 2015a, S. 35). Eine besonders intensive Form ist das »Atempacing« (Bierbaum-Luttermann und Mrochen, 2019). Dabei beobachtet der Berater den Atemrhythmus des Klienten und synchronisiert sich mit ihm. Nachdem diese Kopplung geschehen ist, spricht er dann beispielsweise nur beim Ausatmen des Klienten. Die Koppelung über den Körper – die Atmung – führt zu einer intensiven inneren Kooperation und Synchronisation.

Pacing ist eine fortwährende Aufgabe im Beratungsprozess. Nur ein ausreichendes Pacing würdigt die leidvollen Erfahrungen der Klienten genügend, was dazu führt, dass sie sich verstanden und in ihrem »Sosein« angenommen fühlen. Pacing ist keine Technik, sondern eine von Respekt und Wertschätzung getragene innere Haltung.

Schmidt (2005a) weist darauf hin, wie wichtig das Eigenpacing vor dem Pacing des Gegenübers ist. Erst wenn auch die Beraterin in einem guten inneren Zustand ist und für sich selbst gut gesorgt hat, kann sie Klienten beim Aktivieren ihrer Kompetenzmuster optimal unterstützen.

Leading

Leading meint in diesem Sinne »einladen und anbieten«. Metaziel einer Beratung sind eine Perspektivenerweiterung und neue Wirklichkeitskonstruktion. Hypnosystemische Kommunikation möchte Klienten genau dazu einladen. Bevor der Berater der Klientin eine Erweiterung der Perspektive durch Leading anbietet, ist ein entsprechendes Pacing wichtig. Erst wenn sich die Klientin hinreichend in ihrem »Sosein« vom Berater gewürdigt sieht, steigt die Wahrscheinlichkeit, dass sie sich auf das Wagnis einer Veränderung einlässt, von der sie noch nicht weiß, wie sie ausgeht.

Yes-Set

Ein Yes-Set kann als eine Form des Pacing beschrieben werden. Der Berater macht dem Klienten gegenüber Aussagen, die so vage und allgemein sind, dass er denen innerlich wahrscheinlich zustimmt. Geschieht dies mehrfach hintereinander und folgt dann die Einladung einer Perspektiverweiterung (Leading), ist die Wahrscheinlichkeit größer, dass diese angenommen wird und eine innere Kooperation entsteht (Erickson und Rossi, 2008).

Jana (15 Jahre) kommt mit mürrischem Gesichtsausdruck ins Beratungszimmer, schaut demonstrativ aus dem Fenster und wendet sich von der Beraterin ab.

BERATERIN: »Du möchtest wahrscheinlich jetzt lieber woanders sein … bist genervt und schaust aus dem Fenster.«
JANA: »Ja, und?«
BERATERIN: »Ja, jetzt lieber woanders sein, Dinge tun, die du gerne machst, statt hier in diesem Zimmer – das kann ich gut verstehen!«
JANA: »Meine Freundin wartet jetzt draußen auf mich, bis wir hier fertig sind.«
BERATERIN: »Ah, deine Freundin wartet auf dich … vielleicht können wir ja kurz klären, wer die Idee hatte, dass du hierherkommst?«
JANA: »Natürlich meine Eltern – sie nerven mich ständig!«

Für einen Moment verändert sich die Haltung und Mimik von Jana. Für einen kurzen Augenblick ist das kommunikative Muster unterbrochen: Jana muss mehrmals innerlich »Ja« sagen, was dazu einlädt, zumindest für kurze Zeit mehr innere Kooperation einzugehen.

Hypnotische Sprachmuster

Milton Erickson war Meister in der kunstvollen Nutzung von Sprache. Bandler und Grinder analysierten Ericksons Arbeit und entwickelten daraus als Essenz seiner Sprachformen das sog. Milton-Modell (Walker, 2004). Es geht davon aus, dass unsere Sprache aus einer Tiefen- und einer Oberflächenstruktur besteht. Die Tiefenstruktur umfasst alles, was auch mit dem Begriff der »inneren Landkarte« gemeint ist, die gesamten Repräsentanzen unserer inneren Welt, die sich natürlich von der »Wirklichkeit« unterscheidet. Eine allumfassende Versprachlichung dieser Tiefenstruktur ist jedoch nicht möglich, sodass während des Sprechens eine Verdichtung der Informationen durch Tilgungen, Verzerrungen und Generalisierungen erfolgt. Was dann als gesprochene Sprache nach diesem Verdichtungsprozess an die Oberfläche gelangt, wird als Oberflächenstruktur beschrieben. Der Zuhörer hört also eine »verkürzte« Version der Information, um dann die fehlende Bedeutung aufgrund seiner eigenen inneren Landkarte wieder zuzufügen. Der Sprecher sagt z. B.: »Wenn Sie an Ihrem Lieblingsort sind, können Sie eine ganz bestimmte *Erfahrung* machen. Vielleicht entsteht jetzt schon ein *Bild* oder ein *Gefühl.*« Der Sprechende weiß nichts Genaues, der Hörende kennt die Situation an seinem Lieblingsort jedoch sehr genau und füllt die Wörter »Erfahrung«, »Bild« und »Gefühl« mit seinen eigenen Empfindungen und Interpretationen (Muffler, 2015a, S. 39).

Diese Prozesse werden in hypnosystemischer Beratung in Form von zahlreichen Sprachmustern systematisch genutzt, um innere Suchprozesse anzuregen sowie Begrenzungen des bewussten Denkens zu öffnen und neue Erfahrungen zu ermöglichen (Benaguid und Schramm, 2016; vgl. Kapitel »Übungen zur Selbsterfahrung und Reflexion«, S. 113).

Minimal Cues

Minimal Cues sind kleinste körperliche Signale als Hinweis auf innere (psycho-physiologische) Zustandsveränderungen, wie z. B. Bewegungen, Gesichtsfarbe, Schluckreflex, Augenspiel, Atemveränderung. Sie sind ein unwillkürliches Feedback und zeigen, dass im

Klienten innere Suchprozesse stattfinden. In der Beratung können sie im Sinne eines Pacing genutzt werden und so die Erfahrung vertiefen. So kann die Beraterin z. B. das Lächeln im Gesicht der Mutter (»… da kann es schon freuen …«) oder das Seufzen des Vaters (»… da ist die Entlastung spürbar …«) ansprechen. Durch das Rückkoppeln der körperlichen Signale wird eine tiefe innere Erfahrung ermöglicht und das Erleben von Selbstwirksamkeit gestärkt (Benaguid und Schramm, 2016).

Defokussiertes Sehen

Beim defokussierten Sehen wird der periphere Gesichtssinn geschärft. Während wir gewöhnlich das Gesicht des Gegenübers fokussieren, stellt der Beobachter seinen Blick weit und schaut gewissermaßen durch ihn hindurch. Dadurch werden kleinste Körperbewegungen, Atemveränderungen und Mimik leichter wahrnehmbar (Benaguid und Schramm, 2016). Diese Hinweise können genutzt werden, indem sie vom Berater beispielsweise so aufgegriffen werden: »Wie ist es für Sie, wieder mehr durchatmen zu können?«

Bedeutung der Stimme

Neben den Inhalten der gesprochenen Worte gibt uns der Stimmklang Hinweise auf die »Stimmung« der Beteiligten. »Die zwischenmenschliche Beziehungsgestaltung ist beeinflusst vom Stimmklang und von der Resonanz unseres Gegenübers. Durch den Stimmklang wird auch eine Atmosphäre der Überein-›stimmung‹ gestaltet. Der Klang einer Stimme weist auch auf die Beziehung der Person zu sich selbst hin« (Benaguid und Schramm, 2016, S. 114). Dies können wir für die Gestaltung von Gesprächen nutzen, indem wir das Sprechtempo verändern, Sprechpausen lassen, durch analoges Markieren einzelne Inhalte betonen, die Intonation (Wort- oder Satzmelodie) oder die Lautstärke der Stimme variieren.

Suggestionen in Beratung

Suggestion bedeutet so viel wie »einladen« bzw. »vorschlagen«. Suggestionen sind Priming-Angebote. Sie laden ein und bahnen damit, wohin Aufmerksamkeit fließt. Suggestionen laufen ständig ab in der normalen Alltagskommunikation. Sie können Entwicklung behindern oder fördern. Bei Autosuggestionen wirken unsere »inneren Weltbilder« und »Glaubenssätze«. Psychische Belastungen erhöhen in der Regel die Suggestibilität. Daher sind Menschen, die Beratung aufsuchen, in der Regel stärker empfänglich für Suggestionen, was beraterisch beachtet werden sollte und genutzt werden kann (Muffler, 2015a). Bei erhöhter Suggestibilität gibt es kommunikative Besonderheiten:

1. *Die Wahlmöglichkeit, Suggestionen anzunehmen oder abzulehnen, ist eingeschränkt bis nicht vorhanden.* Die Wahrscheinlichkeit steigt, dass Suggestionen angenommen werden, da unser Gehirn in Krisensituationen weniger bis gar nicht in der Lage ist, Angebote sorgsam abzuwägen. Insbesondere in krisenhaften Gesprächen ist dies wichtig zu berücksichtigen. Die Aussage eines Erziehers »Ihr Sohn hat immer noch kein Frühstück dabei, außerdem schlägt er andere Kinder, wie oft sollen wir Ihnen das denn noch sagen« kann bei Eltern in Stresssituationen kaum reflektiert und abgewogen werden. Die Wahrscheinlichkeit ist groß, dass sie die Botschaft der Aussage für sich so interpretieren, wie sie bei ihnen »gefühlt« ankommt, hier vermutlich als Vorwurf: »Ich bin keine gute Mutter, ich habe versagt, mein Kind ist unerwünscht« oder aber »Ich lass mir doch von denen nichts sagen … die sind inkompetent.« Wahrscheinlich wird so jedoch keine hilfreiche, kooperative Beziehung entstehen.
2. *Verneinungen sind im Zustand hoher Suggestibilität nicht wirksam.* Beispiel: Arzt zu Patient nach einer Krebsdiagnose: »Sie brauchen *keine Angst* haben, Sie werden an der Krankheit *nicht sterben* müssen und nach der Operation *keine Schmerzen* erleiden.« Emotional kommt suggestiv an: »Angst haben, sterben müssen, Schmerzen erleiden«. Hilfreiche Suggestionen könnten so aussehen: »Sie haben gute Chancen, eine vollständige Heilung zu erfahren. Sie können sicher sein, dass wir alles tun werden, dies

zu erreichen. Alle Behandlungen dienen Ihrer Heilung. Es kann sein, dass Sie nach der Operation spüren werden, wie Ihr Körper die Wunde wieder verschließt. Wenn das für Sie vielleicht für eine kurze Zeit unangenehm wird, können wir den Heilungsschmerz mit Medikamenten leicht lindern. Und wenn Sie nach der Operation aus der Narkose erwachen werden, wissen Sie, die Heilung hat bereits begonnen« (Muffler, 2015b, S. 28 f.).

Lehrerin in einem Elterngespräch: »Sie brauchen *keine Angst* zu haben, die *Verhaltensauffälligkeiten* Ihres Sohnes sind noch *nicht so schlimm,* dass wir das *Jugendamt einschalten* müssen.« Bei Eltern unter Stress kommt wahrscheinlich gefühlt an: »Angst ... Verhaltensauffälligkeiten ... schlimm ... Jugendamt einschalten.« Hilfreicher wäre etwa zu sagen: »Sie können sicher sein, wir werden alles tun, was uns möglich ist, damit es Ihrem Sohn wieder besser geht, er sich wieder sicher und wohl bei uns fühlt. Es besteht gute Hoffnung, dass wir gemeinsam Ihrem Sohn helfen können, damit er wieder fröhlicher ist und er Freude am Lernen mit den anderen Kindern hat. Wir würden uns freuen, wenn wir dies gemeinsam mit Ihnen schaffen können - und vielleicht holen wir uns gemeinsam Hilfe in einer Beratungsstelle, um Ihren Sohn optimal unterstützen zu können.«

Bei Menschen in emotionalen Krisenzuständen kann ich als Beraterin die Nichtwirksamkeit von Verneinungen kommunikativ nutzen: »Ihre Situation ist ja sehr schwer für Sie, das kann ich gut verstehen ... und ich würde mich da gar *nicht* wundern, dass Sie sich derzeit gar *nicht* vorstellen können, dass sich die Dinge zum Positiven wenden ... und ich kann mir gut vorstellen, dass Sie im Augenblick noch *nicht* sehen können ... wie es ist, wenn es Ihnen wieder besser geht, Sie sich wieder sicherer fühlen ... und vielleicht so etwas wie Normalität eingetreten ist.«

3. *Unterscheidungen zwischen sich selbst und anderen sind im Zustand erhöhter Suggestibilität erschwert oder unmöglich.* Es kann dann sein, dass das, was anderen widerfährt, so erscheint, als ob es einen selbst beträfe. Wenn ich beispielsweise als Vater oder Mutter etwas Positives oder Kritisches über mein Kind erfahre, erscheint

es eher so, als wenn Aussagen über mich selbst gemacht würden. Die Identifikation, z. B. der Eltern mit ihrem Kind, ist stärker. Da kann es hilfreich sein, möglichst beiläufig (also indirekt) ressourcenvolle Geschichten anderer Klienten zu erzählen und dann ggf. nach der Resonanz zu fragen. Je indirekter die Angebote gemacht werden, umso leichter können die positiven Suggestionen angenommen werden: »Viele Familien in ähnlichen Situationen, die ich als Berater erlebt habe, machen genau die gleiche Erfahrung wie Sie – da kann man sich manchmal nur wundern, wie sich die Dinge zum Besseren hin entwickeln konnten.«

Umgang mit Sprache und Gesprächsführung

In seinem kleinen Buch beschreibt Manfred Prior (2003) sehr anschaulich 15 »MiniMax-Interventionen«. Dabei wird deutlich, wie sehr wir durch die Art und Weise, wie wir mit Sprache umgehen, Einfluss auf die Inhalte und Atmosphäre und letztlich den Verlauf des Gesprächs haben.

BERATERIN: »Welche hilfreichen Auswirkungen konnten Sie seit unserem letzten Gespräch beobachten?«
KLIENT: »Es ging mir nicht so schlecht wie davor.«
BERATERIN: »... *sondern?*«
KLIENT: »Na ja, ich war einfach nicht mehr so schlecht drauf.«
BERATERIN: »Ah, nicht mehr so schlecht drauf ... *sondern?*«
KLIENT: »Hm ... also ich habe mehr unternommen und konnte besser schlafen.«

Das kleine Wort »sondern« lädt dazu ein, Aufmerksamkeit darauf zu richten, was ist, anstatt darauf, was nicht ist. »Sondern« ist ein Priming-Angebot, welches bahnt, wohin Aufmerksamkeit fließen soll. Das gewünschte Erleben wird aktiviert, wenn ich beschreibe und ausmale, was dann ist, anstatt, was dann nicht ist. Unser Gehirn braucht das Bild des gewünschten Erlebens, um es optimal verarbeiten und aktivieren zu können.

Die behutsame und gezielte Nutzung von Sprache kann in vielen Kontexten einen wesentlichen Beitrag zu ressourcenorientierten

Gesprächen beitragen. Hier wird deutlich, wie mit wenigen Worten Kompetenzmuster aktiviert werden und somit ein Selbstwirksamkeitserleben gefördert werden kann. Dem Umgang mit Sprache (verbal und nonverbal) kommt somit eine besondere Bedeutung zu. Mit Sprache bahne ich, wie ein Gespräch verlaufen kann. Die Art der Gesprächsführung hat Einfluss darauf, ob neue, hilfreiche Ideen entstehen können oder ob es sich weiter in eine ungewünschte Richtung entwickelt (vgl. Kapitel »Übungen zur Selbsterfahrung und Reflexion«, S. 113).

Beispiel eines Elterngespräch in der Schule

Beispiel 1: »Hallo, Frau Müller, hallo, Herr Müller, warten Sie mal hier. Ich muss erst einmal einen Raum suchen. Wir haben leider nicht viel Zeit, Kaffee haben wir heute leider auch keinen. Aber Sie wissen ja schon, worum es heute gehen wird, es ist ja nicht das erste Mal …«

Beispiel 2: »Hallo, Frau Müller, hallo, Herr Müller, schön, dass Sie heute gekommen sind. Gerne können Sie sich hier einen Platz aussuchen. Darf ich Ihnen einen Kaffee oder ein Glas Wasser anbieten? Sie können erst mal ganz in Ruhe ankommen und Ihre Jacke einfach über den Stuhl hier legen.«

Im zweiten Beispiel erzeugt allein der andere Umgang mit Sprache dafür, dass die Eltern in eine entspanntere und sichere Haltung kommen. Hilfreich ist eine Gesprächsführung dann, wenn es gelingt, mit den Beteiligten zunächst in einen inneren kooperativen Zustand zu gelangen und eine von Wertschätzung getragene Beziehung zu schaffen. Dazu braucht es gleichermaßen einen geschützten Raum und einen klaren äußeren Rahmen.

Wie eine sprachliche Rahmung zur Steigerung der Motivation von Jugendlichen für Beratung gestaltet werden kann, beschreibe ich am Beispiel des »Infogesprächs« (siehe Brief an Tim, S. 82). Die Motivation von Jugendlichen für Beratungsgespräche ist manchmal sehr ambivalent. Sie sind zwar mit ihrer Lebenssituation unzufrieden, erhoffen sich durch Gespräche mit Fachleuten jedoch keine Besserung ihrer Lage – denn sie sind ja schließlich keine »Psychos«.

Das hier beschriebene Vorgehen richtet sich an Jugendliche, die von ihren Eltern als »schwer erreichbar« und »wenig motiviert« für Hilfe beschrieben werden. Ziel ist es, mit den Jugendlichen in Kontakt zu kommen, ihnen ein wertschätzendes Unterstützungsangebot auf Augenhöhe zu unterbreiten und sie für Beratung zu motivieren. Das Format »Infogespräch« entwickelte ich vor etwa zehn Jahren und es hat sich bis heute bewährt. Wichtig ist auch hier, es an den jeweiligen Kontext anzupassen und bei Bedarf zu modifizieren.

Ich gehe von der Vorannahme aus, dass die oben genannten Jugendlichen an ihrer Situation und der Beziehung zur Familie leiden. Sie wollen ernst genommen werden und wünschen eine Verbesserung ihrer Lage. Auch die Eltern leiden an der Beziehung zu ihrem jugendlichen Kind, können jedoch derzeit keine Strategie nutzen, um es wieder zu erreichen. In den Familien können rekursive Muster von Bindung und Ausstoßung (Stierlin, 1980) beschrieben werden, die sich im Wechsel ständig neu erzeugen und aufrechterhalten werden. Obschon sich alle Familienmitglieder einen Ausstieg aus dem leidvollen Kreislauf wünschen, halten sie ihn unbewusst immer wieder am Laufen und erzeugen ihn neu. Die Erfahrung zeigt, dass es in einem möglichen Beratungsverlauf sinnvoll sein kann, zunächst jeweils mit Eltern und Jugendlichen getrennt zu arbeiten, bevor in Familiensitzungen Ideen fürs weitere Zusammenleben im Sinne einer »bezogenen Individuation« (Stierlin, 1989) entwickelt werden können.

Meist erscheinen Eltern dann allein im Erstgespräch und schildern die schwierige häusliche Situation. Es geht beispielsweise darum, dass ihr Kind die Schule oder die Ausbildung unregelmäßig besucht, abends spät oder gar nicht nach Hause kommt oder Hinweise auf süchtiges Verhalten zu beobachten sind. In der Beratung wird dann recht schnell deutlich, dass sie sich Sorgen um ihr Kind machen und nicht wissen, wie sie helfen können. Ziel ist es, ihr jugendliches Kind zu motivieren, Hilfe in Anspruch zu nehmen.

Mit den Eltern erörtere ich, wie ein *Erstkontakt* zu ihrem Kind am günstigsten gestaltet werden könnte: per Anruf, per Brief oder »soziale« Medien, durch eine mündliche Mitteilung durch Vater und/oder Mutter oder andere Personen, zu dem der Jugendliche ein Mindestmaß an gutem Kontakt hat (Verwandter, Freund, Stiefelternteil). Mit Erstkontakt ist gemeint, auf welche Weise er am günstigsten von dem Angebot des Infogesprächs erfahren könnte.

Sehr bewährt hat es sich, den Jugendlichen mit einem an ihn persönlich adressierten *Brief* zu einem Infogespräch einzuladen. Schon in diesem Brief geht es darum, ihm einige kurze Informationen über die Einrichtung, die Person des Beraters sowie das eigene Arbeitsfeld zu geben. Dabei ist es günstig, ein Yes-Set entstehen zu lassen. Ich mache in dem Brief kommunikative Angebote, die so allgemein sind, dass der Jugendliche ohne Gesichtsverlust innerlich zustimmen kann und er so in einen kooperativen Zustand gelangt (vgl. Kapitel »Hypnosystemische Kommunikation«, S. 72). Dabei nutze ich Informationen, die ich aus dem Erstgespräch über seine Lebenssituation gewinnen konnte. Zudem lade ich den Jugendlichen zu einem zehnminütigen Informationsgespräch ein, bei dem er nichts zu sagen braucht und lediglich den Berater und sein Angebot kennenlernen kann. Der Hinweis auf die Schweigepflicht rundet diesen Brief ab. Der Schreibstil ist freundlich und nüchtern zugleich.

Es folgt ein Praxisbeispiel für einen Brief. Die kursiv gedruckten Wörter fördern ein Yes-Set bzw. bahnen Aufmerksamkeit in eine gewünschte Richtung im Sinne von Priming. Die Briefe sind in der Regel kürzer, im Beispiel sollen viele möglichen Aspekte beschrieben werden:

»Lieber Tim,
zunächst einmal möchte ich mich Dir vorstellen. Ich bin Roland Wetter und arbeite als Sozialpädagoge im Beratungszentrum. Zu meinen Aufgaben gehört es, Jugendliche und Familien in *besonderen Situationen* zu unterstützen, damit sie einen *guten Weg* finden. Viele Jugendliche die zu mir kommen, möchten *ernst genommen* werden in ihrer *Selbstständigkeit.* Sie streben einen *Schulabschluss* oder eine *Ausbildung* an, andere beschäftigen sich damit, eine *eigene Wohnung* zu finden und auf *eigenen Beinen* zu stehen. Manchmal gibt es dann *Streit mit den Eltern,* weil die Jugendlichen es auf *ihre Weise* machen möchten und sich nichts von den Eltern *vorschreiben* lassen wollen. Gelegentlich kommt es auch vor, dass Eltern denken, ihr Kind würde das *alleine nicht* schaffen.

Ich *höre dann erst einmal zu* und schaue mit den Jugendlichen *gemeinsam in Ruhe,* wie die nächsten Schritte aussehen könnten. Dabei ist mir wichtig, welche *Stärken und Fähigkeiten* sie mitbringen und wie sie diese *nutzen* können, damit sie ihrem *Ziel näherkommen.*

Gestern erschienen Deine Eltern hier bei mir im Beratungszentrum und berichteten von Konflikten, die es *zwischen Euch* zu geben *scheint.* Mein Eindruck war, dass sie sich Sorgen machen und nicht wissen, was sie tun können. Ich gehe mal davon aus, dass Du dazu Deine *eigene Sichtweise* hast und manches anders siehst als Deine Eltern. Gerne würde ich Dir Gelegenheit geben, *Deine Sicht* der Dinge zu äußern – wenn Du dies möchtest.

Ich lade Dich daher zu einem *10-minütigen* Informationsgespräch am 12. Mai um 16:00 Uhr in die Beratungsstelle ein. Dort hast du die Möglichkeit, mich und mein Angebot *kennenzulernen* und ggf. Fragen zu stellen. Danach *entscheidest Du selbstverständlich alleine,* ob du die Beratung für Dich *nutzen möchtest* oder nicht. Wichtig ist noch zu wissen: Ich stehe unter *Schweigepflicht.* Jetzt wünsche ich Dir erst einmal bis dahin noch eine *gute Zeit!*

Viele Grüße«

Im *Infogespräch* selbst ist es wichtig, dass ich mich als Berater genau an das im Brief Geschriebene halte. Ich stelle mich und die Beratungsanliegen vor, mit denen üblicherweise Jugendliche zur Beratung kommen, und beschreibe, wie ich mit ihnen arbeite. Dabei verwende ich auch die Informationen, die mir bereits über die Familie vorliegen. So entsteht wieder ein Yes-Set. Ich biete dem Jugendlichen anschließend die Möglichkeit, sich dazu zu äußern oder Fragen zu stellen. Wichtig ist, dass ich nach etwa zehn Minuten auf die vereinbarte Zeit hinweise und nur mit der *ausdrücklichen Zustimmung* des Jugendlichen das Gespräch fortsetze. So entsteht Vertrauen in meine Person als Berater und mein Unterstützungsangebot. In der Regel stimmen sie der »Verlängerung« zu, und so es ist unmittelbar möglich, eine Ressourcenerfahrung beim Jugendlichen zu generieren. Zum Schluss vereinbaren wir, wie es konkret weitergehen könnte. Der Jugendliche hat die Möglichkeit, einige Tage darüber nachzudenken, ob er das Angebot nutzen möchte oder nicht. Hilfreich kann auch sein, zu besprechen, was ihm eine Beratung erleichtern würde. Die Frage danach, wie er das Treffen erlebt hat und was hilfreich für ihn daran war, rundet das Infogespräch ab.

Durch das kommunikative Angebot machen die Jugendlichen eine neue Erfahrung. In der Regel erwarten sie, der Berater wäre der nächste Erwachsene, der ihnen sagt, was alles schiefläuft und was sie zu tun hätten. Dabei wissen sie dies selbst. Das Neue daran ist die Erfahrung, als »Grenzgänger« mit Wertschätzung und auf Augenhöhe akzeptiert zu werden. Darin liegt ein großes Wachstumspotenzial für die ganze Familie.

Folgendes Beispiel zeigt, wie Frau A., deren Sohn Jakob in einer Wohngruppe lebt, mit Wertschätzung und Respekt begegnet werden kann. Es ist ein Brief an eine Mutter, die bislang den Kontakt zur Wohngruppe aus lauter Scham meidet. Die Würdigung der Mutter ist Voraussetzung für eine Kooperation. In dem Brief werden die Schwierigkeiten benannt und *gleichzeitig* die Ressourcen des Jungen und die der Mutter in den Blick genommen und miteinander verknüpft.

»Liebe Frau A.,
ich kenne Ihren *Sohn Jakob* jetzt seit drei Monaten und bin in der Wohngruppe sein Betreuer. Ich *schätze Ihren Sohn* und finde, er hat großartige *Fähigkeiten* und kann viele Dinge *richtig gut.* Jakob ist freundlich und sehr hilfsbereit. Auch wenn es in den letzten Jahren so manche *Schwierigkeiten* in der Familie gegeben hat, konnten Sie Ihrem *Sohn* als *Mutter* offenbar *auch* eine Menge *Positives* mit auf den Lebensweg geben, sonst wäre Jakob nicht so ein *klasse Junge.* Mein Eindruck ist, Ihnen ist als *Mutter* offenbar Einiges *gelungen.* Mir ist wichtig, dass Sie das wissen.

Herzliche Grüße«

Ressourcenfindung und Aktivierung »im Vorbeigehen«

Ressourcenfindung und deren Aktivierung »im Vorbeigehen« gehört zu einer wichtigen Aufgabe im kommunikativen Beratungsgeschehen. Im hypnosystemischen Arbeiten wird gezielt mit inneren unwillkürlichen Erlebniszuständen und Körpererfahrungen gearbeitet und diese werden aktiv genutzt. Problem- und Ressourcenerlebenszustände werden zielgerichtet mithilfe von Mehrebenenkommunikation aktiviert und für die Lösungsfindung genutzt. Hier das Beispiel eines Erstgesprächs aus meiner Beratungspraxis:

Vater und Sohn Finn (14 Jahre) kommen ins Beratungszimmer, Finn sieht durchs Fenster den durch die Sonne rotgefärbten Himmel und sagt: »Toll, wie das aussieht, so ein warmes Sonnenlicht und ein roter Himmel.« Sein Vater daraufhin: »Ja, es erinnert mich daran, als du neulich auf deinem Pferd über die Wiesen geritten bist, da war auch so eine Stimmung.« Daraufhin Finn: »Ja genau, das war sehr schön.«

Obwohl die Beratung formal noch nicht begonnen hat, bekomme ich wichtige diagnostische Hinweise über Ressourcen, die ich nutze und aktiviere:

»Ja, das sieht sehr schön aus, dieses warme Sonnenlicht und diese angenehme Stimmung … und dabei auf dem Pferd zu sitzen … und in Kontakt zu sein … und diese Stimmung zu genießen … einfach toll … das fühlt sich sehr entspannend an … jetzt weiß ich ja schon etwas Wichtiges über dich Finn, nämlich, dass du Pferde magst und gerne reitest … du einen Blick für warme Farben und ein Gefühl für angenehme Stimmungen hast … und ich finde schön, dich jetzt so strahlen zu sehen.«
FINN: »Ja genau, das mag ich sehr.«

Diese von Finn angebotenen Ressourcenbilder erzeugen über neuronale Netzwerke ein intensives Kompetenzerleben bei ihm, ein Erleben, etwas gestalten und genießen zu können sowie wirksam zu sein. Dazu kommt die Beziehungserfahrung, dass sein Vater an sein Erleben über ein Pacing ankoppelt und dieses dadurch verstärkt. Diese Kompetenz hilft ihm bei seinem später geäußerten Beratungsziel, gelassener mit Prüfungssituationen in der Schule umgehen und leichter lernen zu können.

Bevor die formale Beratung beginnt, werden hier schon hilfreiche Muster aktiviert. Hypnosystemische Ressourcenfindung und Kommunikation unterstützen dabei, Kompetenzerleben zu intensivieren und dem Problemerleben zunehmend in einer aktiven, gestaltenden Rolle begegnen zu können.

Bedeutung wertschätzender Kommunikation

Inzwischen zeigt auch die psychologische und neurobiologische Forschung den hohen Stellenwert von Anerkennung und Wertschätzung für menschliche Entwicklungsprozesse. Eine wertschätzende Kommunikation (Hanswille, 2015, S. 51) …

- setzt Dopamin frei, was u. a. die Konzentration und die Leistungsfähigkeit verbessert.
- verbessert die Versorgung mit Oxytocin, was Vertrauen stärkt und das Bindungssystem aktiviert.
- stärkt das Gefühl von Selbstwirksamkeit und schützt vor depressivem Erleben.
- fördert das Motivationssystem.
- ermöglicht ein Erleben von mehr Ruhe und Gelassenheit statt Stress durch eine gute Versorgung mit Cortisol und Endorphinen.
- beruhigt das Bindungssystem.
- wirkt stärkend auf das Selbstwertgefühl.
- fördert gegenseitige Achtung und Respekt.

Hypnosystemische Kommunikation *KOMPAKT*

- »Man kann nicht nicht kommunizieren« (Watzlawick, Beavin und Jackson, 2011, S. 53).
- Hypnosystemische Kommunikation ist letztlich normale Alltagskommunikation, die ständig zwischen uns und in uns abläuft. In der Beratung werden diese Prozesse nur systematisch mit Blick auf die Ziele der Klienten genutzt.
- Hypnosystemische Kommunikation findet auf vielen verbalen, nonverbalen und körperlichen Ebenen statt, daher spricht man auch von »Mehrebenenkommunikation«.
- Menschen in Krisen sind besonders empfänglich für Suggestionen.

- Ein behutsamer und gezielter Umgang mit Sprache hat einen wesentlichen Einfluss auf den Verlauf von Gesprächen.
- Sprache ist ein verbales Priming-Angebot. Dadurch wird gebahnt, wohin Aufmerksamkeit fließt. Dies gilt auch für einzelne Wörter.
- Hypnosystemische Kommunikation ist keine Technik, sondern Ausdruck einer inneren Haltung von Wertschätzung, Respekt und Interesse am Gegenüber (dies gilt ebenso für den Berater gegenüber sich selbst).

Entwicklungspsychologische, soziale und kulturelle Bedingungen nutzen

In der hypnosystemischen Beratung ist es wichtig, die entwicklungspsychologischen, sozialen und kulturellen Bedingungen der Klientinnen und Klienten zu nutzen, um mit ihnen in einen inneren kooperativen Zustand (Rapport) zu gelangen. Wenn ich beispielsweise ein Kind, einen Jugendlichen oder einen älteren Menschen erreichen möchte, sind kommunikative Angebote hilfreich, die den jeweiligen Entwicklungs- und Lebenskontext berücksichtigen.

Gerade der erste Kontakt zur Beraterin hat insbesondere bei Kindern eine prägende Wirkung. Dabei ist es wichtig, die Aufmerksamkeit des Kindes zu gewinnen und ihm das Gefühl zu vermitteln, willkommen zu sein und es ernst zu nehmen (Bierbaum-Luttermann und Mrochen, 2019; Retzlaff, 2009).

Rapportgestaltung am Beispiel eines achtjährigen Jungen

Frau B. kommt mit ihrem Sohn Max (8 Jahre) zu einem Erstgespräch in die Erziehungsberatungsstelle. Max geht in die dritte Klasse der Grundschule. Die Klassenlehrerin empfiehlt eine Beratung, weil Max schnell wütend wird, wenn ihm etwas nicht gleich gelingt.

BERATERIN: »Hallo, Max, herzlich willkommen hier bei mir in der Beratungsstelle!«

MAX: »Hallo.«

BERATERIN: »Mich würde interessieren, ob du hier im Raum irgendwo deine Lieblingsfarbe entdecken kannst?«

MAX: »Ja, da hinten das Blau an dem Buch.«

BERATERIN: »Ah, Blau ist deine Lieblingsfarbe – eine schöne Farbe!«

MAX: »Ja.«

BERATERIN: »Und gibt es hier im Raum etwas, was du auch zu Hause hast?«

MAX: »Ja, die Legos da vorne.«

BERATERIN: »Ah, du hast also auch Legos. Baust du mit den Legos eher nach Anleitung oder baust du kreativ immer etwas Neues«?

MAX: »Beides, aber lieber, was ich mir selbst ausdenke.«

BERATERIN: »Was muss man denn besonders gut dabei können?«

MAX: »Hm, weiß nicht, man muss sich gut was ausdenken können und die verschiedenen Steine gut kennen.«

BERATERIN: »Ja, genau, man muss sich gut etwas ausdenken können und die Steine gut kennen - ganz toll! Und was machst du noch gerne in deiner Freizeit?«

MAX: »Ich bin im Fußballverein.«

BERATERIN: »Toll, Max, du bist im Fußballverein. Was braucht man denn beim Fußball für Fähigkeiten? Also, was muss man da besonders gut können?«

MAX: »Man muss schnell rennen und gut schießen können.«

BERATERIN: »Ja, genau. Max, jetzt weiß ich schon von dir, dass du acht Jahre alt bist, in die dritte Klasse der Grundschule gehst, Blau deine Lieblingsfarbe ist, du gerne mit Legos spielst, dass du dir gut Dinge ausdenken kannst und dass du die Steine gut kennst. Und ich weiß von dir, dass du im Fußballverein spielst, schnell rennen und gut schießen kannst.«

MAX: »Ja!« (Max richtet seinen Körper auf und strahlt.)

In der kurzen Sequenz wird deutlich, wie Max durch die entsprechende Interviewgestaltung - Nutzen des Yes-Sets, Fragen nach Ressourcen und die Rückmeldung der Beraterin, was sie von Max nun schon weiß - in eine innere Kooperation gelangt. Der Beraterin gelingt es auf diese Weise leicht, die Aufmerksamkeit von Max zu gewinnen und ihm das Gefühl zu vermitteln, willkommen zu sein und echtes Interesse an ihm zu haben.

Rapportgestaltung am Beispiel von Frau N. (83 Jahre)

BERATER: »Herzlich willkommen Frau N. hier in der Beratungsstelle!«

FRAU N.: »Ja, danke, hallo! Danke, dass ich hier sein darf. Es war schwer für mich, die Entscheidung zu treffen, mir Hilfe zu holen. Ich habe immer alles alleine gemacht.«

BERATER: »Ja, gerne versuche ich Ihnen zu helfen. Ich möchte Ihnen zunächst einmal sagen, dass ich großen Respekt vor Ihnen und Ihrer Entscheidung habe, sich Hilfe zu holen. Ich kann mir gut vorstellen, dass es für Sie nicht leicht war, hierherzukommen«.

Frau N.: »Danke, vielen Dank. Und ich weiß auch gar nicht, ob Sie mir helfen können bei meinem Thema.«

Berater: »Wissen Sie, Frau N., dass ist oft so, dass man es am Anfang noch nicht so genau weiß. Vielleicht können wir gemeinsam schauen, und oftmals wird es dann klarer.«

Frau N.: »Es ist so schwer. Ich weiß gar nicht, wo ich anfangen soll.«

Berater: »Ja, das kann ich gut verstehen. Sie haben wahrscheinlich viel erlebt in Ihrem Leben. Dann ist es doch verständlich, dass man erst mal nicht weiß, wo man anfangen soll. Vielen fällt es leichter, wenn Sie erzählen, wie die Idee entstanden ist, Beratung in Anspruch nehmen zu wollen.«

Frau N.: »Es fing an, als im Fernsehen vom russischen Krieg gegen die Ukraine berichtet wurde. Diese Bilder haben mich sehr erschüttert und mir Angst gemacht.«

Berater: »Ja, das kann ich sehr gut verstehen. Diese Bilder sind wirklich schwer mit anzusehen. Da ist es sehr verständlich, dass das sehr betroffen und auch Angst macht.«

An diesem Beispiel wird deutlich, wie wichtig es ist, die Lebensleistung von Frau N. und ihren Mut, Hilfe in Anspruch zu nehmen, zu würdigen. Auch hier koppelt der Berater an das Weltbild und die Erfahrungen von Frau N. an, um sie schließlich einzuladen, sich dem Beratungsanliegen behutsam zu nähern.

Neben dem entwicklungspsychologischen Kontext ist es wichtig, echtes Interesse an den sozialen und kulturellen Bedingungen der Klienten zu zeigen und diese miteinzubeziehen. So gibt es beispielsweise nicht nur innerhalb einer Kultur, sondern auch zwischen Kulturen sehr unterschiedliche Bedeutungsgebungen für »Familie«, »Paarbeziehung« oder »Erziehung«, was Auswirkungen auf den Beratungsprozess haben dürfte. Auch haben Menschen aus unterschiedlichen Kulturen zuweilen andere Vorstellungen von Beratung und Hilfe. Während manche mit der Vorstellung in die Beratung kommen, in einem Gespräch würde der Berater sagen, was zu tun wäre, kommen andere mit der Idee, ein Jahr lang einmal die Woche in die Beratung zu kommen. Bedeutsam kann ebenfalls sein, religiöse und weltanschauliche Themen der Klienten zu nutzen, wenn dies sinnvoll erscheint. Bei Menschen in wirtschaftlichen und anderen existenziellen Nöten ist es sinnvoll, zunächst zu klären, welchen Umgang es damit geben kann und was dafür passieren müsste, dass dieser Umgang gelingt. Wichtig ist nun, zu schauen, was dies in Bezug auf die Ziel- und Auftragsklärung bedeuten könnte.

Im Prinzip geht es bei all den Beispielen darum, an das jeweilige Weltbild und die Lebenssituation des zu Beratenden anzukoppeln und dies für die Zielerreichung zu nutzen. Das heißt nicht, dass der Berater alle Weltbilder gutheißen muss. Bei Bedarf geht es auch darum, sich als Berater klar zu positionieren.

Affektive Rahmung

Die hypnosystemische Haltung einer Beraterin zeigt sich ganz wesentlich in der Art ihrer Kommunikations- und Beziehungsgestaltung zum Klienten. Grundlegend dabei ist, dass die Beraterin nicht weiß, was für den Klienten die passende Lösung ist, sondern dass sie einen kommunikativen und affektiven Rahmen anbieten kann, in dem die Klienten ihre eigenen Lösungen kreieren. Die Gestaltung eines für die Klienten förderlichen Rahmens ist eine zentrale Aufgabe der Beraterin. Das heißt nicht, dass sie nicht auch eigene Ideen einbringen kann. Die Kunst ist, eigene Ideen so einzubringen, dass die Klienten daran ankoppeln können und diese Ideen als freiwählbare Angebote und nicht als Ratschläge empfinden. Gunther Schmidt (2011b) hat hier die Rolle des Beraters mit der Metapher des »Realitätenkellners« beschrieben, der gewissermaßen ein Buffet an Möglichkeiten im Angebot hat, bei dem die Klienten entscheiden, was sie probieren möchten.

Gross und Popper weisen darauf hin, wie wichtig die Gestaltung eines »hilfreichen gemeinsamen Begegnungsraums« für den Beratungsprozess ist, damit Sicherheit für alle Beteiligten entstehen kann. Dies ist Voraussetzung dafür, dass sich Klientinnen und Klienten auf die Beziehung zum Berater und einen inneren Prozess einlassen. Da wir unser Gegenüber nicht direkt beeinflussen können, »haben wir zunächst die Möglichkeit, uns selbst in äußere und innere sichere Räume zu begeben« (2020, S. 26) und diese einzurichten. Dabei wird deutlich, wie wichtig es ist, dass ich als Beraterin mit meinen eigenen Bedürfnissen und Gefühlen gut im Kontakt bin, um eben genau diesen Begegnungsraum herstellen zu können.

Rosmarie Welter-Enderlin hat den emotionalen Rahmungsprozessen in systemischer Beratung und Therapie besondere Bedeutung beigemessen. Sie beschreibt folgende Ziele von affektiven Rahmungsprozessen in der Beratung (2006, S. 135):

- die Metastabilisierung eines instabilen Systems im Wandel,
- anhaltende, langfristige Koppelung des instabilen Systems mit einem rahmenden, konstanteren System,
- die Spannungsregulierung beim Individuum, bei Familien und Organisationen,
- die Modellbildung durch beraterisch-therapeutische Fachkräfte,
- das Erzeugen eines lösungsbezogenen Klimas durch Anknüpfen an vorhandene Fähigkeiten (Resilienz),
- die Sicherung der Grundstruktur (»Identität«) von Individuen, Familien und Organisationen.

Metastabilität meint die Aufgabe des Beraters, einen sicheren – stabilen – Rahmen für das noch instabile Klientensystem im Beratungssystem (Beratende und Klienten) herzustellen. Damit eine Metastabilität möglich wird, ist es erforderlich, dass der Berater Verantwortung für die Rahmung des instabilen Systems übernimmt. »Je mehr ein gerahmtes System intensiven Schwankungen unterliegt, desto wichtiger sind zuverlässige affektive Angebote der Therapeutin oder des Beraters« (Welter-Enderlin, 2006, S. 135). Der Berater wird also in der Interaktion mit dem Klienten unmittelbar mit eigenen Gefühlen konfrontiert und eingeladen, auf eine bestimmte Art darauf zu reagieren, was eine fundierte Eigenreflexion des Beraters erforderlich macht. Zudem muss sich der Berater sicher in seinem beruflichen Kontext erleben und Klarheit über seine Rolle und sein Angebot an die Klienten haben.

Beratungsplanung und Prozessgestaltung

Wie bereits beschrieben, ist eine zielgerichtete Veränderung durch die Beraterin nicht möglich. Ziel hypnosystemischer Lebensberatung ist es, möglichst günstige Rahmenbedingungen bereitzustellen, damit selbstorganisiert konstruktive Selbstorganisationsprozesse initiiert werden (von Schlippe und Schweitzer, 2019). Dies ist ein fortwährender Prozess im Beratungsgeschehen, bei dem vieles gleichzeitig abläuft und der sich daher kaum linear abbilden lässt.

In der Beratungsplanung geht es darum, Informationen von der Fallanfrage bis einschließlich des ersten Gesprächs zu sammeln und erste Hypothesen zu bilden, um dann zu entscheiden, ob überhaupt ein – und wenn ja, welches – Beratungsangebot sinnvoll erscheinen könnte. Dabei ist wichtig zu klären, in welchem Setting das erste Gespräch stattfinden sollte. Im Erstgespräch stehen dann Kontextklärung, Zielentwicklung und Auftragsklärung im Fokus. Weiter ist zu besprechen, in welcher Form die Ziele bearbeitet werden können, wie lang die Beratung dauert und wann sie überprüft werden soll.

In der Jugendhilfe werden durch die Hilfeplanung die grundlegenden Eckpunkte der Hilfe bereits bestimmt. In den alle sechs Monate stattfindenden Hilfeplangesprächen werden die zuvor bestimmten Ziele überprüft und ausgewertet. Hier ist es Aufgabe des Jugendhilfeanbieters, gemeinsam mit den Klienten Feinziele und die jeweiligen Umsetzungsformen zu planen. In Beratungsstellen und freien Praxen stellen die Fachkräfte diesen Rahmen in der Regel selbst her.

Die Prozessgestaltung umfasst dann den weiteren Verlauf der Beratung mit vielen verschiedenen Aspekten. Dabei geht es darum, das Beratungssystem so zu organisieren, dass die Klienten und Klientinnen mit Blick auf ihre Ziele davon optimal profitieren können.

Beratungssystem und Heimatsystem

Schmidt unterscheidet zwischen Beratungssystem und Heimatsystem. Das Beratungssystem umfasst die Klienten und die Berater. Das Heimatsystem beinhaltet die Klienten in ihrem häuslichen Umfeld und mit ihren relevanten Bezugspersonen. »Damit für das Heimatsystem etwas Konstruktives entwickelt werden kann, muss das System der Therapie und Beratung optimiert werden« (2005a, S. 80). Das Beratungssystem muss so organisiert werden, dass der Beobachter – also der Berater – phasenweise selbst Teil des Systems wird und die Interaktionen zwischen Klienten und sich selbst beobachtet und im Sinne der Kybernetik 2. Ordnung nutzt. Das heißt zunächst einmal, sich von der Vorstellung zu verabschieden, der Berater könne Klienten beschreiben, wie sie »wirklich sind«.

Damit überhaupt möglich ist, zu entscheiden, ob Beratung ein zieldienliches Angebot für die Anliegen der Klienten ist, »muss Klarheit herrschen über die Prüfkriterien, d. h. die angestrebten Ziele. Ist diese Klarheit hergestellt, sollte jeder Schritt – d. h. jeder Inhalt und jede Art der Kommunikation, jede Art der Beziehungsgestaltung, jede Art und Richtung der Intervention – permanent darauf geprüft werden, ob und wie er zieldienlich wirkt oder nicht, ob er notwendig dafür erscheint, das Ziel zu erreichen, oder nicht« (S. 81). Damit beschreibt Gunther Schmidt einen zentralen Aspekt hypnosystemischer Prozessgestaltung. Dies erfordert vom Berater die durchaus anspruchsvolle Aufgabe, verschiedene Ebenen gleichermaßen und kontinuierlich im Blick zu haben:

- Bin ich als Berater »in meiner Kraft« bzw. wie kann ich wieder dorthin kommen?
- Welche Anliegen und Inhalte bieten die Klienten?
- Welche Ziele lassen sich daraus entwickeln?
- Wie reagieren die Klienten und Klientinnen auf meine Angebote und Fragen und wie ich als Berater oder Beraterin auf deren Reaktionen?
- Welche »Einladungen zur Auftragsübernahme« bieten die Klienten?
- Welche rekursiven Muster können im Beratungssystem beschrieben werden?

- Und immer wieder die Frage: Arbeiten wir zieldienlich? Fühlen sich die Klienten durch die Beratung gut unterstützt?

Aus Sicht von Schmidt (2005a) ist es wichtig, dass das beraterische Vorgehen vom Berater erklärt wird und für die Klienten transparent sein und als sinnvoll erlebt werden muss, damit eine Kooperation auf Augenhöhe mit hoher Motivation entstehen kann. Hier hat sich in meiner Praxis bewährt, immer Flipchart oder Zeichenblockpapier zur Hand zu haben, um entsprechende Modelle zu visualisieren und zu erklären.

Schmidt postuliert zusammenfassend: »Das Beratungssystem muss deshalb auch aufgebaut werden als kompetenzfokussierend, würdigend, zieldienlich, Sinn ergebend, motivierend, als gleichrangiger Kooperationspartnerschaft« (2005a, S. 82).

Aufbau einer Beobachterposition

Der Aufbau einer Beobachterposition ist ein weiteres zentrales Element hypnosystemischer Prozesssteuerung. Menschen, die Beratung für sich nutzen, haben meist leidvolle Erfahrungen gemacht und sind nicht selten mit diesem Erleben gewissermaßen in einer Problemtrance assoziiert. Kommen Klienten mit diesem Erleben in die Beratung, geschieht es leicht, dass sie den Berater dazu »einladen«, ihnen in ihrer Problemtrance zu folgen, indem sie ein »leidvolles Narrativ« nach dem nächsten erzählen. Dann entsteht auch im Beratungssystem ein Gefühl von Hilflosigkeit und Ohnmacht. Um jedoch zieldienlich gestalten zu können, braucht es eine Beobachterperspektive:

Herr K.: »Ich fühle mich ständig angespannt und kraftlos.«

Berater: »Hm ... ständig angespannt und kraftlos ... wie ist das während des Schlafens?«

Herr K.: »... weiß nicht ... da schlafe ich ja.«

Berater: »Ja, natürlich. Und wie ist es am Wochenende? Gibt es einen Unterschied zwischen den Werktagen und am Wochenende?«

Herr K.: »Also wissen Sie, ich kann es Ihnen nicht sagen. Es ist einfach nur anstrengend.«

BERATER: »Ja genau, einfach nur anstrengend ... manchmal ist es ja am Wochenende anders, als wenn man arbeitet ... aber bei Ihnen ist es offenbar immer gleich.«

HERR K.: »Na ja, sonntags ist es auf jeden Fall etwas besser, da bin ich etwas lockerer.«

BERATER: »... sodass man sagen könnte, am Sonntag ist ein anderer Teil in Ihnen wirksam als in der Woche ... ist nur so ein Gedanke.«

HERR K.: »Wenn Sie das so sehen, könnte das stimmen ... und dienstagsabends auch, da mache ich Sport und treffe mich danach noch mit Freunden.«

BERATER: »Könnte man sagen, es gibt eine angespannte und kraftlose *Seite* in Ihnen und eben auch eine entspannte und kraftvollere *Seite* in Ihnen?«

HERR K.: »Hm, eine interessante Idee.«

BERATER: »Und manchmal kann es passieren, dass sich die beiden *Seiten* streiten, wer denn bei Herrn K. jetzt wirksam sein darf?«

HERR K.: »Ja, genau, aber die angespannte Seite hat in der letzten Zeit oft gewonnen.«

Die kurze Sequenz zeigt, wie beide – Berater und Klient – eine Beobachterperspektive eingenommen haben. Die Beschreibung von unterschiedlichen »Seiten« bzw. »Teilen« führt sofort zu einer Dissoziation vom Problemerleben, was unmittelbar zu einer Entlastung des Klienten führen kann. In dem Moment, wo zwei »Seiten« beschrieben werden, ist man automatisch in einer Beobachterposition. Im Verlauf des Beratungsprozesses werden dann immer wieder die Auswirkungen davon beschrieben, wie es ist, wenn die eine »Seite« wirksam ist, und wie, wenn es die andere ist. Nicht selten erleben Klienten dies als überraschend entlastend und zuweilen sogar lustvoll.

Unterschiedsbildung zur Einführung neuer Muster

Ein anderer zentraler Aspekt wird damit deutlich: die Idee der Unterschiedsbildung. Hypnosystemische Berater sind laufend damit beschäftigt, Klienten dazu einzuladen, Unterschiede in die bisherigen Beschreibungen ihrer Wirklichkeit einzuführen: »Unterschiede, die einen Unterschied machen« (Bateson, zit. nach Lutterer, 2020). Während Herr K. aus dem obigen Beispiel anfangs mit der Wirklichkeitsbeschreibung kam »ständig angespannt und kraftlos« zu sein, hat er im Verlauf ein neues Muster in seine Beschreibung eingeführt: »kraftlos und angespannt *und* entspannt und kraftvoller«. Durch diese Unterschiedsbildung wurde ein erstes neuronales Kompetenzmuster aktiviert. Es macht nämlich einen Unterschied, mich »nur kraftlos« zu erleben oder »manchmal kraftlos und manchmal kraftvoller«.

Selten äußern Klientinnen oder Klienten in diesem Zusammenhang Befürchtungen, »schizophren« zu sein. Ich erkläre ihnen dann, dass es sich hierbei lediglich um ein beraterisch-therapeutisches Modell – ein Konstrukt – handele und keine Wahrheit sei. Diese Erklärung hat sich in der Praxis sehr bewährt.

(Hypno-)Systemisches Fragen

Fragen gehören zu einem wichtigen und sehr vielseitigen Werkzeug hypnosystemischer Praxis. »Fragen zu stellen ist nicht nur eine Art Informationsgewinnung, vielmehr entsteht immer gleichzeitig auch neue Information. Denn in jeder Frage versteckt sich eine implizite Aussage, die die gewohnte Art, wie die Dinge bisher gesehen wurden, potentiell verstören kann« (von Schlippe und Schweitzer, 2013, S. 249). Kernziel systemischer Fragen ist es, den Möglichkeitsraum zu erweitern, neue Muster anzuregen, innere Suchprozesse auszulösen und Lösungsideen zu säen. »Berater und Klienten befinden sich in einem ständigen wechselseitigen engagierten Austausch von Wirklichkeitsbeschreibungen« (2013, S. 249). Fragen sind somit immer auch ein Priming-Angebot, mit dem ich bahne, wohin Aufmerksamkeit fließt und welche Wirklichkeitsbeschreibungen dadurch konstruiert werden. Fragen zu stellen, ist daher ein zentraler Baustein hypnosystemischer Prozesssteuerung.

Hilfreiche Ziele entwickeln und Aufträge kontextsensibel klären

Die Entwicklung von Zielen und das Aushandeln eines Auftrags gehören zu den wesentlichen und immer wiederkehrenden Aufgaben hypnosystemischer Prozessgestaltung. Dies ist ein sehr komplexer Prozess, der ruhig etwas Zeit beanspruchen darf. Wenn Klienten mit einem Anliegen in die Beratung kommen, ist dies noch kein Auftrag. Zu berücksichtigen ist, dass es »innere Seiten« bei einer Klientin geben kann, die das Ziel (noch) nicht erreichen möchten bzw. können. Hypnosystemische Ziel- und Auftragsklärung berücksichtigt genau diese Ambivalenzen. Erst wenn die verschiedenen Aspekte vom Anliegen über ein Zielerleben bis zum Auftrag sorgfältig geklärt und gewürdigt worden sind, kann am Ende ein Kontrakt vereinbart werden. Gerade in sog. »Zwangskontexten«, in denen Familien unfreiwillig Hilfe in Anspruch nehmen sollen, ist es wichtig, die »Teile«, die die Hilfe (noch) nicht möchten, zu würdigen, da sie auf wichtige Bedürfnisse hinweisen. Dies erleichtert die Kooperation der Familien mit den Beratenden und ein Einlassen auf die Hilfe ganz wesentlich.

Hilfreiche Ziele sind …

- positiv formuliert, sie beschreiben, was ist, anstatt was nicht ist;
- im Kontrollbereich des Klienten, d. h., sie sind aus eigener Kraft erreichbar;
- möglichst konkret im Verhalten und prozesshaft beschrieben;
- kontextsensibel, d. h., sie berücksichtigen Aus- und Wechselwirkungen im inneren (Klient) und äußeren System (Heimatsystem).

Manchmal ist es hilfreich, zunächst den »Herzenswünschen« und »Sehnsüchten« Raum zu geben, um daraus dann wohlformulierte Ziele zu entwickeln (Muffler, 2015a, 2015b). Gute Ziele lassen sich zuweilen erst entwickeln, wenn zuvor auch das Leidvolle genügend gewürdigt und als ein Lösungsversuch anerkannt wird. Hilfreich ist es, die Zielvorstellung und den Weg dorthin mit möglichst vielen Sinnen erlebbar zu machen: Verbalisieren, Imaginieren, Visualisieren, kreative Techniken und Einbezug des Körpers.

Leitfragen zur Kontext-, Ziel- und Auftragsklärung:

- Wie ist die Idee entstanden, Hilfe bzw. Beratung in Anspruch zu nehmen?
- Welche Hoffnung ist damit verbunden?
- Wie sehen die anderen Beteiligten dies?
- In welchem Kontext leben die Hilfesuchenden?
- Welche Ressourcen können beschrieben werden?
- Welche Bemühungen gab es bislang, dem Problemerleben zu begegnen?
- Was hat bislang geholfen, die Situation auszuhalten?
- Angenommen, das Problemerleben sei Ausdruck einer Kompetenz. Welche könnte das sein? Und in welchem Kontext wäre diese Kompetenz sinnvoll?
- Was müsste passieren, damit die Hilfe erfolgreich verläuft?
- Was wäre dann anders, und woran würden Sie dies merken?
- Welche Auswirkungen hätte dies für die Beteiligten?
- Welche Auswirkungen hätte es auf die Beziehungen in der Familie?
- Was müsste passieren, damit das Jugendamt sagt, die Hilfe ist erfolgreich?
- Was wäre ein gewünschtes Ergebnis der Hilfe?
- Welche »Herzenswünsche« und »Sehnsüchte« tragen Sie in sich?
- Was müsste passieren, damit sich die Lage verschlimmert?
- Wofür wäre es gut, mit der Zielerreichung noch zu warten?
- Auf einer Skala von 1 bis 10: Wo stehen Sie jetzt und wo wollen Sie in einem halben Jahr sein? Was ist dann anders? Was wären erste kleinste Schritte in diese Richtung? Welche Auswirkungen hätte dies? Wovon müssten Sie sich dann ggf. verabschieden? Was wäre dann leichter als bisher?
- Wo im Körper wäre die Veränderung spürbar? Vielleicht meldet sich jetzt schon eine Stelle im Körper?
- Wann ist das Problemerleben in den vergangenen Wochen nicht aufgetreten? Was war in dieser Zeit anders? Wann ist die Situation etwas besser?
- Wie haben Sie das geschafft?

- In der Zeit, als das Problem weniger auftrat, was genau war da anders, was haben Sie anderes getan?
- Wie kann ich Sie bei der Erreichung Ihrer Ziele unterstützen?
- Was müsste ich tun, damit Sie sagen: »Diese Beratung möchte ich nicht!«?
- Liegen die Voraussetzungen für die Hilfe vor oder braucht es noch etwas dazu?

Leitfragen für den weiteren Prozessverlauf:

- Was von dem, was im letzten Gespräch hilfreich war, hat Sie bis heute beschäftigt?
- Was ist seit dem letzten Gespräch Hilfreiches geschehen?
- An welcher Stelle geschieht schon etwas von dem, was Sie sich wünschen?
- Welche Auswirkungen sind damit verbunden?
- Bei all dem, was vielleicht noch schwierig ist, wäre ich neugierig darauf, was schon ein wenig anders ist als zuvor.
- Wir hatten jetzt bislang fünf Gespräche, fühlen Sie sich dadurch unterstützt?
- Woran merken Sie dies und was ist Ihnen im Verlauf deutlicher geworden?
- Angenommen, wir hätten jetzt noch zwei Sitzungen. Was müsste dort passieren?
- Manchmal ist es ja so, dass die Dinge, die wir hier besprechen, im Alltag ein wenig untergehen. Angenommen, es wäre doch irgendetwas wirksam gewesen, was könnte das sein?
- Manchmal ist es auch so, dass man Zweifel hat an dem Sinn der Beratung. Wie ist das bei Ihnen?
- Ich frage mich manchmal selbst, ob dies das passende Angebot für Sie ist, ob wir etwas modifizieren sollten oder ob eine ganz andere Hilfeform besser passen würde. Wie ist das für Sie?

Skepsis utilisieren, Hoffnung und Motivation aufbauen

In der Dynamik der Auftragsklärung spielen Skepsis, Hoffnung und Motivation der Klienten eine wichtige Rolle. In meiner Beratungspraxis hat sich besonders bewährt, dies gemeinsam mit der Zielentwicklung an einem großen Flipchart über eine Skalierung zu gestalten.

Besondere Fürsorge erhalten dabei meinerseits eher »niedrige« Werte, da sie auf wichtige Bedürfnisse der Klienten hinweisen. Wenn beispielsweise eine Mutter wie Frau A. sehr skeptisch ist und kaum Hoffnung hat, dass sich ihre Situation ändert und ihr Sohn Jakob aus der Wohngruppe wieder zu ihr zurückkommt, so ist dies sehr nachvollziehbar und unbedingt zu würdigen:

FRAU A.: »Da habe ich fast keine Hoffnung, das Jugendamt ist dagegen.«

BERATER: »Ja, das ist wahrscheinlich sehr schwer für Sie, Ihren Sohn Jakob nicht bei sich zu haben. Und dass Sie da wenig Hoffnung haben, kann ich gut verstehen.«

FRAU A.: »Ja, so ist es eben jetzt.«

BERATER: »Was müsste denn passieren, dass der Hoffnungswert auf der Skala von 2 auf 3 klettert?«

FRAU A.: »Ich weiß es nicht. Es ist so viel passiert in den letzten Jahren.«

BERATER: »Ja, es ist so viel passiert in den letzten Jahren, dass wenig Hoffnung da ist.«

FRAU A.: »Ja, genau.«

BERATER: »Da kann man sich noch gar *nicht* vorstellen, dass es sich mal zum Besseren wendet und wieder ein wenig Hoffnung aufkeimt. Ja, das kann ich gut verstehen. Wo kann da Hoffnung herkommen?«

FRAU A.: »Dass es irgendeinen Ansatzpunkt gibt.«

BERATER: »Hm … ja genau, wie könnte der aussehen? Vielleicht können wir mal gemeinsam überlegen.«

Durch die Würdigung der Skepsis und des Leids lässt sich Frau A. auf das Gespräch ein. Gleichzeitig wird damit ein neues Muster in ihre bisherigen Wirklichkeitsbeschreibungen »Ich bin keine gute Mutter, ich als Mutter habe versagt, die Leute denken, die Mutter ist doch selbst schuld« eingeführt. Die Skepsis kann als Ausdruck der

Liebe für ihren Sohn gesehen werden. Wenn ihr Sohn ihr gleichgültig wäre, würde sie gar keinen Bedarf an Beratung und Veränderung in sich spüren. Eine neue Wirklichkeitsbeschreibung könnte lauten: »Ich liebe meinen Sohn, *auch* wenn ich zuletzt nicht für ihn sorgen konnte« oder »Mein Berater würdigt meine Anstrengungen und achtet mich so, wie ich bin, *auch* wenn ich mich zuletzt nicht angemessen um meinen Sohn kümmern konnte«. Eine solche wertschätzende Kommunikation erhöht die Motivation für die gemeinsame Arbeit und die Zuversicht auf Veränderungen.

Wechsel von Problem- und Lösungserleben für nachhaltige Veränderung nutzen

Während im systemischen Feld lange Zeit eine etwas einseitige Lösungsorientierung zu beobachten war, hat sich inzwischen die hilfreiche Vorstellung von einer Balance zwischen Problem- und Lösungsorientierung durchgesetzt (Wienands, 2010).

Für Gunther Schmidt zählen die »Liebesaffären zwischen Problem und Lösung« – Titel seines 2004 erschienen Buches – zu einem weiteren zentralen Aspekt hypnosystemischer Prozessgestaltung. So betrachtet Schmidt das Problemerleben der Klienten als Hinweis auf wichtige und berechtigte *Bedürfnisse,* was die »Auftragsdynamik einer Therapie oder Beratung nachhaltig ändert« (2004, S. 17). Wenn z. B. ein Klient mit einem Angsterleben in die Beratung kommt, so wäre es hypnosystemisch wenig nützlich, das Angsterleben »wegmachen zu wollen«. Stattdessen wird das damit einhergehende Bedürfnis nach *Sicherheit* gewürdigt, was sofort den Fokus verändert und gleichzeitig einen Unterschied in ein Muster einführt. Jetzt kann geschaut werden, wie der Klient wieder mehr Sicherheit und damit Einfluss auf sein Angsterleben erfahren kann, was unmittelbar Kompetenzmuster aktiviert. Das Pendeln zwischen Lösungs- und Problemerleben (siehe Abbildung 10) findet sich in zahlreiche Methoden und Übungen hypnosystemischer Arbeit wieder und kann auch verbal sehr wirksam genutzt werden. Durch das Aktivieren vom Problem und Lösungserleben im Wechsel werden die entsprechenden neuronalen Netzwerke aktiviert und neu verknüpft, was mit einer Stärkung der Beobachterposition einhergeht: »Die kontinuierlichen Vergleiche zwischen Problem- und Lösungsmustern sind nur möglich, wenn man dabei eine Metaposition einnimmt, die auch eine Auflösung der starken Problemassoziation, also mehr Durchlässigkeit, und eine Vernetzung mit Lösungsmustern entstehen lässt« (Schmidt, 2005a, S. 112).

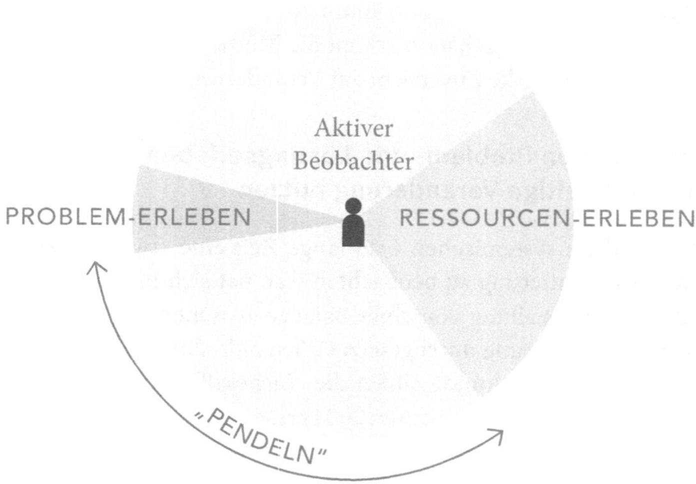

Abbildung 10: Wechsel von Problem- und Lösungserleben

FRAU C.: »Die letzte Zeit war sehr schwer. Im Lockdown während der Coronapandemie habe ich mich sehr überlastet gefühlt. Die Kinder im Homeschooling, mein Mann hat seine Arbeit verloren. Auch wenn jetzt alles wieder normaler läuft und mein Mann wieder Arbeit hat, fühle ich mich manchmal noch sehr belastet.«

BERATER: »Ja, das war sicher eine schwere Zeit für Sie, das kann ich mir gut vorstellen. Und dass Sie sich da manchmal überlastet gefühlt haben, ist sehr verständlich.«

FRAU C.: »Ich verstehe auch nicht, dass es mir nicht richtig besser geht, wo doch jetzt wieder mehr Normalität da ist.«

BERATER: »Ja, das verstehe ich. Manchmal braucht es etwas Zeit, sich wieder zu erholen und zu Kräften zu kommen. Was wäre denn für

Sie hier ein gutes Beratungsergebnis, woran Sie merken würden, dass es hilfreich war, in die Beratung zu kommen?«

FRAU C.: »Dass ich wieder mehr genießen kann, was jetzt besser ist. Dass wir gesund sind, dass ich wieder Sport im Verein machen und mit meinem Mann wandern kann - und dann kommt wie aus heiterem Himmel wieder das Gefühl der Überlastung.«

BERATER: »Hm … sodass manchmal ein Teil Ihrer Aufmerksamkeit bei dem ist, was belastend und schwer ist, und gleichzeitig kann ein anderer Teil Ihrer Aufmerksamkeit bei dem sein, wie es ist, wenn Sie Sport im Verein machen oder mit ihrem Mann wandern gehen - sodass beides da ist. Ist dies passend für Sie?«

FRAU C.: »Ja, genau, das ist jetzt irgendwie leichter für mich, es so zu sehen.«

Beratung vorbereiten

Nach Prior (2006) ist es hilfreich, bereits während der telefonischen Terminvereinbarung zum ersten persönlichen Beratungsgespräch hilfreiche Informationen zu geben und somit schon zu intervenieren. Mit diesem Priming-Angebot beginnt die Prozessgestaltung schon vor dem Erstgespräch. Im ersten telefonischen Kontakt werden nach einem entsprechenden Pacing folgende Fragen *angekündigt*, die dann im Erstgespräch erneut gestellt werden (Prior, 2006, S. 179):

- Welche Ziele möchten Sie erreichen?
- Was haben Sie bisher versucht, um Ihre Situation zu verbessern, und mit welchem Erfolg?
- Was hat sich seit unserem Telefonat schon in die gewünschte Richtung geändert?

In meiner eigenen Beratungspraxis ergänze ich nach dem Pacing im ersten Telefonkontakt manchmal noch Sätze wie »Manchmal geschehen von der Terminvereinbarung bis zum Erstgespräch schon kleinste Veränderungen, ohne dass diese schon bewusst als solche wahrgenommen werden … Manche sind dann ganz neugierig darauf … und viele Menschen, die zu uns kommen … machen die Erfahrung, froh zu sein … jetzt einen Ort gefunden zu haben, wo sie in Ruhe und mit Begleitung danach schauen können, was sie jetzt brauchen, damit es ihnen wieder besser geht … und auch Raum für das ist … was schon gut läuft … das geht ja manchmal ungewollt unter in so einer Situation.«

Affektive Rahmung, Beratungsplanung und Prozessgestaltung *KOMPAKT*

- Damit sich Menschen auf Beratung und Hilfe einlassen, braucht es eine sichere und wertschätzende affektive Rahmung.
- In der Beratungsplanung wird der organisatorische Rahmen besprochen. Dabei ist wichtig, zu klären, wann der Beratungsprozess überprüft und ausgewertet wird.
- Man kann zwischen Beratungs- und Heimatsystem unterscheiden. Einfluss haben wir durch unsere Prozessgestaltung nur auf das Beratungssystem.
- Mit dem Aufbau einer Beobachterposition gewinnen alle Beteiligten Gestaltungsspielräume.
- Ziel ist es, Unterschiede in Wirklichkeitsbeschreibungen einzuführen und so neue Muster anzuregen.
- Auftragsklärung und Zielentwicklung gehören zu den zentralen fortlaufenden Berateraufgaben – dabei ist das Fragenstellen ein ganz wesentliches Werkzeug.
- Wichtig ist es, Skepsis zu würdigen und Hoffnung zu säen.
- Durch den willentlichen Wechsel von Problem- und Lösungserleben werden neuronale Netzwerke neu aktiviert und verknüpft, wodurch ein Kompetenzerleben entsteht.
- Die entsprechende Vorbereitung einer Beratung regt bereits vor Hilfebeginn innere Suchprozesse an.

Beraterische Kompetenzen

Die Persönlichkeit des Beraters ist unmittelbar mit seiner beruflichen Tätigkeit verbunden. So fließen seine Fähigkeiten, Eigenschaften und Besonderheiten in die Beratungsarbeit mit ein und sind ein wichtiges Werkzeug. Insofern ist es weder möglich noch erforderlich, dass unterschiedliche Kompetenzen bei jedem Berater gleichermaßen hoch ausgeprägt sind bzw. sein müssen. Dazu kommt, dass je nach Arbeitskontext bestimmte Fähigkeiten sinnvoller sind als andere. So können beispielsweise im Case-Management in der Sozialen Arbeit hypnosystemische Gesprächsführungskompetenzen sehr gewinnbringend sein (Kluschatzka-Valera, 2022), während das Anleiten einer formalen Imagination dort wohl weniger relevant sein dürfte.

Auch macht es einen Unterschied, ob ich als Berufseinsteiger gerade damit beginne, mir entsprechende Kompetenzen anzueignen, oder ob ich bereits über langjährige Beratungserfahrung und Weiterbildung verfüge. Und ganz wesentlich: Über viele Fähigkeiten verfügen wir bereits zu Beginn unseres beruflichen Wirkens! Wir tragen sie mehr oder weniger unbewusst in uns. Und wir können entscheiden, sie weiter zu kultivieren und eine entsprechende Haltung entstehen zu lassen.

Die verschiedenen Kompetenzen lassen sich nicht trennscharf voneinander abgrenzen. Es gibt viele Überlappungen. Zugleich erscheinen mir einige Differenzierungen sinnvoll, um Komplexität zu reduzieren und die einzelnen Aspekte deutlicher werden zu lassen:

Beziehungskompetenz ist die Fähigkeit, ganz unterschiedlich gearteten Menschen ein respektvolles professionelles Beziehungsangebot anzubieten. Zur Beziehungskompetenz gehört auch, meine eigenen biografischen Anteile und Bindungsmuster reflektieren zu können (Ochs, 2020) und zu schauen, welche Auswirkungen damit auf meine Arbeit verbunden sein könnten. Wichtig ist ebenso: Wie trete ich mit mir selbst in Beziehung? Kann ich mich annehmen als Person und Berater bzw. Beraterin? Und wie kann ich mich ggf. auch angemessen von Klienten abgrenzen?

Eine breite und kreative *methodische Vielfalt* ermöglicht dem Berater, je nach Setting und Kontext passende Interventionen anbieten zu können. Damit verbunden ist die Ermunterung: »Verändere und modifiziere Methoden so, wie sie zu dir und zum Kontext passen, damit sie zu ›deinen‹ Methoden werden. Kreiere eigene, probiere sie aus und schaue, wie sie hilfreich sein können! Das (teils intuitive) Wissen, wann und wofür ich welche Methode wähle, ist Teil dessen« (vgl. von Schlippe und Schweitzer, 2019). Kreativität und Flexibilität ist wichtig, um auch bei unvorhergesehenen Vorkommnissen oder aufkommender Ratlosigkeit der eigenen Intuition zu vertrauen und auf ungewöhnliche Ideen zugreifen zu können.

Prozesskompetenz ist die Fähigkeit, die Linse mal weit und dann wieder nah zu stellen und mich selbst dabei zu beobachten, wie ich diesen Prozess gestalte und wann ich mich wofür entscheide. Wichtig ist, sich immer wieder zu orientieren und zu schauen, was gerade im Beratungssystem geschieht. Zentrale Fragen sind dabei: »Arbeiten wir noch am Ziel und ist der Auftrag annehmbar?« Dazu gehören auch wertschätzende Rückmeldungen an Klienten, den Prozess infrage zu stellen und – wenn erforderlich – zu modifizieren oder zu beenden, sollte sich der Eindruck des Auf-der-Stelle-Tretens dauerhaft einstellen.

Unter *systemischer Kompetenz* verstehe ich die Fähigkeit, Komplexität und Widersprüchliches auszuhalten (Ambiguitätstoleranz), zu erweitern und wieder sinnvoll zu reduzieren und zu entscheiden, wann was erforderlich ist, um handlungsfähig zu bleiben. Dazu kommt die Erkenntnis, dass das Geschehen im Beratungssystem konstruiert wird und die Wirklichkeit nicht an sich abbildet. Die Orientierung an rekursiven Mustern in Beziehungen zwischen den Beteiligten statt an einzelnen Inhalten ergänzt die systemische Kompetenz.

Kommunikation bildet auf vielen Ebenen (verbal, nonverbal, körperlich) das Verbindungsmedium zwischen Berater und Klient. Entsprechende *kommunikative Fähigkeiten* helfen mir als Berater oder Beraterin, Gespräche zu strukturieren und aktiv zu gestalten. Zudem kann ich damit Aufmerksamkeit in gewünschte Richtungen bahnen. Systemische Kompetenzen in der Gesprächsführung im Mehrpersonensetting, d. h. die Fähigkeit, alle Beteiligten mit einzubeziehen und die jeweiligen Wechselwirkungen zu berücksichtigen sowie Ziele und Aufträge zu klären, gehört ebenso dazu (von Schlippe und Schweitzer, 2013).

Emotionale Kompetenz ist die Fähigkeit, meine eigenen Gefühle zu beobachten und Resonanzen wahrzunehmen und sie kontextsensibel einzuordnen: Was löst die Beratung in mir aus? Welche Gefühle entstehen? Wie kann ich diese einordnen und sinnvoll nutzen? Auch die Fähigkeiten, mich in mein Gegenüber einzufühlen und eigene

Gefühle angemessen auszudrücken, zählen hierzu. So ist es wichtig, den Klienten gegenüber je nach Situation z. B. Mitgefühl oder Freude auszudrücken.

Theoriekompetenz: Hilfreich ist es, die Modelle und Theorien, auf deren Grundlage ich meine Arbeit gestalte, zu kennen und auch den Klienten bei Bedarf erklären (Schmidt, 2005a) und visualisieren zu können. Dies hilft zum einen, mich immer wieder selbst zu orientieren, und zum anderen schafft es Sicherheit und Transparenz in der Begegnung zwischen Beraterinnen und Klientinnen. Dies sollte in angemessener Form und zur passenden Zeit geschehen. Lange Theoriemonologe sind damit nicht gemeint.

Die *Humorfähigkeit* des Beraters ist eine für Klienten oft unerwartete und gleichermaßen angenehme Fähigkeit. Sie trägt dazu bei, bei all dem Tragischen und Schweren auch das Komische und Leichte zu sehen, was nicht in jedem Fall auf Anhieb gelingen kann. Humor braucht jedoch zuvor eine sichere und von Wertschätzung getragene Beziehung, sonst wirkt er abwertend. *Leichtigkeit* bedeutet auch, sich selbst und seine Arbeit nicht immer allzu ernst zu nehmen und so Abstand zu bekommen.

Unter *imaginativer Kompetenz* verstehe ich die Fähigkeit, Klienten angemessen zu imaginativen Übungen anzuleiten. Vor allem ist damit jedoch gemeint, während des Beratungsprozesses in Bildern und Metaphern kommunizieren zu können und Tranceprozesse für Veränderung systematisch zu nutzen (vgl. Kapitel »Methoden und Interventionen«, S. 121 sowie »Imaginationen«, S. 207).

Ein fortwährender *Blick auf Ressourcen* des Klienten ist eine wichtige Fähigkeit, die ihn dabei unterstützt, seinen Möglichkeitsraum zu vergrößern und sich selbstwirksamer zu erleben. Den Klienten einzuladen, noch unbekannte Ressourcen in seinem Unbewussten zu entdecken, ist besonders hilfreich. Damit ist auch gemeint, »Probleme« utilisieren zu können, die damit verbundenen Bedürfnisse zu würdigen und kontextsensibel herauszuarbeiten.

Körperbezogene Kompetenz umfasst die Fähigkeit, körperliche Prozesse wahrzunehmen, sinnvoll für die Beratungsarbeit zu nutzen und mit einzubeziehen. Die Nutzung somatischer Marker gehört ebenfalls dazu. Eine Auswahl an unterschiedlichen körperbezogenen Übungen rundet diese Kompetenz ab.

Die Fähigkeit zur *Selbstfürsorge* stellt gewissermaßen die grundlegendste beraterische Kompetenz für die professionelle Arbeit dar. Wie kann ich für mich sorgen und was brauche ich, damit ich die Arbeit mit den Klientinnen und Klienten hilfreich gestalten kann? Wie kann ich mir den Arbeitstag strukturieren und wie gestalte ich Pausen? Wie kann ich mich von belastenden Beratungsinhalten distanzieren? Und wie kann ich von meinem Arbeitstag Abstand gewinnen? Lydia Hantke und Hans-Joachim Görges (2019) empfehlen, sich selbst ernst zu nehmen und Selbstfürsorge zur Basis der eigenen Arbeit zu machen. Hilfreich können dabei auch kurze körper- und achtsamkeitsbasierte Übungen sein (Cross-Müller, 2020; Kampel und Frank, 2021; Hammer, 2020).

TEIL 3

Übungen, Methoden und Imaginationen

Übungen zur Selbsterfahrung und Reflexion

Wie kann ich hypnosystemische Elemente in meine Arbeit einweben? Das kann sehr unterschiedlich aussehen und hängt vom Kontext und von den eigenen bereits bestehenden Beratungserfahrungen ab. Vor allem ist aber wichtig, wohin meine Energie fließt und was ich gern lernen möchte, denn ich kann letztlich nur lernen, was für mich bedeutsam ist (Hüther, 2016).

Grundsätzlich soll und darf mit allen im Buch beschriebenen Ideen, Beispielen, Übungen und Methoden experimentiert werden. Ich empfehle, sich einen bestimmten Aspekt herauszusuchen und in der Praxis zu üben. Das kann sowohl im Arbeitskontext als auch in einer selbstorganisierten »Hypnosystemischen Werkstatt« geschehen.

So könnte es beispielsweise sinnvoll sein, in Gesprächen das Pacing gezielt zu üben und zu schauen, wie mein Gegenüber darauf reagiert. Es könnte auch spannend sein, das sprachliche Pendeln zwischen Problem- und Lösungserleben zu üben: »… und mir kommt es so vor … dass *ein Teil* in Ihnen offenbar schon sehr genau weiß, wie es ist, wenn es Ihnen besser geht … und gleichzeitig ein *anderer Teil* auch manchmal noch bei dem sein kann, was noch schwer ist … sodass beides da sein darf … und Sie mehr und mehr die Erfahrungen machen können … dass sich die Dinge zum Guten wenden … wie ist das für Sie?« Solche Sprachmuster zu üben, ist aus meiner Sicht sehr sinnvoll, da sie wesentlicher Bestandteil einer förderlichen Kommunikation sind. Und je mehr entsprechende Sprachmuster verinnerlicht werden, desto selbstverständlicher und flexibler können wir sie nutzen.

Eine interessante Übung könnte auch sein, Ziele mithilfe einer Skalierung auf dem Flipchart zu entwickeln (vgl. »Hypnosystemische Zielvision auf Flipchart«, S. 124). Dabei möchte ich ermuntern, es einfach auszuprobieren und eigene Erfahrungen zu sammeln, statt exakt wie im Buch beschrieben vorzugehen. Wie Sie vielleicht merken, gibt es eine Fülle von Aspekten, die es sich lohnen würde, zu üben. Sie können dann recht schnell die Erfahrung von Selbstwirksamkeit machen, was die Motivation, weiter zu lernen, erhöhen wird.

1. Schulung der Imaginationsfähigkeit

Im Folgenden lade ich dazu ein, am Beispiel von drei kurzen Texten die Fähigkeit zur Imagination zu üben. Hilfreich ist es, wenn Sie dies mit einem Übungspartner oder einer Übungspartnerin gemeinsam im Wechsel durchführen. So können sie gleichzeitig das Sprechen sowie das Hören und Wahrnehmen üben. Nun liest einer den Text langsam vor und leitet die Imagination an, der andere lässt sich anleiten und richtet seine Aufmerksamkeit auf die inneren Bilder. Der Lesende darf gerne kleine Pausen zwischen den einzelnen Sätzen lassen, so kann sich das Erleben beim Zuhörenden noch besser ausbreiten. Da in den Texten die verschiedenen Sinnessysteme angesprochen werden, induzieren sie darüber ein entsprechendes Erleben und werden sinnlich erfahrbar (Schütz und Freigang, 2013). Anschließend gibt es einen Austausch über die jeweiligen Erfahrungen. Alternativ können Sie sich die Texte auch auf Ihr Handy sprechen bzw. sprechen lassen. Wichtig ist die Einladung, die Texte nach Belieben zu modifizieren.

Brennende Kerze

»Nimm eine dir bequeme Sitzhaltung ein und schließe die Augen. Stelle dir nun eine brennende Kerze vor. Fokussiere auf die Flamme. Erlaube dir jetzt, die Flamme langsam immer kleiner werden zu lassen, so klein, bis sie fast erloschen ist. Stell dir nun vor, wie die Flamme ganz langsam wieder größer wird, bis sie ganz hell lodert. Vielleicht kannst du jetzt Wärme irgendwo in deinem Körper spüren. Achte genau auf die Farbe der Flamme und vielleicht ist auch ein Brenngeräusch zu hören. Stell dir nun vor, wie die Kerze wieder so brennt wie am Anfang. Sei neugierig, wie nun ein wenig Wachs die Kerze hinunterläuft. Stelle dir vor, wie du die Kerze leicht kippst, sodass Wachs auf eine Papierunterlage tropfen kann. Nimm in der Vorstellung deinen Zeigefinger und lass ihn vorsichtig auf das Wachs gleiten. Spüre die Wärme und die weiche Konsistenz. Stelle die Kerze nun wieder gerade und beobachte die Flamme. Lass die Flamme nun langsam erlöschen. Achte auf den Rauch, der jetzt aufsteigt und nimm den Geruch wahr. Öffne die Augen.«

Klarer Bergsee

»Nimm eine dir bequeme Sitzhaltung ein und schließe die Augen. Erlaube dir, einen Bergsee vor deinem inneren Auge entstehen zu lassen. Das Wasser ist ganz klar. Betrachte, wie der See sich sanft in eine Berglandschaft einfügt und in sich ruht. Sei neugierig, wie auf dem See ein Stück Holz ganz leicht schwimmt und einfach nur da ist. Achte auf die Stille. Nur aus der Ferne ist jetzt ein schwaches Blätterrauschen zu hören. Stell dir einen kleinen Holzsteg vor, der ein wenig in den See hineinragt. Stell dir vor, wie du dich vorsichtig auf den Holzsteg setzt und ganz langsam deine Füße hinunterlässt. Jetzt achte darauf, was passiert, wenn du deinen rechten Fuß behutsam ins Wasser lässt. Nimm wahr, wie angenehm kühl es sich anfühlt. Mache das Gleiche mit dem linken Fuß. Bewege beide Füße ein wenig und achte auf die Geräusche, die dabei entstehen. Stehe nun auf und strecke dich. Lass deinen Blick über den See schweifen und genieße die frische Luft beim Atmen. Nimm wahr, wie sich dein Körper jetzt anfühlt. Öffne die Augen.«

Deine Hände

(persönliche Aufzeichnung aus einem Seminar
mit Karl Ludwig Holtz, 2008)

»Sieh dir einmal deine Hände ganz genau an ... sie sind etwas ganz Besonderes ... du kannst sie dir außen und innen genau ansehen ... in ihrer Einmaligkeit sind sie unverwechselbar ... du kannst dir dann eine besondere Stelle auf einer Hand aussuchen ... vielleicht eine Narbe oder ein Muttermal ... oder auch einen Fleck ... vielleicht eine Stelle, wo es mal wehgetan hat und du den Schmerz überwunden hast ... und du kannst dir die Zeit nehmen, die du brauchst, um eine Stelle an deinen Händen zu finden ... ich bin gespannt, welche du dir ausgesucht hast ... und wenn du eine Stelle gefunden hast ... kannst du genau draufsehen ... vielleicht verschwimmt es jetzt etwas ... wirkt klar oder undeutlich ... dann kannst du auch die Augen schließen ... wie du es vom Träumen kennst ... wo du auch die Augen zu hast und sehen kannst ... und du kannst dir eine angenehme ... schöne Erinnerung vorstellen ... vielleicht von einem Urlaub ... oder von einem angenehmen und sicheren Ort ... oder von einer anderen schönen Erfahrung ... und du kannst dir genau vorstellen ... wie sieht die Umgebung aus ... was genau siehst du? ... du kannst die Helligkeit verändern ... welche Farben kannst du sehen? ... und vielleicht die Intensität verändern ... welche Geräusche sind zu hören? ... welche Gerüche gibt es? ... und kannst dies alles intensiv spüren und sich in deinem ganzen Körper ausbreiten lassen ... die angenehme und schöne Erfahrung ... weißt du noch, was du dir eben auf deiner Hand ausgesucht hast? ... kannst du es sehen, auch wenn du die Augen zu hast? ... und du kannst die Augen jetzt aufmachen und sehen, ob sich die Stelle verändert hat.«

2. Hypnotische Sprachmuster üben

Gezielt eingesetzte hypnotische Sprachmuster sind ein wesentlicher Bestandteil helfender Kommunikation. Sie umfassender darzustellen, wäre zwar lohnenswert, würde jedoch den Rahmen an dieser Stelle übersteigen. Für tiefer Interessierte möchte ich auf die Bücher von Benaguid und Schramm (2016), Plate (2015) sowie Schütz und Freigang (2013) verweisen. Ich beschränke mich hier auf drei wichtige Elemente: Permissive Formulierungen, Bindewörter sowie Nominalisierungen (Schütz und Freigang, 2013; Benaguid und Schramm, 2016).

Permissive Wörter sind freie Formulierungen und haben einen erlaubenden Charakter: »*Vielleicht* können Sie sich nun *erlauben* ...« oder »*Wie mag es wohl sein,* jetzt einfach zu entspannen« oder »*Möglicherweise* könnten Sie schon gleich damit beginnen ...« oder »Ohne etwas zu müssen, ist es leichter, sich zu *erlauben,* eine tiefe Gelassenheit entstehen zu lassen« oder »Ist es nicht schön, sich die Zeit nehmen zu *dürfen,* einfach mal nur das zu machen, was man *möchte?*«.

Bindewörter verknüpfen die verschiedenen Satzteile miteinander. Diese Verknüpfungen wirken auf sehr unterschiedliche Weise auf den Sinn des Gesagten: Sie können kausal, zeitbezogen, additiv oder fragend sein. Bindewörter sind beispielsweise: und (additiv), während (zeitbezogen), wenn (kausal), weshalb (fragend), je … desto (verknüpfend), nachdem (zeitbezogen) und mehr und mehr (zeitbezogen). Durch die Verknüpfung von zwei Satzteilen oder Elementen bahne ich, wohin Aufmerksamkeit fließen soll: »Und *während* du darauf achten *kannst,* wo deine Füße den Boden berühren … *kann* sich eine angenehme Entspannung einstellen … und es interessant sein, sich zu *erlauben* … einfach nur zu genießen.« Durch die Verwendung der Bindewörter sowie der permissiven Wörter »kann« und »erlauben« wird der Zuhörer eingeladen, eine Verknüpfung zwischen dem »Spüren der Füße auf dem Boden« und dem »Genießen der Entspannung« herzustellen. Das Spüren der Füße ist meist leicht möglich, es wirkt dann wie ein Yes-Set, was dann zur »Entspannung« einlädt. Diese Bindewörter finden sie in zahlreichen Beispielen im Buch, vor allem in den Methoden- und Imaginationstexten.

Nominalisierungen sind »unechte« Substantive, bei dem ein Verb (Tätigkeitswort) in ein Nomen verwandelt wird. So wird der Prozess der Tätigkeit getilgt und so dargestellt, als sei er ein abgeschlossenes Ereignis, was zu einer Verzerrung der Wirklichkeit führt (Benaguid und Schramm, 2016). Unterscheiden kann man »echte« Nomen von »unechten« mit der Frage, ob man es anfassen bzw. in die Hand nehmen kann: Zum Beispiel ist eine »Wand« ein echtes Nomen, da man sie anfassen kann, eine »Wandlung« eine Nominalisierung, da man diese nicht anfassen kann. Das Wort »Wandlung« impliziert eine Tätigkeit bzw. einen Prozess, stellt es aber so dar, als sei es *ein* Ereignis. Die vielen Aspekte und Facetten der Wandlung müssen vom Zuhörer mit eigenem Bedeutungszuschreibungen »gefüllt« werden (S. 76). So werden intensive innere Suchprozesse ausgelöst. Nominalisierungen spielen in der hypnotischen Kommunikation eine große Rolle. Beispiele dafür sind: Freude, Liebe, Mut, Hoffnung, Zuversicht, Entspannung, Gelassenheit, Erfahrung, Kraft, Stärke, Neugierde. Beispielsatz: »Und wir alle wissen, wie gut Neugier und Gelassenheit beim Lernen helfen.«

Übung

Lesen Sie sich laut im Wechsel einige der Imaginationstexte aus dem Buch vor, sodass jeder mal liest und jeder mal zuhört. Schreiben Sie dann Ihren eigenen Text, indem Sie sich beispielsweise einladen, sich einen schönen Ort (z. B. Garten, Bergsee, Meer, Wald, Blumenwiese) vorzustellen. Lesen Sie dann den jeweils selbst geschriebenen Text laut vor, sodass alle einen Text *schreiben, lesen* und *hören.* Verwenden Sie beim Verfassen der Texte permissive Wörter, Bindewörter und Nominalisierungen. Durch den Dreiklang aus *Schreiben, Lesen* und *Hören* lernen Sie die Sprachmuster ganz von selbst. Im Anschluss können Sie sich über Ihre Erfahrungen austauschen und dabei spüren, wie leicht es sein kann, gemeinsam zu lernen und dabei so viel Freude zu empfinden.

3. Pacing einer Ressourcensituation

Pacing ist eine dauerhafte Aufgabe des Beraters mit dem Ziel, einen guten Rapport und eine vertrauensvolle Beziehung entstehen zu lassen (vgl. Kapitel »Hypnosystemische Kommunikation«, S. 72). Dabei geht es darum, sich auf den Klienten einzuschwingen und ihn zu einer inneren kooperativen Haltung einzuladen. Indem die Beraterin bestätigt, was der Klient gesagt hat, und es (teils wörtlich) wiederholt, ihre Sprache und Körperhaltung an ihn anpasst, entsteht ein tragfähiger Rapport.

Eine noch erlebnisintensivere Form ist das Atem-Pacing. Dabei passt die Beraterin ihren Atemrhythmus an den des Klienten an und spricht z. B. nur beim Ausatmen des Klienten. Dadurch werden unwillkürliche körperliche Prozesse (Atmung) genutzt und ein noch intensiveres Erleben erzeugt (Bierbaum-Luttermann und Mrochen, 2019).

Partnerübung zu zweit, jeweils in der Rolle Berater-Klient im Wechsel

1. Klient sucht sich eine selbst erlebte Ressourcensituation, z. B. Urlaubssituation, Natur, Sport oder etwas ganz anderes.
2. Berater lädt ein, diese Situation in der Gegenwartsform genau zu beschreiben. Er wiederholt das Gesagte ... und lässt Raum ... damit sich die *Erfahrung* entwickeln und ausbreiten kann. Der Berater geht so alle Sinneskanäle durch. Im Verlauf fragt er nach Gefühlen und Resonanz im Körper:

- Und du kannst dir erlauben, neugierig zu sein und mal zu beschreiben, was es dort zu sehen gibt … an diesem schönen Ort …
- Vielleicht ist etwas zu hören? …
- Und manchmal ist da auch ein Geruch? …
- Und während vielleicht auch etwas zu schmecken ist? …
- Während du jetzt einmal darauf achten kannst, welches Gefühl jetzt da ist … und dir erlaubst … es sich ausbreiten zu lassen … und manchmal ist auch eine Resonanz im Körper spürbar …

Die Angebote des Beraters, die ein intensiveres Erleben anregen, dürfen gern weiter ausführlicher beschrieben werden. Dann bittet der Berater den Klienten, sich langsam daraus zu verabschieden und mit seiner Aufmerksamkeit wieder ins Hier und Jetzt zurückzukommen. Nun können beide ihre Erfahrungen aus den jeweiligen Rollen auswerten, während sich mehr und mehr ein Gefühl von Kompetenz einstellen kann.

4. Reflexion – wie nutze ich Sprache?

Welch großen Einfluss die Art und Weise meiner Sprache auf den Verlauf von Beratungsprozessen hat – und nicht nur dort –, wurde bereits an vielen Stellen beschrieben. Ich möchte Sie an der Stelle zu drei Reflexionsübungen einladen.

Übung 1

Welche *Fragewörter* nutze ich und welche Auswirkungen hat dies am Beispiel der Fragewörter »warum« und »wofür«? Ich möchte Ihnen vorschlagen, in den nächsten beiden Wochen einmal zu beobachten, wann und wie Sie die beiden Fragewörter verwenden. Es geht nur darum, zu beobachten und nichts zu verändern. Beobachten Sie, was geschieht und ob es einen Unterschied macht. Welche Auswirkungen hat es, das eine oder das andere Fragewort zu verwenden? Machen Sie sich ggf. Notizen zu Ihren Beobachtungen. Werten Sie sie anschließend aus und schauen Sie, welche Ideen für die weitere Verwendung der Fragewörter daraus entstehen können. Seien Sie neugierig!

Übung 2

Die Wörter »aber« und »und« verknüpfen zwei Satzteile miteinander. Achten Sie in der nächsten Zeit einmal darauf, wann Sie welches Wort verwenden. Welche Auswirkung auf den Sinn des Gesagten hat es, wenn ich das Wort »aber« durch »und« ersetze und umgekehrt? Was macht den Unterschied?

Übung 3

Wie gehe ich mit *Sprache in Begegnungen* um? Ich möchte Sie an vier Beispielen zu einer Reflexionsübung einladen. Hilfreich ist es, dies in einer kleinen Gruppe oder zu zweit zu machen. Lesen Sie ganz in Ruhe die jeweiligen Wörter laut vor. Machen Sie dies mehrfach hintereinander. Im Anschluss nehmen Sie sich einen Moment Zeit, die jeweiligen Beispiele anhand der untenstehenden Leitfragen zu reflektieren. Gern können Sie sich dazu Notizen machen.

Leitfragen zur Reflexion von vier Begriffen:

»Depressive Klientin« – »Hochstrittige Eltern« – »Delinquente Jugendliche« – »Erziehungsschwache Eltern«

- Was lösen die Wörter jeweils in mir aus?
- Welche Auswirkungen könnten damit auf meine Begegnung mit den beschriebenen Menschen verbunden sein?
- Wofür ist die Verwendung der Wörter nützlich?
- Welches Bedürfnis könnte der Nützlichkeit zugrunde liegen?
- Welche alternativen Formulierungen fallen Ihnen ein?
- Welche guten Gründe könnte es dafür geben?
- Wie könnte man mit den neugewonnenen Ideen, welche im Verlauf der Reflexion entstanden sind, den so beschriebenen Menschen begegnen?
- Was ist dann ggf. anders?

Methoden und Interventionen

Literatur über Interventionen und Methoden sind bei Beratern und Therapeuten sehr beliebt. So kann leicht der Eindruck entstehen, mit dem »richtigen« Einsatz von Tools und Techniken allein könnten Beratungsprozesse hilfreich gestaltet werden. Dabei zeigt die Forschung, dass die Wirkung spezieller Methoden in Beratungsprozessen allein vergleichsweise gering ist (Hanswille, 2020; Levold, 2014). Erst ein komplexes Zusammenspiel aus verschiedenen Wirkfaktoren – wobei eine positiv erlebte Beziehung zwischen Berater/Beraterin und Klient/Klientin offenbar einen großen Einfluss hat – zeichnet letztlich eine wirksame Beratung aus.

Aus systemischer Sicht gibt es keine Methode an sich (Hanswille, 2020). Eine Methode ist eine Konstruktion ihres Anwenders. Sie erhält erst ihren Sinn, wenn sie einen bedeutsamen Unterschied in bisherige Wirklichkeitskonstruktionen einführt. Und das entscheiden die Klientensysteme. Eine Intervention muss an das Klientensystem ankoppeln können und im jeweiligen Kontext angemessen erscheinen, sonst ist sie wirkungslos. Wie eine Intervention letztlich wirkt, ist nicht vorhersehbar. Daher ist es wichtig, Methoden sorgsam auszuwählen und sich bewusst über seine Motive zu sein.

Nach Ludewig sollte der Helfer bei der Auswahl seiner Interventionen auf eine entsprechende Passung achten. Er beschreibt mit dem Kriterium der »Schönheit« die Haltung, »seine Interventionen so auszuwählen, dass sie bestmöglich die Wünsche und Möglichkeiten der Klienten berücksichtigen. Die Interventionen sollen zur Struktur der Hilfesuchenden und zur Besonderheit des Problems passen« (2005a, S. 105).

In Anlehnung an das erste Axiom von Watzlawick könnte man postulieren: »Man kann nicht nicht intervenieren.« Kommt ein Klient in eine Beratung mit dem Wunsch nach Unterstützung und der Berater sagt beispielsweise kein Wort, so kann dies auch eine starke Intervention sein.

Damit die Wahrscheinlichkeit steigt, dass eine Methode einen Beratungsprozess hilfreich unterstützt, sollte der Berater wissen, wofür er eine entsprechende Methode nutzt (was in dem oben genannten Beispiel des andauernden Schweigens neugierig machen könnte). »Wenn sich systemische Praxis darauf begrenzt, systemische Interventions*techniken* anzuwenden, fehlt jedoch eine wichtige Reflexionsebene, auf der man sich bewusst wird, warum man so interveniert, wie man es tut« (von Schlippe und Schweitzer, 2019, S. 18).

Die wesentliche Aufgabe des Beraters ist die Herstellung eines sicheren und förderlichen Rahmens (vgl. Kapitel »Beratungsplanung und Prozessgestaltung«, S. 94 und »Affektive Rahmung«, S. 92), in dem sich dann selbstorganisiert die Wirklichkeitskonstruktionen des Beratungssystems verändern. »Als Grundregel sollte daher für die Anwendung von Methoden gelten, dass man jederzeit ihre Funktion für den Therapieverlauf begründen können sollte. Wenn das Hauptaugenmerk systemischer Therapeuten und Berater auf der systemischen Haltung und der Gestaltung einer positiven und respektvollen Beziehung zu den Klientensystemen liegt, ist die Gefahr einer instrumentellen Verkürzung methodischen Vorgehens im Sinne einer Anwendung von Kochrezepten geringer« (Levold, 2014, S. 223).

Damit Berater eine Methode bewusst einsetzen, sollte er (S. 222) …

- ein gutes Verständnis für den Prozess haben.
- die konkrete Situation gut einschätzen können, in der die Methode genutzt werden soll.
- ein Gefühl haben für ihre situative Notwendigkeit bzw. Angebrachtheit.
- einen Sinn für passendes Timing haben.
- eine Einschätzung der Wirkung der Methode auf den Fortgang des Prozesses haben.

Leitfragen für die Methodenwahl:

- In welchem Kontext bewegt sich die Beratung bzw. Hilfe?
- Arbeiten wir noch am Ziel und ist der Auftrag klar?
- Ist es bislang gelungen, mit dem Klienten in einen Veränderungsprozess zu gelangen, oder werden immer wieder die gleichen Inhalte präsentiert?
- An welcher Stelle im Beratungsprozess befinden wir uns? Handelt es sich um ein Erstgespräch, ist die Beratung weiter fortgeschritten oder ist es ein Abschlussgespräch?
- In welchem Setting findet die Beratung statt und in welchem Alter sind die Beteiligten?
- Wie sicher ist der affektive Rahmen des Beratungssystems?
- Wie sicher ist der Rahmen des Heimatsystems?
- Was soll mit der Methode bewirkt werden?
- Welche Hypothese soll ggf. überprüft werden?
- Warum fällt die Entscheidung auf diese Methode und nicht auf eine andere?
- Welches theoretische Modell leitet die Methodenwahl?
- Welche Befürchtungen sind ggf. mit der geplanten Methode verbunden?
- Kann die Methode sicher angewendet werden und liegen die Voraussetzungen dafür vor (z. B. Material)?
- Wie können eventuelle starke emotionale Reaktionen aufgefangen werden?

Im Folgenden werden viele verschiedene Methoden vorgestellt. Die Interventionen sind ganzheitlich ausgerichtet und nutzen viele Sinnesebenen. Ziel ist es, den zu Beratenden eine *Erfahrung* zu ermöglichen, welche dann die Wahrscheinlichkeit erhöht, neue Muster zu initiieren. Bei aller Unterschiedlichkeit der Methoden ist das Verbindende daran, dass sie hypnosystemisch gerahmt werden. So werden im Zuge ihrer Anwendung entsprechende Sprachmuster genutzt, unwillkürliche körperliche Prozesse mit einbezogen sowie durch Nutzung von Bildern und Imaginationen Suchprozesse initiiert. So kann auch eine »klassisch« systemische Methode wie die »Klötzchenskulptur« hypnosystemisch optimiert werden.

Um Ihnen den Überblick zu erleichtern, wird jeder Methodenbeschreibung ein kurzer »Steckbrief« vorangestellt. So ist es leichter möglich, sich einen ersten Eindruck zu verschaffen. Jede Intervention wird in einen möglichen Beratungskontext eingebettet und zu einigen wird exemplarisch ein anonymisierter Praxisfall beschrieben. Die Fallskizzen bilden keine Beratungsprozesse ab, sondern versuchen beispielhaft, einzelne methodische Aspekte hypnosystemischer Lebensberatung nachvollziehbar und erfahrbar zu machen. Die jeweiligen Anliegen können natürlich auch ganz anders bearbeitet werden. Und nicht jede Methode passt zu jeder Beraterin bzw. Klientin. Hier nochmals die Ermunterung an Sie, liebe Lesende: Experimentieren und modifizieren Sie damit und passen Sie Ihr Vorgehen an sich und Ihren Kontext an!

1. Hypnosystemische Zielvision auf Flipchart – wie Ziele mit allen Sinnen entwickelt werden können

Steckbrief

Für wen: Einzelne, Paare, Familien, Teams.
Ziel: Entwickeln von Zielen, Aufbau von Hoffnung und Motivation.
Material: Flipchart und verschiedenfarbige Stifte.
Einordnung: Leicht lernbar, kreative Modifizierungen möglich, Flipchart als Medium zur Visualisierung hilfreich.

Das Entwickeln von wohlformulierten Zielen ist für eine gelingende Beratung zentral. Dies ist ein komplexer Prozess, der etwas Zeit bedarf und im Verlauf der Beratung immer wieder überprüft werden sollte. Dabei geht es nicht darum, das Ziele immer genau so erreicht werden müssen wie zunächst entwickelt. Zielformulierungen bieten vor allem eine Orientierung, eine Bezugsgröße, an der überprüft werden kann, ob sich die Beratung in eine gewünschte Richtung entwickelt und der Klient sie als Unterstützung erlebt. Im Beratungsprozess verändern sich zuweilen Ziele bzw. die Bedeutung einzelner Zielaspekte. Da die einzelnen Aspekte netzwerkartig miteinander verknüpft sind, reichen schon Veränderungen an einigen Stellen, die sich dann auf andere Zielaspekte auswirken. Wichtig ist gleichermaßen, auch den Weg zum Zielerleben zu entwickeln und nicht nur den Zielzustand. So steigt die Wahrscheinlichkeit eines hilfreich erlebten Beratungsprozesses.

Die hier vorgestellte Form integriert die Skalierungsfrage aus der systemisch-lösungsorientierten Beratung, Visualisierungstechniken, das Utilisierungsprinzip aus der Hypnotherapie, den Einbezug des Körpers, Metaphernarbeit sowie hypnosystemische Kommunikation.

Mögliches Vorgehen

Im oberen Teil eines Flipcharts zeichne ich eine Skala mit Werten von 1 bis 10, wobei 1 der ungewünschteste Zustand und 10 der angenehmste Zustand ist. Ich bitte die Klientin bzw. den Klienten, sich auf der Skala einzuordnen, wie es ihr bzw. ihm gerade bezüglich des Beratungsanliegens geht, und markiere diese Stelle mit einem »X«. Nun lade ich zu der Annahme ein, die Beratung sei hilfreich verlaufen und das Beratungsziel erreicht: »Wo möchten Sie am Ende der Beratung stehen auf der Skala?« Diese Stelle markiere ich mit einem »Z« für Zielerleben. Jetzt nehme ich mir viel Zeit, die Unterschiede zwischen Ist- und Zielzustand zu erfragen. Dabei leiten mich folgende beispielhafte Fragen:

- Was ist bei dem Zielerleben anders als jetzt?
- Woran merken Sie es?
- Was machen Sie dann anders?
- Welche Auswirkungen sind damit auf … verbunden?
- Wer aus Ihrem Umfeld wird die Veränderung am ehesten merken und woran?
- Wo im Körper merken Sie die Veränderung am ehesten?
- Vielleicht können Sie einmal experimentieren und eine entsprechende Körperhaltung einnehmen?
- Welche Veränderung löst die eben beschriebene Auswirkung aus?
- Welchen Satz, der mit »Ich« beginnt, können Sie dann zu sich sagen?
- Was wird durch diese Veränderung möglich?
- Wie wird sich das Gewünschte auf Ihre sozialen Beziehungen auswirken?

- Welches Bedürfnis erhält wieder Aufmerksamkeit?
- Welcher Herzenswunsch wäre dann mehr im Blick, auch wenn er sich vielleicht noch nicht erfüllen wird?
- Woran merken Sie, dass Sie den ersten kleinsten Schritt in diese Richtung machen?
- Welches Symbol würde für ihr Ziel passen?

Ich schreibe jede Antwort des Klienten untereinander auf das Flipchart. Oftmals nennen Klienten zunächst Vermeidungsziele, die ich dann gemeinsam mit ihnen positiv umformuliere. Auf dem Papier entsteht nun eine lange Liste von *Zielaspekten* (siehe Abbildung 11). Diese beschreibe ich als Ressourcen und Kompetenzen, welche der Klient bereits in sich trägt: »Dies sind alles Ihre Ressourcen, die Sie soeben selbst entdeckt haben. Ich habe nur aufgeschrieben, was in Ihnen bereits vorhanden ist.« Allein die Vorstellung und Beschreibung der Zielaspekte zeigt, dass die entsprechenden neuronalen Netzwerke bereits vorhanden sind, sonst wäre dies gar nicht möglich.

Es ist sehr hilfreich, die einzelnen Aspekte nun nochmals langsam vorzulesen, dabei die Reaktion des Klienten zu beachten. Das Vorlesen der Aspekte hat idealerweise einen Erzählcharakter, wodurch bedeutsame Elemente betont und durch analoges Markieren hervorgehoben werden. Dabei kann eine leichte Trance entstehen. Die Klienten sind in der Regel über das Auffinden ihrer Ressourcen positiv überrascht und hätten dies so nicht erwartet.

Nun bitte ich den Klienten, seine *Hoffnung* mit Blick auf sein Ziel zu skalieren: »Wie würden Sie Ihren Hoffnungspegel in Bezug auf Ihr Ziel einschätzen? 1 bedeutet, dass kaum Hoffnung da ist, und 10, dass sie ganz sicher sind, Ihr Ziel zu erreichen.« Die vom Klienten benannte Stelle markiere ich auf der Skala mit einem »H« für Hoffnung. Der Klient erläutert nun seine Einschätzung. Fällt der Hoffnungswert eher niedrig aus, würdige ich die guten Gründe dafür. Oftmals gab es dann im Vorfeld bereits viele Bemühungen. Allein die Würdigung eines niedrigen Hoffnungswertes kann eine sehr ressourcenvolle Intervention sein, da sich der Klient angenommen und verstanden fühlt.

Jetzt erfrage ich vom Klienten den *Motivationswert* auf der Skala: »Wie motiviert sind Sie, hier mit mir an Ihrem Zielerleben zu arbeiten? 1 bedeutet, sie beenden die Beratung heute und 10 bedeutet, dass Ihnen die Beratung sehr wichtig ist.« Den vom Klienten benannten Wert markiere ich auf der Skala mit einem »M« für Motivation. Je nachdem, welcher Wert nun genannt wird, greife ich dies nochmals auf: »Angenommen, der Motivationswert würde um einen Punkt steigen bzw. fallen, woran merken Sie das bzw. woran würde ich es an Ihnen merken?«

Nun ist es hilfreich, das bereits Erarbeitete nochmals zusammenzufassen und dabei sprachlich immer wieder im Wechsel zwischen Problem- und Zielerleben zu pendeln. Dabei ist es wichtig, das Leidvolle zu würdigen und zunehmend das Zielerleben mit seinen Auswirkungen detailliert zu erzählen. Und zwar, indem ich dem Klienten die Metapher einer Pflanze anbiete und beginne, diese – mit all dem, was es braucht, zu wachsen – auf die rechte Seite zu malen: fruchtbaren Boden, Nährstoffe, zarte Wurzeln, Stämmchen, Blätter, Blüten, Wasser, Sonne, Licht, Wärme und Zuwendung. Dabei lade ich den Klienten zur folgenden Erzählung ein: »Und vielleicht können Sie sich die Vorstellung erlauben, Ihr Ziel ist wie ein zartes Pflänzchen … und zarte Pflänzchen brauchen viel Zuwendung … damit sie wachsen können … fruchtbaren Boden … Nährstoffe … genügend Licht … ausreichend Wärme … sauberes Wasser … damit das zarte Pflänzchen gut wachsen kann … und irgendwann … kann sich eine Blüte entfalten … die Blüte der Klarheit … und der inneren Kraft … und an einem dieser Blätter steht Ihr Name … es ist die Pflanze … die Ihren Namen trägt … und sie wächst nicht schneller … wenn man daran zieht … sondern wenn man ihr die Zeit gibt … zu wachsen … und das Leidvolle gewürdigt wird … während es abheilen … und sich beruhigen kann … und hier … der fruchtbare Boden … und in diesem Boden sind all diese Nährstoffe … diese Ressourcen (ggf. benennen) bereits enthalten … und alles was Sie brauchen … tragen Sie bereits in sich … ja … und jetzt darf sich die Pflanze die Zeit nehmen … zu wachsen … im eigenen Tempo … und auf die eigene Art und Weise … und wenn Sie mögen … begleite ich Sie ein Stück auf diesem Weg.«

Währenddessen ist es wichtig, die Reaktionen des Klienten im Blick zu haben und entsprechend darauf einzugehen. So weisen die Minimal Cues auf Zustandsveränderungen hin, ein Hinweis, dass innere Suchprozesse ablaufen. Reagiert der Klient bei einem Aspekt der Erzählung besonders, dann pace ich die Reaktion, indem ich sie verbal bestätige: »Und ich sehe gerade, wie Ihre Atmung besser fließen kann … und es ist schön zu sehen … wie Sie Ihren Körper jetzt aufrichten …«

Abbildung 11: Zielvision

Diese Form der Zielentwicklung kann natürlich auch ganz ohne die Tranceelemente geschehen. Eine Idee ist es, mit der Skalierungsarbeit zu beginnen und dann das Ziel nach eigenem Wunsch weiterzuentwickeln.

2. Arbeit mit Metaphern – wie sich innere Bilder in Kraftquellen verwandeln

Steckbrief

Für wen: Einzelne.
Ziel: Nutzen und Aktivieren unbewusster Ressourcen.
Material: Nicht nötig.
Einordnung: Es ist etwas Übung erforderlich, dann aber eine sehr leicht durchzuführende Intervention, da vor allem das Unbewusste des Klienten arbeitet; eine Basisübung.

Die Begriffe »Metaphern« und »Bilder« werden hier synonym verwendet. Das Wort »Metapher« leitet sich aus dem griechischen »meta« (jenseits, hinüber) und »pharein« (tragen) ab. »Metaphern übertragen einen Begriff aus einem bildgebenden Bereich auf einen Bereich, über den etwas gesagt werden soll« (Brächter, 2015a, S. 397). Eine Metapher »wird immer dann verwendet, um ein Bild oder eine Assoziation von ›einem Schauplatz zu einem anderen‹ zu verlegen, um Ähnlichkeiten, Mehrdeutigkeiten oder Unterschiede zu beleuchten« (Neumann, 2006, S. 251).

Bei einer bildhaften Sprache sind Bereiche des limbischen Systems im Gehirn aktiv, was dazu führt, dass Emotionen unmittelbarer spürbar werden. Unsere rationale Sprache sowie unser bewusstes Denken geschieht demgegenüber in der Großhirnrinde (Hüther, 2017). Das Sprechen in Metaphern und Bildern ermöglicht es, die Begrenzungen des bewussten Denkens zu erweitern und den Möglichkeitsraum zu vergrößern.

Die Arbeit mit Metaphern, Bildern und Symbolen gehört zu einer zentralen hypnosystemischen Strategie, insbesondere dann, wenn dies beiläufig im Beratungsgespräch geschieht. Mit beiläufig ist gemeint, dass Metaphern, die Klienten im Gespräch von sich aus anbieten, vom Berater aufgegriffen und für die Initiierung von Suchprozessen genutzt werden. Da die Bilder von den Klienten selbst angeboten werden, fällt es ihnen leichter, in eine innere Kooperationsbeziehung mit dem Berater zu gehen. Die Arbeit mit Metaphern und Bildern ermöglicht ein neues Narrativ, eine neue Wirklichkeitskonstruktion. Aufgabe des Beraters ist es zu pacen, durch Fragen anzuregen sowie die Minimal Cues als zusätzliches Feedback zu nutzen. Dabei ist es hilfreich, Pausen zu lassen, um dem Erlebten Raum zu geben, sich zu entwickeln. So kann ein lebendiger innerer Suchprozess sowie meist eine leichte Trance entstehen.

Mögliches Vorgehen

Ich achte auf vom Klienten angebotene Metaphern, wie z. B. »Kloß im Hals«, »wie eine Mauer zwischen uns«, »wie ein Berg vor mir«, »ein steiniger Weg«, »falle in ein tiefes Loch«, »wie ein Stein vor mir«, »Druck auf der Brust« oder »keine Luft zum Atmen«.

Ich berücksichtige den Kontext, in dem der Klient diese Metapher beschreibt, und schaue, mit welchem Ziel er die Beratung nutzen möchte. Ich hole mir vom Klienten die Erlaubnis, die Metapher aufzugreifen, und lade zu einem Experiment ein, einmal mit diesem Bild spielerisch etwas auszuprobieren.

Wenn Klienten keine eigenen Bilder einbringen, lade ich sie alternativ ein, eine Metapher für ihre Lebenssituation, ihr Anliegen oder Thema zu finden. Manchmal ist es hilfreich, ein paar Beispiele zu geben, damit deutlich wird, was gemeint ist.

Herr L. (38 Jahre) meldet sich zur Lebensberatung und gibt an, sich sehr belastet zu fühlen und unter Selbstzweifeln zu leiden. Seit Wochen erlebt er sich niedergeschlagen und hält sich nach der Arbeit überwiegend in seiner Wohnung auf. Er gibt an, einige soziale Kontakte zu pflegen, die für ihn wichtig sind. In der letzten Zeit kann er sich jedoch nicht dazu aufraffen, seine Freunde anzurufen.

HERR L.: »Ich fühle mich wie ein Fass, in welches immer neues Wasser fließt … und unten ist ein Abfluss mit einem Pfropfen … der nur gelegentlich mal etwas geöffnet wird … das Fass droht ständig überzulaufen und steht unter Druck …«

BERATER: »Ah, sehr interessant … vielleicht könnten Sie das Fass genauer beschreiben …«

HERR L.: »Es ist so ein klassisches Holzfass mit so schwarzen Eisenringen, womit es zusammengehalten wird.«

BERATER: »Und das Wasser sieht wie aus?«

HERR L.: »Irgendwie schmutzig dunkel.«

BERATER: »Können Sie sehen, wo das Fass steht und wie die Umgebung aussieht?«

HERR L.: »Das Fass steht in einer leeren Fabrikhalle … oben sind Fenster … der Himmel ist grau … alles scheint eher grau und dunkel.«

BERATER: »Ah … und während Sie jetzt dieses Bild einmal wirken lassen … wie ist es jetzt?«

HERR L.: »Ich merke gerade einen Druck in der Brust und die Atmung wird ganz schwer …«

BERATER: »… und manchmal ist es so … dass da ein Druck ist … und die Atmung ganz schwer … und man sich noch gar nicht vorstellen kann … dass es mal wieder leichter wird … und es sich angenehmer anfühlt … Dinge sich lösen und lockern … und ich möchte Sie nun einladen … mal neugierig zu sein … auf das, was geschieht … während Sie sich erlauben … jetzt mal ein hilfreiches … vielleicht sogar hoffnungsvolleres Bild entstehen zu lassen.«

HERR L.: »Hm … spontan ist es etwas heller … der Himmel draußen ist teilweise blau und die Sonne scheint etwas in die Halle … es sieht etwas heller aus, ein bisschen.«

BERATER: »Ja, genau … die Sonne scheint etwas in die Halle … und es sieht etwas heller aus … was passiert jetzt?«

HERR L.: »Der Pfropfen von dem Fass wird öfter geöffnet … sodass das Wasser schneller abfließen kann.«

BERATER: »Ja … der Pfropfen wird geöffnet … Wasser kann schneller abfließen … von wem wird der Pfropfen geöffnet … was sehen Sie?«

HERR L.: »Von Freunden.«

BERATER: »Ah … von Freunden … und von wem noch?«

HERR L.: »Ah … ja, von mir … jetzt sehe ich mich … wie ich den Pfropfen zu und wieder auf mache … und das Wasser ist jetzt klarer.«

BERATER: »Interessant … was löst das jetzt bei Ihnen aus?«

HERR L.: »Hm … es ist leichter … ja … Erleichterung.«

BERATER: »Ja … Erleichterung … wie ist es jetzt im Körper?«

Herr L.: »Hier im Brustbereich ist es wieder weiter … und auch die Atmung fließt besser …«

Berater: »Im Brustbereich ist es wieder weiter … und die Atmung kann besser fließen … so ist es gut und wohltuend … was ist jetzt?«

Herr L.: »Es ist, wie wenn es ›klick!‹ gemacht hätte …«

Berater: »Ah, was meinen Sie genau damit?«

Herr L.: »Ja, weil ich jetzt was machen kann … damit das Fass nicht unter Druck kommt …«

Berater: »Sondern?«

Herr L.: »Ja, ich kann regulieren und was dafür tun, dass ich entspannter bin.«

Berater: »Wie ist es jetzt zwischen Ihren Freunden und Ihnen«?

Herr L.: »Wir lachen zusammen … das ist ja ein Ding!«

Berater: »Schön, sehr schön … sodass Sie die Erfahrungen machen … etwas tun zu können … und Einfluss darauf zu haben … Einfluss auf den Abfluss … und Sie sich erlauben können … die Erfahrung mal wirken zu lassen … und bei all dem … was in der letzten Zeit auch schwierig war … kann ein anderer Teil Ihrer Aufmerksamkeit jetzt darauf gerichtet sein … worauf Sie Einfluss haben … manchmal kann sich leicht auch eine innere Stärke einstellen … während es einfach geschehen kann … dass es etwas leichter wird … und man sich wieder mehr verbunden mit anderen fühlen kann … Menschen, die einem wichtig sind … und neugierig zu sein … wo im Körper es spürbar sein wird … und manchmal ist es so … dass diese Erfahrung … weiterhin wirksam sein kann in Ihrem Leben … und dass man jetzt noch gar nicht zu wissen braucht … wann und wo dies geschieht … vielleicht können Sie jetzt wieder ganz wach mit Ihrer Aufmerksamkeit hier im Raum sein … nehmen Sie sich die Zeit … wieder ganz hier zu sein.«

Im Anschluss besprechen wir gemeinsam, wie Herr L. diese Erfahrung erlebt hat und was für ihn hilfreich war. Herr L. hat eine Idee, was er konkret machen könnte. Er möchte sich bald wieder mit zwei seiner Freunde treffen und schon heute Kontakt zu ihnen aufnehmen. Auch die früher regelmäßigen Joggingrunden wird es wieder geben. Herr L. erlebt sich hoffnungsvoller und erleichtert.

3. Teilearbeit im Raum – wie wieder mehr Handlungsfähigkeit erlebt werden kann

Steckbrief

Für wen: Einzelne, ggf. für Paare.
Ziel: Ressourcenaktivierung, Einfluss auf Erleben nehmen und Gestaltungsraum vergrößern.
Material: Eventuell ein Seil.
Einordnung: Basismethode für hypnosystemisch orientierte Beratende; die unterschiedlichen Aspekte des Ansatzes werden in einer Übung gebündelt; für viele Anliegen hilfreich; für Klientinnen und Klienten zum Üben zu Hause geeignet.

Diese Methode konnte ich bei einem Seminar von Gunther Schmidt 2005 in Essen lernen. Ich nenne sie hier *Teilearbeit im Raum,* da ich in der Literatur keinen Hinweis auf eine entsprechende Bezeichnung gefunden habe. Auch gibt es viel kreativen Spielraum, das Vorgehen kontextsensibel zu modifizieren, an die jeweiligen Bedingungen anzupassen und es zu »seiner« Methode zu machen.

Die *Teilearbeit im Raum* gehört aus meiner Sicht zu einer weiteren zentralen Methode hypnosystemischen Arbeitens, mit ihrer Hilfe können viele Aspekte sehr anschaulich, gut verständlich und erfahrungsintensiv miteinander verknüpft werden. Dazu ist es wichtig, den Klienten eine »Produktinformation« zu geben, die Hintergründe und den Ablauf der Methode so zu erklären, dass sie sie gut verstanden haben und sich sicher dabei fühlen. Visualisierungen können dabei hilfreich unterstützen.

Die Grundlagen des Modells beschreibe ich beispielhaft wie folgt, wobei die Erklärung natürlich an den jeweiligen Kontext und Klienten angepasst werden sollte. Auch Visualisierungen sind zur Veranschaulichung der Erklärung sehr hilfreich:

»In Situationen, in denen wir ›ein Problem erleben‹, passiert im Gehirn und Körper etwas anderes als in Situationen, wo es uns gut geht und wir guten Zugang zu uns und unseren Ressourcen haben. Es sind dann jeweils unterschiedliche Bereiche im Gehirn aktiv, man spricht auch von ›neuronalen Netzwerken‹, da die einzelnen Nervenzellen miteinander zu Netzwerken verbunden sind. Die Schwierigkeit ist nun nicht, dass wir uns in einem ›Problemzustand‹ befinden, sondern dass wir nicht bzw. nur schwer steuern können, wieder Zugang zu ressourcenvollen Teilen zu bekommen. Dadurch besteht zwischen beiden Bereichen im Gehirn wenig Kontakt – bzw. geringe neuronale Verknüpfung. Die ist aber notwendig, damit beide Bereiche hilfreich miteinander kommunizieren – mit der Wirkung für uns, unsere Gefühle aus einer Beobachterposition besser steuern zu können. Es geht also nicht darum, Gefühle bzw. Problemzustände ›wegzumachen oder loszuwerden‹, sondern zu nutzen, da jedes Problemerleben Ausdruck von wichtigen Bedürfnissen der Klientin oder des Klienten ist. Hypnosystemische Teilearbeit hat das Ziel, durch Aktivierung der jeweiligen Netzwerke auf zahlreichen Ebenen (sehen, schmecken, fühlen, hören, riechen, Körpergefühle), die neuronale Verknüpfung zwischen den Teilen zu stärken und somit unsere Steuerungsfähigkeit zu erhöhen und uns in unserer Gestaltentenrolle zu stärken.

Sinnesebenen sind beispielsweise Farbe, Form, Symbol, Geräusch, Geruch, Geschmack, Körperkoordination, Atmung, Kontakt zum Boden, Beziehungen zu anderen und zu sich selbst, Temperatur, Gewicht, Enge–Weite, Material, Oberfläche, Raumerleben, Erleben als Tier etc.

Ich werde Sie gleich bitten, sich eines dieser Seile auszusuchen und es hier in den Raum ganz auszulegen. Die beiden Enden stehen jeweils für das ›Problemerleben‹ bzw. ›Lösungserleben‹. Haben Sie bis hierher noch Fragen oder ist es für Sie nachvollziehbar?«

Mögliches Vorgehen

1. Nach sorgfältiger Ziel- und Auftragsklärung biete ich den Klienten als Ich-Botschaft das Teilemodell an: »Wenn ich Ihnen zuhöre, kommt es mir so vor, als wären da ›zwei Seiten‹ in Ihnen … einmal, wenn sich die (z. B. ängstliche) Seite zeigt … und dann sind da wieder viele Situationen, die Sie gut meistern, wo es Ihnen gut geht und wo Sie guten Zugang zu Ihren Fähigkeiten haben … sozusagen eine kraftvolle Seite … können Sie mit diesem Bild etwas anfangen? … es ist nur ein Modell, ein Bild.«
2. Anschließend lade ich den Klienten zu einer Übung ein. Ich bitte ihn aufzustehen und sich im Raum zusammen mit mir ein wenig

zu bewegen. Ich lege dann das Seil auf den Boden, welches sich der Klient zuvor ausgesucht hat. Das eine Ende des Seils steht für einen Ressourcenzustand, das andere für das Problemerleben.

3. Ich lade den Klienten ein: »… vielleicht stellen Sie sich eine Situation vor, wo es Ihnen so richtig gut geht … wo Sie zufrieden sind … und ein Gefühl da ist … aktiv gestalten zu können … und einen guten Zugang zu den Fähigkeiten zu haben … die Sie jetzt brauchen können … und bitte Sie, sich an das ›Ressourcenende‹ des Seils zu stellen …«
4. »Ich mache Ihnen jetzt ein paar Angebote und Sie achten einfach mal darauf … was passiert … vielleicht haben Sie schon eine Situation gefunden … in der Sie sich so richtig kraftvoll fühlen … welche Farbe würde gut dazu passen? … eher etwas Helles, z. B. Blau, oder eher dunkler … eher warm oder kühl? …« Jetzt biete ich viele weitere Sinnesebenen an: »Was für ein Sound oder welche Musik passt dazu? … welcher Geruch kriecht jetzt in die Nase? … wie ist die Atmung? … wie der Kontakt zum Boden? … Sie können sich vielleicht einfach mal so bewegen und eine Körperhaltung einnehmen … wie wenn Sie in Ihrem kraftvollen oder entspannten Erleben sind … wie sind Ihre Schultern … vielleicht finden Sie auch ein dazu passendes Tier? … wie ist das Gewicht des Zustandes? … eher leichter … oder eher schwerer? … fühlt es sich eher enger oder eher weiter an im Brustbereich? … und vielleicht finden Sie eine Form oder eine Gestalt … wie sieht sie genau aus? … aus welchem Material oder Stoff ist diese Gestalt? … und wie ist die Oberfläche … eher glatt oder eher rau? … eher hinter oder vor Ihnen … oder seitlich? … und wie ist der Abstand? …«

Ich hole mir immer Rückmeldung vom Klienten über sein Erleben und pace es, wodurch sich sein Erleben intensiviert. Hilfreich kann es auch sein, dem Klienten beispielhaft ein paar Angebote zu machen, die er dann für sich auf Passung überprüfen kann. So kann ich eine Körperhaltung einnehmen, die für mich z. B. Entspannung zum Ausdruck bringt, der Klient kann dann überprüfen, wie es für ihn passend wäre. Ich muss auch nicht alle oben erwähnten Sinnesebenen abfragen, sondern kann eine Auswahl treffen. Nach einiger Zeit frage ich den Klienten, wie es ihm geht und wie sein Erleben für ihn war.

5. Anschließend bitte ich den Klienten auf dem Seil ans andere Ende zum »Problemerleben« zu gehen. Ich lade ihn ein, sich eine typische Problemsituation vorzustellen. Dann mache ich erneut Angebote auf den verschiedenen Sinneskanälen. Der Klient aktiviert nun willentlich sein Problemerleben. Dabei ist wichtig, den Klienten gut zu beobachten und ihn zu bitten, auf seine Grenze zu achten, und auch ich als Berater muss darauf achten, dass der Klient sein Problemerleben gut steuern kann.
6. Ich bitte den Klienten nun wieder ans Ressourcenende und in den entsprechenden Zustand zu gehen. Ich lade dazu ein, wieder eine Körperhaltung und Atmung zu finden, die dem Ressourcenerleben entsprechen. Dann wiederhole ich meist nochmals die genannten Bilder (z. B. Hellblau, angenehm warm, frisch gemähtes Gras, tiefe Atmung, Weite in der Brust, Leichtigkeit) und hole mir immer wieder Rückmeldung über das Erleben des Klienten.
7. Ich bitte den Klienten nun, einen Schlüsselreiz zu finden, der dafür sorgen würde, wieder im Problemerleben zu sein: »Was müsste passieren? … Wer müsste was machen, dass Sie wieder hier wären?« Nachdem der Klient eine Schlüsselsituation gefunden hat, bitte ich ihn, nochmals langsam ans »Problemende« zu gehen, nochmals in den Zustand zu gehen, sich dabei einen Moment Zeit zu nehmen und zu vergleichen mit dem Erleben, wie es beim ersten Mal war, als er am »Problemende« war. In der Regel erleben Klienten nun mehr Kompetenz als beim ersten Mal. Nun bitte ich den Klienten, langsam aus eigener Kraft und in eigenem Tempo wieder in den Ressourcenzustand zu gehen oder einen passenden Platz auf dem Seil zu finden, wo er gut mit leben kann. Mit folgende Leitfragen begleite ich den Klienten dabei: »Welche kraftvollen Bilder helfen, welche Körperhaltung ist unterstützend und welche Atmung ist förderlich, um wieder in ein Ressourcenerleben zu kommen?« Wenn der Klient dort angekommen ist, biete ich ihm verbale Angebote wie etwa: »Und während ein Teil deiner Aufmerksamkeit jetzt ganz hier in diesem angenehmen Erleben ist … dieser Weite im Brustbereich … der tiefen Atmung … der Duft von frisch gemähten Gräsern … kann ein andere Teil bei dem sein … was manchmal noch schwer ist … und eng … während beides da sein darf … das unglaubliche

Gefühl der Weite … und die Erlaubnis … Abstand zu den Dingen zu haben … und manchmal auch das Schwere … da mit dem Schweren ja auch ein wichtiges Bedürfnis verbunden war … und sich nun mehr und mehr die Erfahrung zeigen kann … auch auf eine andere Art das Bedürfnis befriedigen zu können … sodass es immer leichter werden kann … einen für Sie guten Weg zu finden … wo auch so etwas wie Ruhe einkehren darf … wie ist das für Sie jetzt?«

8. Nun kann ich den Klienten bitten, das Seil mit etwas Abstand zu betrachten, beide »Seiten« aus einer Beobachterposition zu sehen und seine Erfahrung zu beschreiben.

Teilearbeit im Raum gehört in meiner Beratungspraxis als Grundlagenmethode unbedingt dazu. Wichtig ist zunächst, das Ressourcenerleben des Klienten hinreichend aktivieren zu lassen, damit er in einem stabilen inneren Zustand ist. Erst dann sollte ein entsprechendes »Problemerleben« willentlich aktiviert werden. Allein dies empfinden viele Klientinnen und Klienten als erleichternd, da sie nun die Erfahrung machen, Einfluss auf ihr ungewünschtes Erleben zu haben.

4. Hypnosystemische Arbeit mit multikomplexen Anliegen – wie Themen, Gedanken und Gefühle sortiert werden können

Steckbrief

Für wen: Einzelne, ggf. auch für Paare und Familien.
Ziel: Ordnen von Themen, Abstand zum Problemerleben, Ressourcenaktivierung.
Material: Karten und Stifte.
Einordnung: Leicht lernbare Übung; hilfreich am Beratungsbeginn, wenn es schwerfällt, ein Ziel zu entwickeln.

Oftmals sind Menschen, die Unterstützung suchen, mit vielen unterschiedlichen Themen beschäftigt. Sie kommen dann vielleicht mit dem Satz in die Beratung »Ich weiß gar nicht, wo ich anfangen soll«. Meist hängen einige der Themen irgendwie miteinander zusammen, was es Klienten dann erschwert, ihr Anliegen zu konkretisieren, da Sie mit ihrer Aufmerksamkeit hin und her pendeln. Nicht selten sind sie mit ihrem Problemerleben assoziiert und erleben wenig Gestaltungsmöglichkeiten. Die Entwicklung eines inhaltlichen Beratungsziels ist zunächst kaum möglich. Ein Angebot des Beraters kann es sein, die verschiedenen Themen und Anliegen gemeinsam zu sortieren, mögliche Verknüpfungen herauszuarbeiten und dann einen nächsten Schritt zu vereinbaren. Dabei gelangen die Klientinnen in eine ressourcenvolle Beobachterposition, welche einen Unterschied in ihre bisherige Wirklichkeitsbeschreibung schafft.

Mögliches Vorgehen

Ich bitte den Klienten zu überlegen, welche Themen ihn in der letzten Zeit beschäftigen. Dies kann möglichst spontan und ohne langes Nachdenken geschehen. Auch scheinbar belanglose Themen oder »Kleinigkeiten« dürfen benannt werden. Es können angenehme und unangenehme Dinge sein. Manchmal braucht es etwas Zeit, bis das erste Thema gefunden wurde. Ich schreibe alle genannten Themen jeweils auf eine Moderationskarte. Eine andersfarbige Karte beschrifte ich mit dem Vornamen des Klienten und lege diese dann in die Mitte eines Tisches oder noch besser auf den Boden des Raums.

Der Klient wird nun gebeten, die Themenkarten um die Vornamenkarte zu legen, und zwar so, wie er es gerade empfindet. Welche Themen liegen nah, welche weiter weg? Welche haben einen guten Abstand? Welche Karten hängen wie mit anderen zusammen? Hilfreich kann es auch sein, auf die jeweiligen Karten ein passendes Bild oder Symbol malen zu lassen. So werden die einzelnen Themen erlebnisintensiver »aufgeladen« und können besser erspürt werden. Ich bitte den Klienten nun, die einzelnen Karten in wenigen Sätzen kurz vorzustellen.

Nun frage ich, wie es ihm mit dem Kartenbild geht. Meine Aufgabe als Berater ist es, diesen Prozess empathisch zu begleiten:

- »Was fällt Ihnen beim Anblick des Kartenbildes auf?«
- »Was löst das Bild in Ihnen aus?«
- »Welche Resonanz ist im Körper spürbar?«
- »An welcher Stelle sind Sie mit Ihrer Aufmerksamkeit hängengeblieben?«

Nach einiger Zeit lade ich den Klienten zu folgender Annahme ein: »Vielleicht können Sie sich die Vorstellung einer hilfreichen Entwicklung in den nächsten Monaten erlauben. Angenommen, wir haben einige Zeit gemeinsam gearbeitet und ihre Situation hat sich in eine gewünschte Richtung entwickelt. Was würde sich an dem Kartenbild verändern? Was würde gleichbleiben? Was wäre mit den Abständen der Karten zueinander? Welche Karten hätten weniger Bedeutung? Welche würden vielleicht verschwinden? Vielleicht kommen auch neue Themenkarten hinzu? Wie würde Ihr gewünschtes Zielerleben im Kartenbild sichtbar werden?«

Und wieder frage ich nach Resonanzen und lade dazu ein, diese Empfindungen bewusst wahrzunehmen und sich im ganzen Körper ausbreiten zu lassen. Oftmals entstehen nun kraftvolle innere Bilder. Im Anschluss daran begleite ich den Klienten dabei, durch den Wechsel zwischen Problem- und Lösungsbild eine distanzierte Beobachterposition einzunehmen. In der Regel führt dies zu einer Entlastung und mehr Kompetenzerleben.

Exemplarische Tranceeinheit »Sie können sich jetzt erlauben … das angenehme Gefühl … einen guten Abstand zu dem Thema zu haben … einfach genießen … und dabei spüren … wie angenehm es sich im Körper zeigen kann … leicht und frei … und gleichzeitig sind manchmal noch Reste von Druck spürbar … was sehr verständlich ist … weil es Ihnen so wichtig war … mit diesem Thema einen guten Umgang zu finden … und es sich manchmal zeigen kann … dass die besten Absichten … nicht die gewünschten Wirkungen zeigen … und dass Sie nun die Erfahrungen machen können … mit einem hilfreichen Abstand viel wirkungsvoller gestalten zu können … und auch zu klären … wer wofür verantwortlich ist … und was Ihr Part dabei sein kann … und vielleicht merken Sie … wie wohl Ihrem Körper dabei ist … und manchmal entstehen schon erste Ideen … für einen nächsten Schritt … und manchmal braucht es noch eine Nacht … um darüber zu schlafen … und während das Unbewusste jetzt schon weiß, was das Bewusste noch nicht weiß.«

Während dieser Arbeit hole ich mir immer Rückmeldung vom Klienten oder erhalte sie durch seine Minimal Cues automatisch. Diese

Rückmeldungen pace ich und schaue, was der Klient damit macht. Dann entscheide ich, welche Aspekte und Inhalte ich wieder aufgreife. So entsteht ein erlebnisintensiver innerer Suchprozess.

Nun kann entwickelt werden, in welchem Bereich des »Kartennetzwerks« eine Veränderung am leichtesten machbar wäre. Es können erste konkrete Ziele besprochen werden und dabei in entsprechenden Zwischenschritten auch die Auswirkungen auf die anderen Karten berücksichtigt werden.

Im Vordergrund dieser Arbeit steht der innere Aushandlungsprozess des Klienten und weniger eine schnelle inhaltliche Arbeit. Durch den Einbezug der Themenkarten kann Abstand geschaffen werden. Innere Suchprozesse werden initiiert und können Veränderungsimpulse auslösen. Aus Chaos entsteht Ordnung (von innen nach außen und wieder neu nach innen). Und aus Enge kann Weite werden, was oftmals die Bedeutung der Inhalte verändert und Neues entstehen lässt.

Hinweis: Auch ohne die Tranceeinheit ist diese Arbeit eine wirksame Unterstützung bei der Sortierung von Anliegen und Entwicklung von Zielen.

5. Analogien – wie Sprache ganz beiläufig genutzt werden kann

Steckbrief

Für wen: Für alle Klienten.

Ziel: Nutzen von bereits gemachten Lernerfahrungen, Ressourcenaktivierung.

Material: Nicht erforderlich.

Einordnung: Bildhafte Sprache aktiviert unbewusste Ressourcen; multifunktional nutzbar.

Der Begriff »Analogie« lässt sich aus dem lateinischen »analogia« herleiten und bedeutet so viel wie »Entsprechung, Ähnlichkeit, Gleichheit von Verhältnissen«. Analogien beschreiben Ähnlichkeiten zwischen zwei unterschiedlichen Dingen und stellen einen Zusammenhang her, was beraterisch genutzt werden kann. Hilfreich sind Analogien, wenn sie einen bereits gemachten Lernprozess aus der Rückschau beschreiben. So können Lernerfahrungen, die bereits lange zurückliegen, als Ressourcenerfahrung aktiviert werden und für ein aktuelles Beratungsziel genutzt werden. Diese Erfahrungen beschreiben die Geschichte eines erfolgreichen Lernprozesses und fokussieren auf Copingstrategien, um sie dann in die aktuelle Lebenssituation einfließen zu lassen. Dabei werden nebenbei die Bestrebungen des Klienten nach Autonomie gewürdigt. Wichtig ist ein guter Rapport und ein entsprechendes Pacing während des Wählens und ggf. Erzählens einer Analogie und das Nutzen von analogen Markierungen. Ein Erzählen der Analogie mithilfe hypnosystemischer Sprachmuster kann eine leichte Trance erzeugen und dadurch die Erfahrung noch intensivieren.

Passende Analogien können beispielsweise sein: die Geschichte vom Laufenlernen, vom Fahrradfahrenlernen oder vom Schwimmenlernen.

Analogien können an vielen Stellen in einem Beratungsprozess genutzt werden. Hilfreich ist, wenn die Beraterin einen guten Kontakt zu ihrer Intuition pflegt, eine gute Beobachterin ist und darauf achtet, in welchen Situationen es im Prozess um Lernen und neue Erfahrungen gehen könnte.

»Stell dir vor … wie es war … als du noch nicht laufen konntest … am Anfang wurdest du nur getragen … oder konntest nur liegen … und mit der Zeit konntest du ein wenig robben … später gelang es dir immer leichter, zu krabbeln … und so konntest du dich nach und nach immer selbstständiger fortbewegen … dann hast du dich vielleicht am Tisch hochgezogen und konntest stehen … welch ein Ausblick … vielleicht auch Stolz … dann wolltest du den ersten Schritt machen … und plumps … bist vielleicht hingefallen … und, hast du dir dann gedacht … dann lern ich eben nicht laufen? … nein, du hast es wieder versucht … und immer wieder … und mit der Zeit klappte es immer besser … und du wurdest immer sicherer … und Vertrauen entwickelte sich … von ganz allein … und, denkst du heute noch darüber nach, wenn du läufst? … nein, heute läufst du ganz selbstverständlich … und sicher … und kannst es ganz allein … und so ist es manchmal auch mit der Ängstlichkeit … dass du dich nach und nach immer sicherer fühlst …

und wie von selbst die Dinge tust ... die du jetzt noch nicht tust ... und dass es von ganz allein ... immer leichter wird ... ganz automatisch ... und immer mehr Sicherheit da ist ... einfach großartig!«

Die Beraterin beobachtet währenddessen genau, wie der Klient auf ihre Angebote reagiert, verändert sie ggf. über ein Pacing, sodass er ankoppeln kann. In der Regel entsteht dabei eine leichte Trance. Der Klient kann durch die Analogie – hier eine Art Film bzw. die Geschichte vom Laufenlernen – frühe Entwicklungserfahrungen für die Bewältigung einer aktuellen Situation nutzen. Milton Erickson beschreibt dies als »Early-Learning-Experience-Induktion« (Bierbaum-Luttermann und Mrochen, 2019, S. 38).

6. Entwicklung einer Bildergeschichte in drei Akten – wie Bilder zu einer Erzählung der Veränderung werden

Steckbrief

Für wen: Einzelne, Paare, Familien und Teams.
Ziel: Aktivieren unbewusster Ressourcen und Stärkung der Beziehungen.
Material: Blankokarten, Buntstifte und ein Tacker.
Einordnung: Leicht in der Anwendung, Klienten gestalten etwas, das sie mitnehmen können, was die Ankerwirkung verstärkt. Diese Methode habe ich ursprünglich für die Arbeit mit Familien und Paaren entwickelt, sie kann aber auch im Einzelsetting sinnvoll sein.

Mögliches Vorgehen im Familiensetting

Jedes Familienmitglied erhält vier weiße Karten und genügend Buntstifte. Anschließend lade ich dazu ein, auf die *erste Karte* ein Bild oder ein Symbol dafür zu malen, wie aktuell die Familiensituation erlebt wird. Das kann ganz unterschiedlich geschehen. Es können konkrete Bilder, Strichmännchen, Landschaften, abstrakte Figuren oder Symbole gemalt werden. So, wie es für jeden passend ist. Und jeder kann sich die Zeit nehmen, die er dafür benötigt. Nun bitte ich jeden Einzelnen, eine Überschrift für das gemalte Bild zu finden.

Auch hier ermuntere ich, lieber spontan zu sein und es sich leicht zu machen, als die »perfekte« Überschrift finden zu wollen.

Auf die *zweite Karte* soll nun jedes Familienmitglied ein Bild oder ein Symbol für eine Ressourcensituation malen. Eine Situation, in der sie sich miteinander verbunden gefühlt und eine schöne gemeinsame Erfahrung gemacht haben oder wo in der Familie etwas Bedeutsames und Schönes geschehen ist. Jeder bemalt die Karte auf seine Art und Weise und in der Zeit, die er dafür benötigt. Auch für die zweite Karte soll wieder eine Überschrift gefunden werden.

Ich lade die Familienmitglieder nun zu folgender Annahme ein: »Vielleicht könnt ihr euch vorstellen, ein halbes Jahr ist vergangen und ihr seid als Familie auf einem guten Weg. Nicht alles ist gelöst, doch manches hat sich zum Positiven verändert und einiges konnte sich klären. Vielleicht findet ihr auf der *dritten Karte* ein Bild oder Symbol dafür und wieder eine Überschrift.«

Im Anschluss daran werden die drei Karten auf den Boden chronologisch hintereinandergelegt. Die Ressourcenkarte liegt ganz links, die Zukunftskarte liegt ganz rechts und die für die aktuelle Familiensituation in der Mitte. Jetzt bitte ich die Familienmitglieder, sich einen Moment Zeit zu nehmen, und lade dazu wie folgt ein:

»Während du vor dir nun die drei Karten gut sehen kann … nimm dir die Zeit … und erlaube dir eine Bildergeschichte deiner Familie entstehen zu lassen … mit einem Anfang … und einem Ende … und dem, was gerade dazwischen ist … schau, was ist passiert … um von einen Bild zum anderen zu kommen … und während es interessant sein kann … was die Geschichte in dir auslöst … lass dir Zeit … und gib dem Raum, was jetzt geschieht … manchmal ist auch im Körper etwas spürbar … und schau mal … wie es ist … wenn du mehr auf einen Teil der Geschichte fokussierst … und wie es ist … die Geschichte als Ganzes zu betrachten … und nun sei neugierig … wenn es darum geht … einen Titel für die Familiengeschichte zu finden … wie könnte diese Geschichte heißen? Was passiert in deiner Geschichte? Worum geht es dort? Und was ist Hilfreiches geschehen? … und wenn du einen Titel gefunden hast … kannst du ihn auf die vierte Karte schreiben … schau, in welcher Farbe ist der Schriftzug … wie ist die Schriftgröße und Form?«

Wenn alle fertig sind, tackere ich die vier Karten an der Seite zu einem kleinen Heftchen zusammen. Oben auf das Deckblatt mit dem Titel, dann die Karte mit der Ressourcensituation, dann die aktuelle Situation und ganz hinten die Zukunftskarte. Ich lade die Familienmitglieder nun ein, dass jeder seine »Familiengeschichte« erzählt, während die anderen nur zuhören. Interessant ist es, die Geschichte in der dritten Person erzählen zu lassen: »Meine Geschichte handelt von einer Familie …« So hat der Erzähler mehr Distanz zu den Inhalten, was dazu führen kann, unverfänglicher wichtige Themen und damit verbundene Emotionen der Familie benennen zu können. Daran kann dann im Verlauf leichter angeknüpft werden.

Meine Aufgabe als Berater ist es, dabei behutsam zu begleiten und den Erzähler zu unterstützen, wenn der Erzählfluss ins Stocken gerät. Manchmal wird auch so schnell erzählt, dass kaum ein innerer Prozess entstehen kann. Dann ist es hilfreich, das Tempo durch Nachfragen zu reduzieren. So kann z. B. gefragt werden, was geholfen hat, die Krisensituation zu bewältigen. »Was wären erste kleinste Anzeichen für eine Entwicklung in Richtung Zielbild, was wäre anders?« Auch zirkuläre Fragen sind dann hilfreich: »Was denkst du, was würden die jeweils anderen Familienmitglieder dazu sagen?« Spannend kann auch sein, wer die Hauptrolle spielt und wer Statist ist; und wann die Rollen vielleicht gewechselt werden. Wichtig ist, dass die anderen nur zuhören und die Geschichten wirken lassen. Der Berater entschleunigt diesen Prozess und nutzt Sprachmuster, sodass das Erlebte genügend Raum bekommt und sich ausbreiten kann.

Nachdem alle ihre Geschichte vorgestellt hat, gibt jeder eine Rückmeldung, wie er die Geschichten erlebt hat. Dabei ist wichtig, die Geschichten nicht zu bewerten im Sinne von »richtig« oder »falsch«.

Den Prozess unterstützen können z. B. folgende Leitfragen:

Leitfragen zu Bildergeschichten:

- Was lösen die Geschichten in dir aus?
- Was freut dich an den Geschichten?

- Was überrascht dich daran?
- Und was stimmt dich nachdenklich?
- Und wo im Körper ist jetzt eine Resonanz spürbar?

Diese Arbeit kann Familien dabei unterstützen, die jeweils unterschiedlichen Erzählungen der einzelnen Familienmitglieder kennenzulernen. Auch die jeweiligen Veränderungswünsche werden thematisiert. Durch das Medium des Malens und des Erzählens werden unwillkürliche Suchprozesse initiiert. Wichtig ist, den Prozess durch behutsames Nachfragen und entsprechendes Pacing zu verlangsamen. So kann ein intensiveres Erleben entstehen. Diese Arbeit kann bei Bedarf leicht durch ein bis zwei weitere Karten ergänzt werden, sodass aus drei Akten dann eine Familiengeschichte in vier oder fünf Akten entsteht.

7. Ressourcentransfer – wie eine BMX-Leidenschaft beim Abitur zum Erfolg helfen kann

Steckbrief

Für wen: Einzelne.

Ziel: Angst als Botschafterin von Bedürfnissen nutzen, Ressourcenaktivierung und Transfer, hier am Beispiel Prüfungsangst.

Material: Nicht erforderlich.

Einordnung: Trancearbeit erfordert Übung, in vielen Varianten möglich; schöne Möglichkeit, unbewusstes »Material« zu nutzen; ist auch mit weniger Tranceelementen für Einsteiger sinnvoll.

Mögliches Vorgehen bei Prüfungsangst

Bei Angsterleben in Prüfungskontexten eignen sich hypnosystemische Verfahren besonders gut. Auch hier gibt es viele verschiedene Möglichkeiten, Betroffene wirksam zu unterstützen. Grundlegendes Ziel ist es, einen guten Umgang mit der Prüfungsangst zu ermöglichen und sie als Botschafterin von wichtigen Bedürfnissen zu würdigen (Häublein, 2018). Es geht also nicht darum, die Angst loszuwerden, sondern sie zu nutzen.

In der hypnosystemischen Beratung bei Prüfungsangst ist vorab diagnostisch zu klären:

1. Ist der Klient grundsätzlich in der Lage, entsprechende Leistungen zu erbringen, um die Prüfung gut zu bestehen? Hat er den Lernstoff gelernt und verstanden, um ihn grundsätzlich in der Prüfung abrufen zu können?
2. Welche Lernstrategien hat der Klient? Lernt er regelmäßig oder nur einen Tag vor der Prüfung? Fällt es ihm eher leicht zu lernen oder lernt er eher unwillig? Wie kann er sich strukturieren beim Lernen? Und wie kann er sich konzentrieren?
3. Welchen Anspruch hat er an sich? Will er »perfekt« sein oder reicht »gut genug«?
4. Wie kann er entspannen und sich etwas Gutes tun?
5. Wie ist die Motivation, diese Prüfung zu schaffen? Wofür und für wen ist dies wichtig? Was wären die Auswirkungen, wenn es ihm gelingt bzw. nicht gelingt?
6. Wie ist der genaue Kontext? Wie die aktuelle Lebenssituation und in welcher Entwicklungsphase befindet sich der Klient? Was würde passieren, wenn ihm die bevorstehende Prüfung gelingen würde? Und was, wenn nicht?
7. Wie ist die Situation in Schule, Ausbildungsbetrieb, Universität etc.?
8. Wie erlebt er seine Lernbiografie und was bedeutet Lernen für ihn?

Erst danach wird genau geschaut, ob überhaupt und wenn ja, welches hypnosystemische Vorgehen sinnvoll erscheint.

Hierzu einige grundlegende Ideen:

- Angst als normale und lebensnotwendige Reaktion unseres Organismus beschreiben. Hier jedoch mit ungewünschten Auswirkungen.
- Übersetzung des Angsterlebens als ein Hinweis auf ein Bedürfnis: z. B. nach Sicherheit und Wohlbefinden.
- Daraus lässt sich ein mögliches Ziel ableiten: gute Balance aus Gelassenheit und Konzentrationsfähigkeit, Vertrauen in sich selbst, die Prüfung gut genug zu bestehen. Um eine Prüfung gut zu schaffen, brauche ich ein angemessenes Maß an positiver Erregung, d. h. die Fähigkeit, meine Aufmerksamkeit für

eine bestimmte Zeit zu fokussieren und mich zu konzentrieren. Gleichzeitig ist eine relative Gelassenheit hilfreich, statt es »perfekt machen zu wollen«. Erst dann können die meisten Menschen ihre Leistung »gut genug« (!) abrufen und sind zufrieden.
- Ausführliche Beschreibung der Auswirkungen, verbunden mit der Frage, ob diese auch gewünscht sind.
- Jetzt suche ich mit dem Klienten nach Erfahrungen in seinem Leben, in denen er genau dieses Erleben intensiv wahrgenommen hat: »Schau mal, in welchen Situationen hast du genau diese Erfahrung gemacht, die du jetzt brauchen kannst?« Oft sind es Erlebnisse im sportlichen Bereich, andere Freizeitaktivitäten, Naturerfahrungen, Erlebnisse aus dem Urlaub oder auch bereits bestandene Prüfungen. Hilfreich ist es, eine Erfahrung mit möglichst hoher emotionaler Ladung zu finden.

Nun gibt es viele verschiedene sinnvolle hypnosystemische Vorgehensweisen. Es geht dabei immer darum, die Ressourcenerfahrung auf verschiedenen Sinnesebenen zu aktivieren und somit neuronale Netzwerke zum »Feuern« anzuregen, um sie dann imaginativ in die gewünschte Prüfungssituation fließen zu lassen. Gleichzeitig ist es bedeutsam, das Leidvolle als Lösungsversuch zu würdigen. Wichtig ist vorab immer, das gewünschte Ziel und die entsprechenden Auswirkungen auf vielen Ebenen möglichst genau beschreiben zu lassen, damit sich die nachfolgende Trancearbeit darauf beziehen kann.

Maurice (17 Jahre) lebt gemeinsam mit seinen Eltern und seinem Bruder (15 Jahre) in einer Kleinstadt. Er hat seit einem Jahr eine Partnerin und drei beste Freunde. Maurice kann sich sein Angsterleben nicht erklären. Er war immer ein guter Schüler und auch sonst gehe es ihm gut. Das Verhältnis zu seinen Eltern beschreibt er als entspannt. Im Vorgespräch gibt es keine Hinweise auf Besonderheiten, eigentlich könnte Maurice seine Abiturprüfung gut meistern. Er möchte gern Sport und Mathe studieren und später Lehrer werden. In der letzten Zeit kommen ihm jedoch Zweifel, da er Angst verspürt, die Prüfung nicht zu schaffen. Er fühlt sich dann ganz verkrampft und im Kopf wie blockiert. Seine Eltern erklären ihm, dass seine Angst nicht »nötig« sei, was sein Angsterleben jedoch noch vergrößert. Maurice möchte in der Beratung lernen, sich selbst und seinen Fähigkeiten mehr zu vertrauen. Er möchte sich sicherer fühlen und trotz der Prüfungsvorbereitungen auch entspannen und Spaß haben können.

BERATER: »Ich habe jetzt verstanden, dass dein Ziel ist, dir selbst mehr zu vertrauen und dich sicherer zu fühlen, die Abiturprüfung schaffen zu können«.
MAURICE: »Ja, genau!«
BERATER: »Woran würdest du merken, dass dies so ist?«
MAURICE: »Hm ... Ich wäre ruhiger und mein Kopf wäre freier.«
BERATER: »Und was wären die Auswirkungen davon?«
MAURICE: »Ich könnte mich besser aufs Lernen konzentrieren.«
BERATER: »Wie genau würde das dann aussehen?«
MAURICE: »Ich würde mir einen Lernplan machen, Pausen einplanen und aufhören, wenn die geplante Zeit vorbei ist«.

Das Zielerleben, der Weg dahin und die Auswirkungen würde ich jetzt in einer echten Sitzung noch ausführlicher beschreiben lassen, damit werden Suchprozesse gebahnt.

BERATER: »Maurice, ich möchte dich einladen, einmal zu schauen: Wo in deinem Leben kennst du die Erfahrung von Sicherheit und Vertrauen in dich selbst? Und es wäre hilfreich, wenn es etwas wäre, was dir so richtig Freude bereitet.«
MAURICE: »Da fällt mit spontan mein BMX-Rad ein. Ich fahre mit Till, meinem besten Freund, sehr gern mit dem BMX-Rad.«
BERATER: »Super! Dann wäre mein Vorschlag, dass wir diese Erfahrung jetzt ein wenig aktivieren, damit du sie auch in der Prüfung und der Vorbereitung gut nutzen kannst. Im Prinzip hättest du dein Rad dann dabei. Wie wäre das?«

An dieser Stelle gibt es viele verschiedene hypnosystemische Methoden. Ich stelle Ihnen hier eine eher klassische Trancearbeit vor. Wichtig ist, das genaue Vorgehen zu erklären und den Ablauf zu beschreiben, damit Maurice weiß und versteht, was geschieht.

Berater: »Ich lade dich ein … dir es einmal bequem zu machen … und darauf zu achten … wo dein Körper Kontakt mit dem Stuhl hat und wo deine Füße den Boden berühren … nimm ein paar leichte Atemzüge … und erlaube deinen Augenlidern, sich sanft zu schließen … wenn es für dich angenehm ist … und bei jedem Ausatmen … kann sich die Entspannung noch vertiefen … und sich so eine Leichtigkeit einstellen … wie von selbst … und nun möchte ich dich einladen … in deiner Vorstellung zu deinem BMX-Rad zu gehen … und eine besonders angenehme Situation auszuwählen … in der ganz viel Sicherheit, Vertrauen in dich … und Spaß dabei ist …«

Maurice: »Ich sehe … wie wir mit den Rädern durch den Wald fahren …«

Berater: »Schön … mit den Rädern durch den Wald … erlaube dir mal zu schauen, was genau zu sehen ist.«

Maurice: »Wir fahren durch den Wald … ein Laubwald … jetzt stehen wir am Waldrand, rechts eine Lichtung … neben uns ein kleiner Bach«.

Berater: »Sehr schön … vielleicht kannst du dich und dein Rad jetzt genau beschreiben?«

Maurice: »Mein Rad ist blau mit schwarzer Gabel … ich trage eine kurze schwarze Hose … hellblaues T-Shirt … Helm und Knieschutz … und schwarze Sportschuhe.«

Berater: »Und wie ist das Wetter?«

Maurice: »Blauer Himmel, Sonnenschein und angenehm warm.«

Berater: »Ja, blauer Himmel … Sonnenschein und angenehm warm … und was ist zu hören?«

Maurice: »Das Zwitschern der Vögel … das Plätschern des Baches … leichtes Blätterrauschen.«

Berater: »Und du einfach mal die angenehme Wärme auf der Haut spüren kannst … das Zwitschern der Vögel … leichtes Blätterrauschen … was ist es jetzt für ein Gefühl?«

Maurice: »Total angenehm und entspannend.«

Berater: »Wie schön … und du dir erlauben kannst, zu genießen … dieses angenehme Gefühl der Entspannung … und es sich im ganzen Körper ausbreiten kann … wie ist es jetzt?«

Maurice: »Krass … mein Bauch ist total locker und warm … der Kopf ganz frei … und sehr entspannend.«

BERATER: »Sehr gut ... was passiert jetzt in deinem Bild?«

MAURICE: »Ich fahre jetzt los ... den Berg hinunter ... der Fahrtwind ... echt schnell ... jetzt komme ich an eine kleine Rampe ... ein unglaubliches Gefühl.«

BERATER: »Was für ein Gefühl?«

MAURICE: »Ganz viel Spaß ... und ich habe das so oft gemacht ... und immer wieder ist es super ... cool.«

BERATER: »... und du hast das so oft gemacht ... der Kopf ganz frei ... das Zwitschern der Vögel ... den Berg hinunter ... der Fahrtwind ... die angenehme Wärme ... und schon so oft gemacht ... einfach ein unglaubliches Gefühl ... was passiert jetzt?«

MAURICE: »Ich fühle mich super ... ich mache den Sprung über die Rampe ... halte den Lenker fest ... und komme sicher wieder auf den Boden ... ja ... einfach super ...«

BERATER: »Super ... und während du dir jetzt erlauben kannst ... all diese Erfahrungen ... zu genießen ... und zu spüren ... wie sicher und souverän du mit deinem Rad im Wald unterwegs bist ... kann mehr und mehr die Neugierde wachsen ... wie es ist ... auch in anderen Bereichen in deinem Leben ... wo vielleicht in der nächsten Zeit eine Anforderung ansteht ... diese Erfahrung ... dir selbst vertrauen zu können ... sich zeigen kann ... wie ist es jetzt«?

MAURICE: »Einfach schön.«

BERATER: »Und du jetzt einmal neugierig sein kannst ... den Maurice zu sehen ... und die ganze Erfahrung aus dem Wald ... mit seinem BMX-Rad ... mit in einen Lerntag zu nehmen ... die Sicherheit ... die Leichtigkeit ... und das Vertrauen in sich selbst ... und manchmal entstehen dann noch ganz neue Motivationen ... vielleicht kannst du mal beschreiben, was du siehst?«

MAURICE: »Interessant ... ich sehe einen Maurice ... der lockerer ist ... aufrecht ... der Schreibtisch ist aufgeräumt und nur die Dinge liegen dort ... die er braucht ... ein Glas Wasser ...«

BERATER: »Was ist es für ein Gefühl?«

MAURICE: »Viel leichter ... und hoffnungsvoller ... oh, gerade merke ich, wie warm es sich anfühlt ... angenehm warm.«

BERATER: »Wie schön ... und dass sich mehr und mehr die Erfahrung zeigen kann ... Zutrauen in die eigenen Fähigkeiten zu gewinnen ... und während sich manchmal auch der unsichere Teil noch zeigen darf … der den Maurice daran erinnert, sich selbst vertrauen zu können … was sehr verständlich ist … kann gleichzeitig mehr und mehr auch der Teil in Maurice wirksam sein … der ihn in seinen Autonomiebestrebungen unterstützt … Verantwortung zu übernehmen … seinen Wunschberuf zu erlernen … Lehrer zu werden … und sich auf den Weg zu einem jungen erwachsenen Mann zu machen … wie ist das für dich?«

MAURICE: »Gut … und interessant … ja … vielleicht brauche ich noch etwas Mut, um den Schritt zu machen …«

BERATER: »Welchen Schritt?«

MAURICE: »Ja, mich von meinen Eltern zu lösen … und Verantwortung für mich zu übernehmen.«

BERATER: »Und, möchtest du es denn und traust du es dir zu?«

MAURICE: »Spannend … ja, ich möchte es und traue es mir zu … ich habe da so noch nie drüber nachgedacht.«

BERATER: »Maurice … ja, das ist sehr interessant … und es darf auch erst einmal nachwirken … und sich die Zeit nehmen … die es braucht … in Ruhe nachzuwirken … sodass etwas in Bewegung kommen kann … und gleich werde ich dich bitten, mit deiner Aufmerksamkeit wieder hierher in den Raum zu kommen … du kannst noch einen Moment die Erfahrung genießen … und im Körper einen Ort finden … wo du die Erfahrung abspeichern kannst … und darauf vertrauen … sie wieder abrufen zu können, wenn es hilfreich ist … und ich möchte dich bitten … dich langsam von deiner ›Reise‹ zu verabschieden … dir die Zeit zu nehmen, die du dafür brauchst … um dann ganz wach wieder hier im Raum zu sein … manchen hilft es sich zu recken … die Augen zu öffnen … und ein paar tiefe Atemzüge zu nehmen … um dann wieder ganz wach hier zu sein.«

Nachdem Maurice wieder ganz wach im Raum ist, kann er über seine Erfahrung sprechen.

Hilfreich ist es ebenso, das Erlebte nachwirken zu lassen und beim nächsten Termin nochmals aufzugreifen. In der Arbeit mit Maurice wird deutlich, wie sehr der entwicklungspsychologische Kontext bedeutsam sein kann. In der Phase des Übergangs vom Jugendlichen zum Erwachsenen ist es hilfreich, dass dieser Kontext vom Berater mitgedacht und bei Bedarf mit einbezogen wird, so wie in der Trance geschehen. In Übergängen liegt oftmals ein großes Energiepotenzial, das auf diese Weise genutzt werden kann.

8. Arbeit mit Bildkarten – wie unwillkürlich hilfreiche innere Prozesse entstehen

Steckbrief

Für wen: In dieser Form besonders für Einzelne geeignet, modifiziert auch für Paare.
Ziel: Aktivieren unbewusster Ressourcen.
Material: Diverse Bildkarten, Karten mit Naturaufnahmen sind gut geeignet.
Einordnung: Mit etwas Übung leicht durchzuführen; vor allem das Unbewusste arbeitet.

Die Arbeit mit Bildkarten ist sehr beliebt und kann auf sehr unterschiedliche Art und Weise genutzt werden. Oftmals werden sie als Einstieg in Beratungssitzungen, Seminare oder Supervisionen genutzt. So können sich die Beteiligten beispielsweise eine Karte auszusuchen, die gerade zu ihrem Befinden passt. Im Anschluss stellt sich jeder mit seiner Karte vor und beschreibt damit sein Erleben, was dazu führen kann, leichter in der gemeinsamen Sitzung anzukommen und sich über ein Medium mitzuteilen.

Die hypnosystemische Arbeit mit Bildkarten bietet darüber hinaus den Mehrwert, dass durch das Betrachten der Bilder Suchprozesse initiiert werden, die mit Blick auf das Ziel des Klienten systematisch genutzt werden können. Nach meiner Erfahrung haben sich besonders Bildkarten mit unterschiedlichen Naturaufnahmen bewährt.

Besonderheiten in der Arbeit mit Bildkarten:

- Es entstehen unwillkürliche innere Suchprozesse.
- Assoziationen geschehen von selbst.
- Veränderungen entstehen spontan, und es kommt etwas Neues dazu.
- Die Beschäftigung mit zentralen Themen wird leichter und schneller möglich.

- Der Aufmerksamkeitsfokus verschiebt sich von außen nach innen und von kognitiv zu emotional.
- Zuvor unbewusste Ressourcen können entdeckt und erfahren werden.
- Es entsteht ein intensives Erleben auf den Sinneskanälen.
- Gefühle werden wie von selbst externalisiert.

Mögliches Vorgehen am Beispiel einer Karte mit einem Strandbild

1. Der Berater lädt den Klienten dazu ein, an sein Beratungsanliegen bzw. Thema zu denken und diesem innerlich einen Namen und vielleicht auch eine Farbe oder ein Symbol zu geben. Auch eine körperliche Resonanz kann hilfreich sein. Wichtig ist, nur kurz oder gar nicht darüber zu reden. Das ist bei der Ziel- und Auftragsklärung bereits hinreichend geschehen und soll nun nicht erneut Raum bekommen.
2. Der Klient wird gebeten, sich die im Raum ausgelegten Bildkarten ganz in Ruhe anzuschauen und gern auch umherzulaufen, um nochmals eine andere Perspektive zu bekommen. Nach einiger Zeit ermuntert der Berater den Klienten, sich eine für ihn ressourcenreiche Bildkarte auszusuchen und dann mit auf seinen Platz zu nehmen. Man könnte es noch konkretisieren und eine Karte suchen lassen, die zum gewünschten Zielerleben passt.
3. Der Berater bittet den Klienten nun, etwas über die Karte zu erzählen:

   Berater: »Erzählen Sie etwas über die ausgesuchte Karte …, was Ihnen gerade dazu einfällt.«

   Klient: »Ich sehe das Meer und diese Weite. Da ist ein weiter Strand und ich stelle mir gerade vor, wie es ist, dort mit meinen nackten Füßen herzulaufen. Ja, Freiheit, ein Gefühl von Freiheit. Und die warme Sonne.«

   Der Berater notiert auf einem Schreibblock währenddessen bedeutsame Schlagworte (»Meer, Weite, Sand unter Füßen, Gefühl von Freiheit«), beobachtet Körperbewegungen und Atmung und paced durch wörtliches Wiedergeben der Schlagworte den Klienten.

BERATER: »... das Meer und diese Weite ... der Sand unter den Füßen ... ein Gefühl von Freiheit ... die warme Sonne auf der Haut.«

Der Berater regt nun immer wieder an, zu formulieren, was jetzt passiert, was im Körper spürbar ist, und lässt die verschiedenen Sinneskanäle Sehen, Hören, Fühlen, Riechen, Schmecken (VAKOG: visuell, auditiv, kinästhetisch, olfaktorisch, gustatorisch) beschreiben. Mehr und mehr entsteht nun im Klienten ein intensives Ressourcenerleben und auch beim Berater eine leichte Trance.

Er oder sie ermuntert nun den Klienten zu freien Assoziationen und holt sich immer wieder Rückmeldung, was beim Klienten gerade passiert: »Wie ist es jetzt? Was passiert gerade? Vielleicht entsteht etwas Neues? Wie ist es jetzt im Körper?« Es ist oftmals hilfreich, nochmals die Schlagworte zu wiederholen und sie mit jeweils passenden Bindewörtern wie »und, während, oder, gleichzeitig, vielleicht, sowohl als auch« zu verknüpfen. Durch die Nutzung der Sowohl-als-auch-Logik statt der Entweder-oder-Logik werden die Begrenzungen des bewussten Denkens erweitert und das innere Ressourcenerleben intensiviert. Wichtig ist, den Klienten genau zu beobachten, die körperlichen Prozesse und das Erleben auf den Sinneskanälen beschreiben zu lassen und sich immer wieder ein Feedback zu holen, wie es dem Klienten gerade geht. Auch Minimal Cues können aufgegriffen und gepaced werden: »Das leichte Lächeln in Ihrem Gesicht und wie die Schultern sich lockern. Was ist jetzt bei Ihnen?«

4. Nun können die inneren Prozesse durch das Beschreiben der Nah- (Fühlen, Riechen, Schmecken) und Fernsinne (Sehen und Hören) im Wechsel (»overlapping«) nochmals intensiviert werden:

»... und während das Rauschen des Meeres ... vielleicht ein Gefühl von Ruhe und Sicherheit auslöst ... ist es manchmal so ... dass der Geruch der frischen Gräser mich daran erinnert ... im Urlaub zu sein ... Zeit für mich zu haben ... und dabei zu genießen ... wie schön es sein kann ... den Möwen am Strand einfach nur zuzuhören ...«

5. Nach einiger Zeit lädt der Berater den Klienten ein, den Blick langsam auf sein Anliegen zu richten:

   »Und während ein ›Teil‹ schon ein wenig diese angenehme Weite des Meeres auch im Brustbereich spüren kann … und dabei merkt … wie wohltuend es ist … sich von Dingen zu lösen … um das zu spüren … was jetzt wichtig ist … kann ein anderer ›Teil‹ noch damit beschäftigt sein … was auch manchmal noch schwer ist … und dass beides da sein darf … und neue Prozesse angestoßen werden … während gleichzeitig spürbar ist … wie wohltuend und befreiend es sein kann … einmal loszulassen …«

   Aus hypnosystemischer Sicht ist dabei bedeutsam, dass zwischen dem Lösungs- und Problemerleben gependelt wird und Aufmerksamkeit auf beide inneren Zustände gerichtet wird. Der Berater fragt nun den Klienten, wie es ihm jetzt mit seinem Anliegen geht. Wie sieht das Symbol aus, wie die Farbe und was sagt der Körper?
6. Berater und Klient werten die gemeinsame Arbeit aus. Der Klient hat die Möglichkeit, Rückmeldung über seine Erfahrung zu geben. Manchmal kann zum Abschluss noch ein kraftvoller Satz wie beispielsweise »Ich achte auf mich« oder ein anderer Anker gefunden werden.

Arbeit mit Bildkarten in dieser Form eignet sich besonders im Einzelsetting. Im Mehrpersonensetting können die jeweiligen Prozesse nicht in der gleichen Form begleitet werden, sondern bleiben allgemeiner. Dennoch kann diese Arbeit auch hier kreativ genutzt werden. Mit ein wenig Übung kann schnell eine hilfreiche Erfahrung angeregt werden. Viele Klienten sind über die intensive Ressourcenerfahrung überrascht und können diese sehr genießen.

9. Problemlösungsgymnastik – wie unbewusstes Körperwissen genutzt werden kann

Steckbrief

Für wen: Einzelne, ggf. auch für Paare.
Ziel: Ressourcenaktivierung.
Material: Nicht erforderlich.
Einordnung: Eine Basisübung für hypnosystemisch orientierte Beratende; kann immer wieder in Beratungsprozesse eingewoben werden; für Klienten zum Üben für zu Hause gut geeignet.

Die Problemlösungsgymnastik wurde von Gunther Schmidt entwickelt und umfasst den hyposystemischen Ansatz in komprimierter Form, da die wesentlichen Aspekte in einer leicht lernbaren Methode bzw. Übung zusammengefasst sind. Dabei werden Klienten in einem ersten Schritt eingeladen, sich willentlich eine typische Problemsituation vorzustellen, die sonst meist unwillkürlich entsteht, und dabei eine entsprechende Körperkoordination einzunehmen. Im zweiten Schritt werden die Klienten gebeten, ein inneres Bild des gewünschten Zielerlebens entstehen zu lassen und ebenfalls eine entsprechende Körperkoordination zu finden. In einem dritten Schritt geht es darum, beide Muster miteinander zu verknüpfen. Dabei wird geschaut, wie ein körperlicher Ausdruck des leidvollen Musters »als Anker, als Erinnerungshilfe für das gewünschte Muster« genutzt werden kann (Gross und Popper, 2020, S. 130). Das ungewünschte Erlebnismuster wird sich wahrscheinlich recht schnell zeigen, z. B. in hochgezogenen Schultern. Nun geht es darum, dass das bewusste Wahrnehmen der hochgezogenen Schultern als »Erinnerungswecker« (Schmidt) genutzt werden kann, um dann das gewünschte Muster willentlich zu aktivieren, indem die Schultern gelockert werden. Diese Schritte geschehen ganz langsam mehrfach im Wechsel.

Durch die willentliche Aktivierung von Problem- und Lösungserleben im mehrfachen Wechsel machen die Klienten die Erfahrung, dass das, was sie sonst leidvoll und unwillkürlich »wie aus heiterem Himmel« erleben, nun willentlich geschieht, was unmittelbar ein Gefühl von Kompetenzerleben und Gestaltungsfreiheit erzeugt.

Mögliches Vorgehen

1. Der Berater bittet den Klienten, sich eine typische Auslösesituation vorzustellen, in der ein Problemerleben ganz unwillkürlich entsteht und das »Muster des ungewünschten Erlebens« beginnt.
2. Der Klient wird eingeladen, ein inneres Bild entstehen zu lassen und eine dazu passende Körperhaltung einzunehmen, damit zu experimentieren und auf Erlebniselemente zu achten wie z. B. Kopf- und Schulterhaltung, Atmung, Herzschlag, Brust- und Bauchgefühl, Kontakt zum Boden, Rückenhaltung und Temperaturerleben. Der Berater nimmt die gleiche Haltung wie der Klient ein, sodass für diesen auch ein äußeres Bild seiner Körperhaltung als Spiegel sichtbar ist. Der Berater lädt zum Experimentieren ein: »Nimm dir Zeit, um mal auszuprobieren … wie ist es, wenn die Schultern noch höher sind? Wie müsste es sein, wenn es noch etwas intensiver wäre? Wie wären dann Atmung, der Kontakt zum Boden, die Haltung des Rückens?« Allein durch diese kleinsten Hin-und-Her-Bewegungen können schon Musteränderungen initiiert werden.
3. Nun lädt der Berater den Klienten ein, ein Lösungsmuster entstehen zu lassen und zu erkunden: »Du kannst dir nun die Vorstellung erlauben, einen hilfreichen und guten Umgang mit der Situation gefunden zu haben. Wie ist die Situation dann? Nimm dir einen Moment Zeit und erlaube dir, eine Körperhaltung zu finden, die dem Lösungserleben entspricht.« Der Berater bittet den Klienten nun, ausführlich und detailliert das veränderte Körpererleben zu beschreiben.
4. Nachdem die Lösungshaltung ausreichend kraftvoll erlebt wurde, wird der Klient eingeladen, die Problemhaltung einzunehmen und zu vergleichen, was sich jetzt verändert hat. Mit dem Klienten wird geschaut, ob es für ihn so gut machbar ist oder ob er noch etwas braucht, vielleicht ein kraftvolles Bild, einen tiefen Atemzug oder einen imaginierten Schutz bzw. eine Kraft, um den »Einladungen des Problemmusters« in einer Gestalterrolle zu begegnen.
5. Da die »unwillkürlichen Einladungen des Problemerlebens« meist ohne Voranmeldung erscheinen, ist es nun wichtig, eine Verbindungsbrücke zwischen Problem- und Lösungsmustern zu

kreieren. Dazu ist es notwendig, nochmals das Problemerleben zu aktivieren. Der Berater lädt den Klienten nun ein: »Nimm dir mal einen Moment Zeit … und schau mal … wie dein Körper wie von selbst von einem Muster ins andere kommen könnte. Was könnte ihm helfen, sich zu erinnern, jetzt in das Lösungsmuster zu wechseln? Welche hilfreichen Bilder entstehen? Vielleicht gibt es ein kraftvolles Symbol? Welche Körperhaltung ist hilfreich? Welcher kraftvolle Satz fällt dir ein, der mit ›Ich‹ beginnt?«

6. Die nun gefundene Brücke wird mehrfach ganz langsam, in Zeitlupe, wiederholt, von der Problemhaltung in die Lösungshaltung. So kann die Wahrscheinlichkeit für den Klienten steigen, in Zukunft dem Problemerleben leichter in einer kraftvolleren Gestalterrolle zu begegnen und sein Gefühl von Selbstwirksamkeit zu stärken.

Die Problemlösungsgymnastik ist eine gute Möglichkeit für Klienten, zu Hause damit zu experimentieren und die Erfahrung von Selbstwirksamkeit zu machen. Die Grundstruktur der Problemlösungsgymnastik bietet zahlreiche Möglichkeiten, sie spontan und flexibel in Beratungsprozesse – fast beiläufig – einzuweben.

Die Anwendung auf die Beraterperspektive hat ebenfalls einen Nutzen. Es kann wichtig sein, zu schauen, welche »Berater-Klient-Gymnastik« für den Berater günstig ist und welche Konstellationen oder welche Sitzordnung hilfreich sind und welche eher nicht.

10. Klötzchenskulptur – wie inneres Erleben geordnet und sichtbar wird

Steckbrief

Für wen: Einzelne, Paare, Familien, Teams, Helfersysteme.

Ziel: Ordnen von komplexen Systemdynamiken und entsprechenden Gefühlen, Entwickeln einer Position und von Handlungsoptionen.

Material: Klötze bzw. Holzfiguren in verschiedenen Formen, Größen und Farben, ggf. Steine, Murmeln etc.

Einordnung: Grundsätzlich leicht zu lernen und vielseitig einsetzbar; erfahrungsintensiv.

Die Arbeit mit einer Klötzchenskulptur ist weitverbreitet und gehört zu den bekanntesten systemischen Methoden. Es gibt viele kreative Möglichkeiten und Varianten, eine Skulptur lebendig werden zu lassen und hilfreich zu nutzen. Eine sehr bekannte Form ist das Familienbrett, das bereits 1978 von Kurt Ludewig entwickelt wurde (Ludewig, Pflieger, Wilken und Jakobskötter, 1983). Dabei geht es darum, dem inneren Erleben des Aufstellenden Ausdruck zu verleihen, nach außen sichtbar werden zu lassen und der *Beobachter der Beobachtung* zu sein. Aus hypnosystemischer Sicht bildet die aufgestellte Skulptur eine von vielen Wirklichkeiten ab. Sie stellt eine Art Arbeitshypothese für den weiteren Prozess dar. Im Zuge dessen entsteht in einem inneren Reflexions- und Suchprozess auf vielen Sinnesebenen ein für den Aufstellenden hilfreiches Bild.

Während im Einzelsetting die Klientin meist eine Skulptur für sich entwickelt, können im Mehrpersonensetting entweder die jeweiligen Skulpturen gleichzeitig oder nacheinander aufgebaut werden. Es ist auch möglich, zunächst reihum aufbauen zu lassen und so zirkulär die jeweils anderen Perspektiven zu erfragen.

Mögliches Vorgehen

Der Klient wird eingeladen, sich zunächst für relevante Personen aus dem sozialen Umfeld Holzklötze bzw. Figuren auszusuchen. Dazu können auch Personen aus Institutionen (z. B. Schule, Kita, Helfersystem) gehören, wenn sie für den Prozess bedeutsam erscheinen. Anschließend wird der Klient gebeten, die Holzfiguren auf dem Boden bzw. auf das Brett vor sich so zu stellen, wie er es im Moment gerade empfindet. Dabei kann geschaut werden, wie die Positionen, wie die Abstände sind und auch, wer wem gerade eher zugewandt oder ablehnend gegenübersteht. Dieser Prozess darf eine Weile dauern. Die Klienten werden ermuntert, sich Zeit dabei zu lassen und mit den Figuren zu experimentieren, bis sich ein stimmiges Bild als Momentaufnahme ergibt. Gleichzeitig können für bedeutsame Themen oder Gefühle ebenso Klötze ausgesucht und ein entsprechender Platz im Bild gefunden werden.

Nun wird der Klient eingeladen, sein aufgestelltes Bild zunächst zu beschreiben. Der Berater begleitet diesen Prozess behutsam, indem er beispielsweise zusammenfasst, was er verstanden hat, und ggf. Verständnisfragen stellt. Es besteht auch die Möglichkeit, zirkulär zu fragen und die anderen Figuren sprechen zu lassen: »Was meinen Sie, was würde diese Figur zu Ihrem Bild sagen?« Folgende Leitfragen können diesen Prozess unterstützen:

Leitfragen zur Figurenaufstellung:

- Was fällt Ihnen bei Ihrem aufgestellten Bild auf?
- Wie geht es Ihnen damit?
- Welche Gefühle löst es in Ihnen aus?
- Welche Resonanz ist jetzt im Körper spürbar?
- Welche Bedeutung verleihen Sie dem Bild?
- Was wird Ihnen gerade deutlich?

Dieser Prozess wird von der Beraterin sorgsam begleitet. Auch sie kann ggf. ergänzen, was sie beobachtet hat. Wichtig ist, dass dem Klienten dies lediglich als eine Hypothese bzw. Beobachtung angeboten und nicht als eine Deutung präsentiert wird.

Bei einem Mehrpersonensetting können gleichzeitig oder nacheinander die Bilder aufgestellt werden und die Rückmeldungen über die jeweiligen anderen Bilder eingeholt werden. Dabei entstehen viele neue Wirklichkeitskonstruktionen.

Jetzt wird der Klient angeregt, eine kleine gewünschte Veränderung in dem Bild vorzunehmen und ein Lösungsbild entstehen zu lassen: »Vielleicht können Sie sich vorstellen, es ist nun einige Zeit vorbei und die Dinge haben sich in eine hilfreiche Richtung entwickelt und Sie sind zufriedener mit Ihrer Situation, wie würde das Bild dann aussehen? Was wäre anders? Sie können sich jetzt die Zeit nehmen und in Ruhe ein Lösungsbild entstehen zu lassen. Sie können auch ganz spontan einem Impuls folgen.« Nachdem der Klient die Position eines Klötzchens verändert hat, ist es wichtig, nach den Auswirkungen auf die anderen Klötze zu fragen. Wenn Klienten zwar andere Klötzchen verändern und das eigene nicht, ist es spannend, zu fragen: »Ist es realistisch, dass andere sich ändern, aber man selbst nicht? Und wie würden die anderen Personen reagieren, wenn sie dieses Bild sehen würden?« Manchmal fällt es Klienten schwer, ein Veränderungsbild zu entwickeln, dann ist es hilfreich, nach ihrem Herzenswunschbild zu fragen. Spätestens dann entsteht meist eine innere Bewegung.

Nachdem der Klient nach einiger Zeit ein für ihn stimmiges Lösungsbild gefunden hat, können nun sowohl die Unterschiede zum ersten Bild als auch die jeweiligen Auswirkungen beschrieben werden. Es kann herausgearbeitet werden, was der Klient jetzt schon von dem machen kann, was er sich wünscht, und wie erste kleinste Schritte aussehen würden. Der Klient wird gefragt, wie es ihm mit dem Lösungsbild geht und was es in ihm auslöst. Das entsprechende Erleben kann nun in einer kleinen Trance intensiviert werden:

»Und Sie können sich nun erlauben ... Ihre Aufmerksamkeit auf das zu richten, was gerade in Ihnen entstanden ist ... und der gewonnenen Klarheit einen Platz im Körper zu geben ... und sich ausbreiten zu lassen ... während es gleichzeitig völlig in Ordnung ist, auch dem ersten Bild nochmals Aufmerksamkeit zu schenken ... und anzuerkennen ... dass es nicht leicht war ... und dass es gute Gründe dafür gab ... die man nicht immer zu wissen braucht ... und es neugierig machen kann ... das zu sehen ... was jetzt leichter möglich ist ... und Sie mehr Gestaltungraum haben ... und mehr Klarheit entstehen kann ... und dieses großartige Gefühl der inneren Stärke ... was möglicherweise damit verbunden ist ... kann Ihnen helfen ... mehr und mehr einen guten Standpunkt zu entwickeln ... und mit großer Gelassenheit zu vertreten ...«

11. Beratung mit Tierfiguren – wie wir über »Tiere« miteinander in Kontakt kommen können

Steckbrief

Für wen: Einzelne, Familien, modifiziert auch für Paare und Teams.

Ziel: Ressourcenaktivierung, Suchprozesse anregen, Beziehungen spürbar machen.

Material: Tierfiguren.

Einordnung: Leicht erlernbare Methode auch für Einsteiger; vielseitig einsetzbar.

Die hypnosystemische Beratung mit Tierfiguren habe ich für die Arbeit mit Familien entwickelt. Sie kann, entsprechend modifiziert, ebenso in anderen Settings sinnvoll Anwendung finden. Dabei geht es darum, bei den Familienmitgliedern innere Suchprozesse zu initiieren, familiale Ressourcen erfahrbar zu machen und Veränderungsimpulse anzuregen. Die Auswahl der Tiere wird meinerseits nicht gedeutet. Besonders eignet sich dazu ein Set mit 55 Mikrotieren im Stoffbeutel eines Spieleverlags.

Möglicher Ablauf für eine Familiensitzung

Zunächst verteile ich die Tierfiguren auf einem kleinen Tisch in der Mitte und bitte die Familie, die Figuren aufzustellen. Währenddessen lade ich die Familie ein, sich die Tiere ganz in Ruhe anzuschauen. Dabei erzähle ich ein wenig über die Tiere, wo sie leben und wie unterschiedlich sie sind. Die Familien beginnen sehr aufmerksam und neugierig zu werden auf das, was jetzt gleich geschieht. Dabei nutze ich meine Stimme, um eine entsprechende ruhige Atmosphäre zu fördern, was gern etwas Zeit dauern darf. Nun folgen drei Auswahlrunden:

In der *ersten Runde* lade ich jedes Familienmitglied ein, sich ein Tier dafür auszusuchen, was im Moment gerade zu ihm passt. Ich ermuntere, spontanen Impulsen zu folgen, statt lange zu überlegen. Manchmal ist es auch hilfreich zu betonen, dass es vielleicht auch nur zu einem Teil der Persönlichkeit statt zur ganzen Person gerade passend sein kann. Ich lade dazu ein, es sich leicht zu machen. Wenn sich alle ein Tier ausgesucht haben, kann jeder sein Tier vor sich auf den Tisch stellen. Nun beschreibt jeder, was ihn zu der Auswahl des Tieres bewegt hat. Ich kann den Prozess durch folgende Fragen weiter anregen: »Welche Stärken hat das Tier, welche auch zu dir passen? An welchen Stellen zeigt sich diese ›Tierseite‹ von dir innerhalb der Familie? Wo profitiert die Familie davon?«

In der *zweiten Runde* sucht sich jeder ein Tier für die jeweils anderen Familienmitglieder aus, ohne dabei zu reden. Bei einer vierköpfigen Familie sucht sich also jeder dann drei Tiere aus und stellt diese vor sich auf den Tisch. Nun beschreibt jeder reihum die Tiere, die er für die einzelnen Familienmitglieder ausgesucht hat, während die anderen nur zuhören. Nachdem ein Tier beschrieben wurde, rege ich durch folgende beispielhafte Fragen an: »Was sind Stärken des Tieres, die du auch an deiner Mutter etc. siehst? Was schätzt du an deiner Mutter etc.? Wie zeigt sich diese Seite deiner Mutter in der Familie? Machst du dir manchmal Sorgen um deine Mutter? Was täte deiner Mutter einmal so richtig gut, was man nicht für Geld kaufen kann? Was wären dann die Auswirkungen davon?« Währenddessen beobachte ich die nonverbale Reaktion, d. h. auch die Minimal Cues. So erhalte ich Hinweise, ob durch das eben Gehörte Suchprozesse ausgelöst wurden.

Nachdem alle ihre Tiere vorgestellt haben, lade ich die Familie wie folgt ein: »Jeder von euch hat jetzt etwas von sich gezeigt und jeder von euch hat jetzt etwas über sich von den anderen erfahren. Mich würde interessieren: Wie ist es euch damit ergangen?

- Was hat dich besonders gefreut, was du hier über dich gehört hast?
- Was hat besonders überrascht?
- Was hat vielleicht betroffen oder nachdenklich gemacht?«

Jedes Familienmitglied kann nun eine Rückmeldung über das Erlebte geben. Wichtig dabei ist, dass keiner die Beschreibungen der anderen bewertet im Sinne von »stimmt« bzw. »stimmt nicht«.

In der *dritten Runde* kann sich nun jedes Familienmitglied ein Tier aussuchen, welches dafür steht, was sie oder er an sich ein klein wenig verändern möchte – also eine Art Veränderungswunschtier. Es sollte ruhig eine kleine Veränderung sein, ein kleinster Schritt. Auch diese Runde begleite ich, indem ich dazu einlade, es sich lieber einfach zu machen und spontanen Impulsen zu folgen, statt lange zu überlegen. Dann stellt jeder wieder sein Tier bzw. seinen Veränderungswunsch vor. Nun sind folgende Fragen hilfreich: »Woran würdest du selbst und woran deine Familie diese Veränderung merken? Wer würde sich am meisten freuen? Welche Auswirkungen könnten beobachtet werden? Was wäre der erste kleinste Schritt?«

Zum Schluss gibt es eine kurze Rückmelderunde: »Wie habt ihr die Sitzung heute erlebt und was war hilfreich?« Meinerseits gebe ich den Familien eine Rückmeldung, indem ich die beschriebenen Ressourcen aus der Sitzung nochmals aufgreife und spiegele, was oft als Wertschätzung empfunden wird.

Familien erfahren bei dieser Arbeit oftmals Überraschendes über sich. Ressourcenvolle Beziehungsteile, die im Zuge einer Krise verschüttet waren, können wieder wahrgenommen werden. Die Beziehungen werden so intensiviert. Auch schwierige Familienthemen, für die oftmals wenig Raum ist, können so in Ruhe angesprochen werden und in der Folgesitzung wieder aufgegriffen werden.

12. Hypnosystemisches Ressourcennetzwerk – wie Ressourcen miteinander verknüpft und genutzt werden

Steckbrief

Für wen: Einzelne und Paare, modifiziert für Familien, Teams und Netzwerke.

Ziel: Ressourcen finden und aktivieren.

Material: Flipchart und Stifte; erweiterte Version: Blankokarten und Seile.

Einordnung: Leicht zu lernen, Ressourcen visualisieren und erfahrbar machen; eine entsprechende hypnotische Kommunikation intensiviert die Erfahrung.

Das Herausarbeiten und Aktivieren von (unbewussten) Ressourcen sind ein zentrales Ziel hypnosystemischer Lebensberatung. Im Verlauf dieser Arbeit entsteht Stück für Stück ein Netzwerk aus vielen Kompetenzen, die für den Klienten auf verschiedenen Ebenen erfahrbar werden. Netzwerk- und Ressourcenarbeit sind in der systemischen Beratung weit verbreitet. In der hier beschriebenen Form wurden sie hypnosystemisch modifiziert und angereichert.

Mögliches Vorgehen

Zunächst ist es wichtig, ein entsprechendes (Annäherungs-)Ziel zu entwickeln und in die Mitte eines Flipcharts zu schreiben (als Beispiel siehe Abbildung 12: »mehr Sicherheit«). Nun frage ich konkret nach Auswirkungen auf zahlreichen Ebenen. Jede neu gefundene

»Auswirkung auf die Auswirkung« schreibe ich als weitere Ressource auf das Flipchart, bis ein kreisförmiges Gebilde aus vielen einzelnen Ressourcen sichtbar wird. Die einzelnen Teile werden nun zu einem Netzwerk verbunden.

Leitfragen zu den Auswirkungen:

- Woran merken Sie es konkret?
- Welche Auswirkungen hätte es auf …?
- Woran würde Ihr Umfeld es an Ihnen merken?
- Wo im Körper wäre diese Veränderung spürbar?
- Welche Körperhaltung wäre dann sichtbar?
- Welchen Satz, der mit »Ich« beginnt, könnten Sie dann zu sich selbst sagen?
- Was löst diese Auswirkung jetzt gerade in Ihnen aus?
- Vielleicht entsteht jetzt ein inneres Bild?
- Was wird nun deutlich für Sie?
- Welches Bedürfnis meldet sich in Ihnen?
- Wo und wann in Ihrem Leben haben Sie die Ressource bereits erfahren?
- Geben Sie dem Raum, was jetzt entsteht!

Diese beispielhaften Fragen stelle ich immer wieder, mal genau so, mal verändert und mal ganz anders. Dabei achte ich auf die Reaktion der Klientin bzw. des Klienten. So lösen manche Fragen mehr innere Suchprozesse aus als andere. Bei deutlichem verbalem oder nonverbalem Feedback frage ich entsprechend weiter, um die Ressourcenerfahrung weiter aufzufächern und ihr Raum zu geben. Außerdem lade ich dazu ein, eine hilfreiche Körperhaltung entstehen zu lassen, was manchmal im Stehen leichter ist. Allein durch die veränderte Körperhaltung entstehen oftmals neue Impulse.

Nach einiger Zeit entsteht so auf dem Flipchart ein großes Ressourcennetzwerk. Ich frage den Klienten nun, wie es ihm damit geht, was es in ihm auslöst und was deutlicher wird. Ich frage weiter: »Über welche Ressourcen freuen Sie sich besonders? Welche überrascht Sie am meisten? Bei welcher spüren Sie gerade eine körperliche Resonanz?« Dies alles bekommt nun genügend Raum. Gerade eine körperliche Resonanz greife ich auf und lade dazu ein, Aufmerksamkeit dorthin zu richten:

»Wenn Sie merken, wie angenehm es ist, wie sich Ihre Schultern jetzt lockern und Last abfließen kann … der Brustbereich sich weitet … und sich eine Leichtigkeit einstellen kann … nehmen Sie sich jetzt einen Augenblick Zeit für diese Erfahrung …«

Ich lade den Klienten nun dazu ein, zu schauen, welche der vielen Ressourcen besonders gut dabei helfen kann, einen ersten Schritt mit Blick auf das Ziel zu machen:

»Und Sie können sich jetzt einmal die Zeit nehmen … die Sie brauchen … und vielleicht ist in Ihnen schon eine Idee entstanden … welche der Ressourcen für einen ersten Schritt besonders hilfreich wäre … und erlauben Sie sich die Vorstellung … wie der erste Schritt dann aussieht … was genau ist dann anders? … was machen Sie dann anders? … und erlauben Sie sich … die innere Kraft der Ressource wirken zu lassen … und sich im ganzen Körper ausbreiten zu lassen …«

Vorgehen bei der erweiterten Version: Die Erweiterung besteht darin, dass das Ressourcennetzwerk, nachdem es auf dem Flipchart fertiggestellt wurde, auf den Boden eines entsprechend großen Raums übertragen wird. Jede einzelne Ressource wird auf eine Karte geschrieben und um die Zielkarte in der Mitte des Raums kreisförmig verteilt. Nun werden die Ressourcenkarten mit Seilen verbunden. In der beraterischen Arbeit geht die Klientin das gesamte Netzwerk ab. Sie wird eingeladen, bei jeder einzelnen Ressourcenkarte einen Moment zu verweilen, zwei bis drei Sätze dazu zu sagen und eine entsprechende Körperhaltung einzunehmen. Im Verlauf kann die Klientin das Netzwerk räumlich so verändern, wie sie es als besonders kraftvoll erlebt. So liegen manche Karten näher an der Zielkarte als andere – so, wie es als besonders hilfreich erlebt wird.

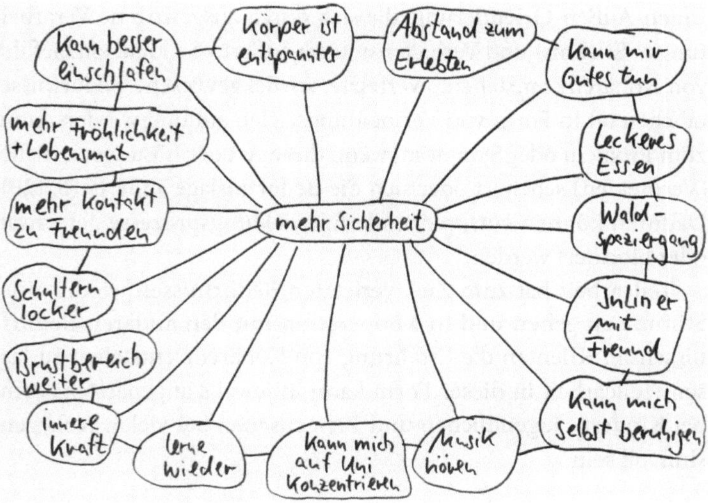

Abbildung 12: Ressourcennetzwerk

13. Hypnosystemische Teilearbeit – wie wichtige Bedürfnisse wieder eine Stimme bekommen

Steckbrief

Für wen: Einzelne: Kinder, Jugendliche und Erwachsene.
Ziel: Unterschiedliche Bedürfnisse in Kontakt bringen, Ressourcenaktivierung und Stärkung des Selbstwerterlebens.
Material: Nicht erforderlich.
Einordnung: Erfordert etwas Übung, ist dann jedoch leicht machbar.

Diese Methode konnte ich von Siegfried Mrochen 2008 in Krefeld lernen. In meiner Beratungspraxis habe ich sie immer wieder modifiziert und an entsprechende Kontexte angepasst. Bierbaum-Luttermann und Mrochen (2019, S. 119 f.) gehen in Anlehnung an Grawe von der Annahme aus, dass jeder Mensch vier Grundbedürfnisse hat: *Selbstwert und Sicherheit, Autonomie und Gestaltungsfähigkeit, Lust und Freude sowie Bindung und Orientierung.* »Werden diese Grundbedürfnisse ausreichend bedient, entsteht eine Balance und gesunde

Innen-Außen-Orientierung, die sich durch ausgewogene Verarbeitungs-, Erlebnis- und Verhaltensmuster äußert.« So kann ein Gefühl von Kohärenz entstehen. »Verletzte, zurückgewiesene Bedürfnisse tauchen oft in Form von Vermeidungszielen auf und werden dann zum Problem oder Symptom, wenn diese Art der Lösungsversuche (Vermeiden) scheitert oder sich die Bedürfnislage ändert« (S. 120). Dadurch können entsprechende Entwicklungsprozesse gehemmt oder blockiert werden.

Teilearbeit hat zum Ziel, verletzten Bedürfnissen wieder eine Stimme zu geben und in Kooperation mit den anderen Bedürfnissen im Klienten die Erfahrung von Kohärenz entstehen zu lassen. Teilearbeit in dieser Form kann in jeweils angepasster Form bei Kindern, Jugendlichen und Erwachsenen bei vielen Anliegen sinnvoll sein.

Laura (10 Jahre) fällt seit acht Monaten das alleinige Einschlafen schwer. Sobald das Abendessen vorbei ist, entstehen innere Unruhe und Angst, die sogar dazu führte, dass Laura im Elternschlafzimmer ein eigenes Bett bekommen hat. Die Eltern sind hilflos und inzwischen auch genervt. Sie haben das Gefühl, alles dreht sich nur noch um Laura. Im Familiengespräch wird deutlich, wie sehr die Eltern inzwischen ungewollt mit daran beteiligt sind, das entsprechende Muster aufrechtzuerhalten, indem sie unbewusst die Verantwortung zum großen Teil für Lauras Erleben übernehmen. So wird das Vermeidungsverhalten verstärkt und immer wieder neu erzeugt. Wichtig ist auch der Hinweis an die Eltern, dass es in diesem Alter nicht ungewöhnlich ist, dass Verhalten und Erleben, welches bislang als sicher gelernt galt, nun wieder infrage gestellt werden kann. Etwa zehnjährige Kinder kommen jetzt in eine Phase körperlicher, kognitiver und emotionaler Veränderungsprozesse. In der Regel braucht es die Zeit, die es braucht, bis eine innere Sicherheit entsteht und »Alltagsaufgaben«, wie allein einzuschlafen, wieder gelingen.

Mögliches Vorgehen

BERATERIN: »Ich möchte dich bitten, deine ›Angst‹ in der Vorstellung in eine deiner Hände zu legen … in welche würdest du sie legen?«

LAURA: »In die linke Hand.«

BERATERIN: »Und finde nun ein Symbol oder einen Gegenstand für diese ›Angst‹. Was würde passen … wie genau sieht es aus, welche Farbe, Form und Beschaffenheit?«

LAURA: »Ich würde eine Eisenkugel nehmen … mit Stacheln … rot wie eine Glut.«

BERATERIN: »Ah, eine Eisenkugel. Wie ist das Gewicht der Kugel?«

LAURA: »Schwer, sehr schwer.«

BERATERIN: »Laura, ich würde jetzt gerne mit deinem Angstteil sprechen. Währest du bereit, ihm deine Stimme zu leihen?«

LAURA: »Ja, klar!«

Die Beraterin beginnt nun einen wertschätzenden und interessierten Dialog mit der »Angst«. Dabei sind folgende Fragen wichtig: »Wofür ist es wichtig, dass du bei Laura bist? Woran merkt Laura, dass du bei ihr bist? Welche Bedeutung hast du für die Familie? Was passiert im Körper von Laura, wenn du bei ihr bist? Wie alt fühlt sich Laura, wenn du bei ihr bist? Wenn du nicht bei Laura bist, was würde ihr dann fehlen?« Es geht dabei darum, die Angst als Hinweis auf ein wichtiges Bedürfnis von Laura zu würdigen und ihr Raum zu geben.

Nun bittet die Beraterin Laura, eine Art Gegenpart für die »Angst« auszusuchen und diesen Teil imaginativ in die rechte Hand zu legen:

BERATERIN: »Laura, ich würde dich nun bitten, in deine andere Hand ein Symbol zu legen, was der Angst als Gegenpol gegenübersteht. Vielleicht können wir auch erst überlegen, was es für ein Teil sein könnte, und dann findest du leichter ein Symbol.«

LAURA: »Also da würde mir einfallen, dass es mir dann gut geht und ich mich wohl fühle. Ich habe dann keine Angst …«

BERATERIN: »Sondern, wie fühlst du dich dann?«

LAURA: »Hm, dann fühle ich mich sicher.«

BERATERIN: »Ja, genau, dann fühlst du dich sicher, also Sicherheit könnte der Gegenpart der Angst sein – oder?«

LAURA: »Ja, genau!«

Die Beraterin holt sich nun wieder von Laura die Erlaubnis, mit der »Sicherheit« sprechen zu können, während Laura der »Sicherheit« die Stimme ausleiht. Und wieder geht es in diesem Dialog um die gleichen Fragen wie im Gespräch mit der »Angst«. Dabei erfährt nun die Sicherheit viel Wertschätzung und Würdigung.

Wichtig ist es, die Wechsel zwischen den unterschiedlichen Dialogen – zwischen Beraterin und Laura, zwischen Beraterin und »Angst« und zwischen Beraterin und »Sicherheit« – deutlich zu markieren und sich bei den »Gesprächspartnern« jeweils zu bedanken.

Nun gibt es wieder verschiedene Möglichkeiten, weiterzuarbeiten. Ich möchte an dieser Stelle eine kleine Trance anbieten, um so die unbewussten Ressourcen und unwillkürlichen Prozesse in Laura nutzen zu können:

BERATERIN: »… und du kannst dir erlauben, die Augen zu schließen … wenn es für dich passend ist … und dir vorstellen, dass sich um dich herum ein Energiefeld bildet … welches dir ermöglicht, ganz neue und intensive Erfahrungen zu machen … vielleicht kannst du dem Energiefeld auch eine Farbe geben … und du kannst jetzt neugierig darauf sein … wie sich zwischen den beiden Teilen ein Lichtbogen bildet … mit unterschiedlichen Farben … und Helligkeiten … und über diesen Lichtbogen kannst du die Energie des einen Teils zum anderen schicken und andersherum … die jeweiligen Teile prüfen sie und verwandeln sie in neue Energie … während es die Zeit braucht … die es braucht … denn beide Teile sind sehr wichtig für dich … sind lange in deinem Körper gespeichert … und wenn dort etwas Neues entsteht … darf etwas Neues entstehen … es können Kooperationen entstehen … beide Teile arbeiten zusammen … und verständigen sich … und das Neue kann sich in deinem ganzen Körper verteilen … etwas, das dich auf deine eigene Weise und in deinem eigenen Tempo sicherer und gelassener machen kann … und du kannst dir jetzt vorstellen, wie dir oben auf dem Bogen ein kleiner Stern entgegenfunkelt … und du kannst merken, wie die neue Energie sich in deinem ganzen Körper ausbreiten und ihn durchströmen kann, von den Haarspitzen … über den Kopf, die Schultern, die Brust, den Bauch, die Beine … bis in die Fußspitzen … während du dir nun erlauben kannst … diese Erfahrung zu genießen … und ein Gefühl der Sicherheit … sich wie von selbst einstellen kann … und es immer leichter werden kann … ganz in Ruhe und wohlbehütet einzuschlafen … und nun kannst du dich bei den beiden Teilen nochmals bedanken, dafür, dass sie für dich sorgen … und auf dich achten … und dass sie gut zusammengearbeitet haben … jetzt möchte ich dich bitten, dich von beiden Teilen für den Moment zu verabschieden … du kannst nun wieder hierher in den Raum zurückkommen … und deine Augen öffnen … und ganz wach werden.«

Auch wenn diese Trance jetzt hier als ein Text aus Sicht der Beraterin geschrieben ist, so findet in der »echten« Trancearbeit eine intensive Kooperation zwischen der Beraterin und Laura statt. So holt sich die Beraterin von Laura laufend Rückmeldung, an welcher Stelle sie sich gerade befindet und wie es ihr geht.

Zum Abschluss kann Laura über ihre Erfahrung während der Trancearbeit sprechen. Die Beraterin kann ebenso fragen, wie Laura jetzt die beiden »Teile« in ihren Händen erlebt und was sich verändert hat.

Teilearbeit in dieser Form erfordert etwas Übung. Wichtig ist, ein kleinschrittiges Vorgehen und eine differenzierte Ausarbeitung und Würdigung der jeweiligen Teile, bevor eine Kooperation zwischen beiden entstehen kann.

14. Die Acht-Felder-Kompetenz-Zeichnung – wie sich Ressourcen zielgerichtet nutzen lassen

Steckbrief

Für wen: Ideal für Kinder, auch Jugendliche und Erwachsene können Freude daran finden.

Ziel: Ressourcenaktivierung und -transfer.

Material: Neun Blanko-DIN-A6-Karten, Buntstifte und ein Tacker; ggf. ein Kristallstein als Symbol für das Unbewusste.

Einordnung: Sehr vielseitig einsetzbar; Kinder haben große Freude daran; den Zaubertrick vorher üben, kann auch ohne Zaubern hilfreich sein.

Diese Methode wurde von Peter Allemann und Annalisa Neumeyer entwickelt. Ich durfte sie von Peter Allemann bei einem Seminar in Krefeld lernen. Die Acht-Felder-Kompetenz-Zeichnung kann bei zahlreichen Anliegen Anwendung finden, da sie leicht auf die jeweils unterschiedlichen Ziele abgestimmt werden kann. Im Kern geht es darum, Aufmerksamkeit auf Ressourcen zu richten, um sie dann mit Blick auf das Ziel nutzbar zu machen. Dabei werden wesentliche Elemente des »therapeutischen Zauberns« nach Neumeyer (2013) genutzt. Zaubern fördert die Fähigkeit, Aufmerksamkeit zu fokussieren, erleichtert die Kontaktgestaltung und lädt zu einem Perspektivwechsel ein (Neumeyer, 2002). Während sich die Methode besonders für die Beratung von Kindern eignet, können auch Jugendliche und Erwachsene in modifizierter Form gut davon profitieren.

Mögliches Vorgehen

Zunächst ist es wichtig, dem Anliegen des Kindes Raum zu geben und daraus ein entsprechendes Beratungsziel zu entwickeln. Bei Kindern ist darauf zu achten, dass es ein positiv formuliertes Ziel ist, das vom Kind auch erreicht werden kann. Typische Ziele sind: mutiger in der Schule sein und mich mehr im Unterricht melden; mich besser beruhigen können, wenn ich wütend bin; mir Hilfe holen, wenn ich traurig bin.

Jetzt geht es darum, nach und nach acht Ressourcen zu erarbeiten und dafür jeweils ein Bild oder Symbol auf eine der acht Karten zu malen. Die Ressourcen werden jeweils über Fragen entwickelt. Nach jeder bemalten Karte lade ich das Kind ein, das Symbol möglichst genau zu erklären und die Bedeutung dessen zu beschreiben, so wird bereits jetzt Aufmerksamkeit auf Kompetenzen gebahnt. Dies sollte ruhig etwas Zeit brauchen, da das Ressourcenerleben so besser aktiviert werden kann. Die acht Fragen (siehe Abbildung 13) sind nicht immer gleich, sondern nehmen Bezug auf die Lebenssituation, das Alter und die Ziele des jeweiligen Kindes.

Wenn alle acht Karten mit gemalten Symbolen und Bildern ausgebreitet auf dem Tisch liegen, fasse ich nochmals die zugrundeliegenden Ressourcen zusammen. Beispielsweise verbergen sich hinter der Ressource »mit Legos spielen« noch dazu die Fähigkeiten »Kreativität, Geschicklichkeit und Ausdauer«. Dies alles spiegele ich dem Kind sehr ausführlich zurück, sodass am Ende mehr als acht Ressourcen erarbeitet wurden. Dann frage ich das Kind, ob es gedacht hätte, dass es so viele Fähigkeiten in sich trägt. Da alle Kinder diese Frage verneinen, erkläre ich ihnen, dass diese Fähigkeiten bereits in ihnen

Deine Lieblingsbeschäftigung?	Ein Ort, an dem du dich wohlfühlst?	Ein guter Wunsch für die nähere Zukunft, den man nicht für Geld kaufen kann?	Was hilft dir, wenn du mutlos oder traurig bist?
Was schätzen deine Eltern an dir?	Ein guter Wunsch in der weiteren Zukunft?	Was wünschst du dir, was ein dir sehr wichtiger Mensch über dich an einer Geburtstagsfeier sagt?	Wenn du heute Abend nach Hause kommst, über was würdest du dich zum Abendessen freuen?

Abbildung 13: Acht beispielhafte Fragen, aus denen die Ressourcen hervorgehen

gespeichert sind. Je nach Alter verwende ich dafür unterschiedliche Begriffe. Ältere Kinder verstehen den Begriff des Unbewussten als etwas, was in ihnen ist, an was sie aber nicht immer denken.

Im Anschluss daran breite ich alle Karten offen auf dem Tisch aus und frage: »Welche deiner Kompetenzen bzw. Ressourcen kann dich am besten unterstützen, dein Ziel zu erreichen? Von welcher Karte geht die meiste Energie aus? Such dir bitte eine passende Karte aus, ohne diese zu benennen oder darauf zu zeigen, und gib mir ein Zeichen, wenn du eine Karte gefunden hast.« Nachdem das Kind mir signalisiert hat, eine passende Karte gefunden zu haben, bitte ich es, die Karten zu mischen.

Nun lasse ich mir den gemischten Kartenstapel verdeckt zurückgeben und mache daraus zwei ebenfalls verdeckte Stapel, wobei ich mit dem linken Stapel beginne. Ich habe nun zwei Stapel mit jeweils vier Karten.

Zaubern

Ich frage das Kind, welchen der beiden Stapel es sich anschauen will, um nach der gewählten Karte zu suchen. Den Stapel, für das das Kind sich entscheidet, fächere ich so auf, dass das Kind die Karten sehen kann und ich nicht.

Ich frage das Kind, ob die ausgesuchte Karte in dem Stapel ist. Ist die Karte in diesem Stapel, kommen die vier Karten *oben* auf den anderen Stapel. Ist die Karte nicht in dem Stapel, kommen die vier Karten *unter* den anderen Stapel.

Abbildung 14: Acht-Felder-Kompetenz-Zeichnung

Wieder bilde ich zwei Stapel, wobei ich damit beginne, mit der ersten Karte den linken Stapel zu bilden, mit der zweiten den rechten etc.

Diese Auswahlverfahren mache ich *insgesamt dreimal.*

Während des gesamten Verfahrens fasse ich immer wieder die Ressourcen zusammen, baue Spannung auf, indem ich neugierig darauf bin, welche Karte das Kind sich ausgesucht hat, und säe Hoffnung, dass die Ressourcen dem Kind dabei helfen können, sein Ziel zu erreichen.

Dann lege ich alle Karten nacheinander verdeckt auf den Tisch und merke mir dabei die dritte Karte. Ich frage das Kind, ob es Rechts- oder

Abbildung 15: Acht-Felder-Kompetenz-Heft

Linkshänder ist, und bitte um Erlaubnis, die entsprechende Hand halten zu dürfen und damit über die ausgelegten Karten zu fahren. Dabei wähle ich Formulierungen wie »und dein Unbewusstes wird uns vielleicht zu der richtigen Karte führen«. Bei der dritten Karte halte ich an und bitte das Kind, die Karte umzudrehen, was regelmäßig für Verblüffung sorgt. Ich lade das Kind nun ein, sich die auf der Karte beschriebene Situation wie in einem Film vorzustellen: »Vielleicht kannst du jetzt einen Film davon sehen … und die Karte kann dich als inneres Bild begleiten … und geh in die Situation, in der du es brauchen kannst … lass dir Zeit … und mach es auf deine Art und Weise.«

Jetzt bitte ich das Kind, alle acht Karten (siehe Abbildung 14) aufeinanderzulegen, wobei die bedeutsamste Karte oben auf sein sollte. Ich lade das Kind ein, auf die neunte Karte seinen Vornamen zu schreiben, und zwar so, wie wenn es ihm so richtig gut geht. Wie ist dann die Farbe, die Schriftgröße und die Form? Nachdem auch der Vorname geschrieben wurde, tackere ich die neun Karten am Rand dreimal zusammen, sodass ein kleines Heft entsteht. Die Karte mit dem Vornamen ist dabei das Deckblatt (siehe Abbildung 15). Nun hat das Kind sein Ressourcenheft, das einen besonderen Platz bekommen kann, mit all den Fähigkeiten, die es braucht, um mit der Situation besser umgehen zu können.

Zum Schluss kann mit dem Kind im Zuge einer Rückfallprophylaxe besprochen werden, was es machen kann, wenn das »Problem« das Kind nochmals besuchen sollte.

15. Hypnosystemische Externalisierung – wie wieder eine hilfreiche Distanz geschaffen werden kann

Steckbrief

Für wen: Einzelne.

Ziel: Einfluss auf die Beziehung zum »Problem«, Ressourcenaktivierung und Entlastung.

Material: Nicht erforderlich.

Einordnung: Etwas Übung erforderlich; eine Basisübung für hypnosystemisch orientierte Berater; Klienten sind oft erstaunt über ihre unbewussten Ressourcen.

Die Externalisierung ist eine von Michael White und David Epston (1990) entwickelte Technik. Auch diese Methode kann leicht modifiziert und auf entsprechende Settings abgestimmt werden. Dabei geht es darum, ein bestimmtes Problemerleben, wie beispielsweise »Druck«, zu lokalisieren und ihm imaginativ ein bestimmtes Aussehen und einen Namen zu geben. Dadurch entsteht automatisch eine Beobachterperspektive, und inneres Erleben wird externalisiert. »Mit der Externalisierung können sich Klienten von den beherrschenden Geschichten loslösen, d. h. von der ›problembefrachteten Beschreibung‹, und dadurch werden Aspekte gelebter Erfahrung erkannt, die sie bisher nicht wahrgenommen haben« (Neumann, 2006, S. 53).

Hypnosystemisch interessant ist besonders der Aspekt, dass Klienten die Erfahrung machen, willkürlich Einfluss auf ihr Problemerleben zu haben, welches sie in der Regel als »wie aus heiterem Himmel« auftauchend erleben. Oftmals wünschen sich Klienten, das Problem loszuwerden und es so weit zu externalisieren, dass sie es nicht mehr sehen und es »ganz raus aus dem Leben« ist. Dann ist wichtig zu erklären, dass sich mit dem als Problem Erlebten ein wichtiges Bedürfnis melden könnte. Bei einem »Druck« wäre es z. B. das Bedürfnis nach Gestaltungsfreiraum, das sehr wichtig ist und sich schon biologisch nicht verbannen lässt. Wenn Klienten den Druck »ganz raus aus ihrem Leben« haben wollten, würden sie damit auch ihr Bedürfnis nach Gestaltungsfreiraum negieren – und das sollte nicht das Ziel sein. Es geht darum, dass die Klienten und Klientinnen die Erfahrung machen, wieder Einfluss auf ihren »Druck« zu haben und kontextsensibel mit ihm umzugehen. Und einen »Druck«, zu dem ich einen guten Abstand habe bzw. den ich flexibel gestalten kann, ermöglicht die Erfahrung von Gestaltungsfreiheit.

Mögliches Vorgehen kompakt

1. Kontext klären und Beratungsziel entwickeln.
2. Ein Phänomen, beispielsweise einen »Druck«, lokalisieren und als Hinweis auf wichtige Bedürfnisse würdigen, die sich unwillkürlich im Druckerleben zeigen.
3. Das Phänomen auf verschiedenen Sinnesebenen beschreiben lassen: z. B. Farbe, Form, genaues Aussehen, Gewichtsempfinden, Temperaturerleben, Enge-Weite-Erleben, Atmung, Anord-

nung und Abstand zum Körper, Körperkoordination, Herzschlag, somatische Marker. Rückmeldung vom Klienten über das Erleben geben lassen.

4. Den Klienten einladen, imaginativ den Abstand zum Phänomen zu vergrößern. Und zwar so, dass er diesen externalisierten »Teil« noch gut sehen kann und gleichzeitig der Abstand so ist, dass er gut damit leben kann.
5. Erfragen, wie es dem Klienten jetzt geht. Erneut die Sinnesebenen beschreiben lassen und nach Unterschieden fragen. Eventuell möchte der Klient den Abstand nochmals verändern, bis es für ihn passend ist.
6. Den Klienten nun bitten, so wie es für ihn möglich ist, den Abstand willentlich wieder zu verringern. Erneut fragen, wie es dem Klienten jetzt geht, vor allem im Vergleich dazu, als das Phänomen zu Beginn der Übung ganz nah war.
7. Den Klienten nun einladen, den Abstand wieder zu vergrößern, bis eine optimale Distanz gefunden wird. Der Berater greift nun die verschiedenen Aspekte sprachlich nochmals auf und lädt den Klienten zu einer inneren Verknüpfung der Teile ein.

Frau G. macht eine Ausbildung zur Bankkauffrau. Sie fühlt sich von ihrer Vorgesetzten abwertend behandelt und häufig kritisiert, was Frau G. nicht nachvollziehen kann. Demnächst soll in einem gemeinsamen Gespräch die Situation erörtert werden. Schon der Gedanke daran lässt ihn ihr ein Druckerleben entstehen. Sie gibt an, sich dann gar nicht in der Lage zu fühlen, ein solches Gespräch zu führen. Ihr Ziel ist es, mit mehr Sicherheit und Gestaltungsfreiraum in dieses Gespräch zu gehen und bei aufkommendem Druckerleben handlungsfähig zu bleiben.

BERATERIN: »Ich möchte Sie zunächst einladen, mal zu schauen: Welche Farbe würde zu dem ›Druck‹ passen?«

FRAU G.: »Rot, auf jeden Fall Rot.«

BERATERIN: »Und vielleicht finden Sie auch eine passende Gestalt, eine Form oder ein Symbol.«

FRAU G.: »Da fällt mir ein Stein ein, groß, spitz, dunkel und sehr warm.«

BERATERIN: »Welches Gewicht hat der Stein, eher schwerer oder eher leichter?«

Frau G.: »Schwer, sehr schwer … und ich merke jetzt schon, wie mein Herzschlag schneller wird.«

Beraterin: »Achten Sie darauf, dass es gut machbar hier ist für Sie!«

Frau G.: »Ja, okay, das ist es auf jeden Fall.«

Beraterin: »Wie ist es im Oberkörper – eher weiter oder eher enger?«

Frau G.: »Enger, ganz klar … jetzt wird auch die Atmung flacher.«

Beraterin: »Und wo ist der Stein in Bezug auf Ihren Körper angeordnet? Im Körper, davor, dahinter oder seitlich?«

Frau G.: »Direkt vor dem Magen … jetzt verspannt es sich dort.«

Beraterin: »Ist es für Sie machbar so?«

Frau G.: »Ja, es geht, es ist unangenehm, aber es geht.«

Beraterin: »Ich möchte Sie jetzt einladen, den Stein in Ihrer Vorstellung zu nehmen und den Abstand zu vergrößern. Schauen Sie mal, wo Sie dem Stein vielleicht hier im Raum oder draußen vor dem Fenster einen Platz geben können, sodass Sie ihn noch gut sehen können und gleichzeitig eine hilfreiche Distanz dazu gefunden haben.«

Frau G.: »Okay, ich habe ihn dort hinten vor das Fenster gelegt.«

Beraterin: »Und wie ist es für Sie?«

Frau G.: »Direkt viel leichter, der Magen ist entspannter, die Atmung ruhiger und es fühlt sich weiter an.«

Beraterin: »Schön, und was fällt Ihnen noch auf?«

Frau G.: »Der Stein ist runder und leichter.«

Beraterin: »Wie ist die Farbe des ›Druckes‹?«

Frau G.: »Immer noch rot, aber etwas blasser, ein bisschen oranger als zuvor.«

Beraterin: »Wie geht es Ihnen jetzt?«

Frau G.: »Besser als eben.«

Beraterin: »Ich möchte Sie jetzt einladen, zu experimentieren und den Abstand nochmals zu verringern, so, wie es gut machbar für Sie ist.«

Frau G.: »Okay, ich hole den Stein nochmals nah ran.«

Beraterin: »Lassen Sie sich einen Augenblick Zeit und beobachten Sie, wie es jetzt ist.«

Frau G.: »Es ist wieder etwas unangenehmer, aber kein Vergleich zu eben. Ich erlebe es wirklich leichter als am Anfang.«

Beraterin: »Schön … jetzt möchte ich Sie einladen, den Stein so zu positionieren, wie es für Sie optimal ist.«

FRAU G.: »Dann lege ich ihn noch ein Stück weiter weg als eben … ja, so ist es optimal.«

BERATERIN: »Nehmen Sie sich einen Moment Zeit für diese Erfahrung … Einfluss zu haben … den Abstand so verändern zu können … dass es Ihnen gut damit geht … manchmal entsteht auch ein Gefühl von innerer Stärke … oder Leichtigkeit … und während es manchmal so sein kann … dass es nochmals Einladungen geben kann … sich hilflos zu fühlen … kann sich gleichzeitig mehr und mehr die Erfahrung zeigen … den Druck liebevoll anzunehmen … als Hinweis auf ihr Bedürfnis nach Gestaltungsfreiraum … und wer möchte nicht flexibel gestalten können … und dann den Abstand so vergrößern … dass sich eben auch Ihr Bedürfnis nach Gestaltungsfreiraum zeigen kann … während es interessant ist, zu beobachten … wie diese Erfahrung Ihnen dabei helfen kann … ein anstehendes Gespräch aus einer geschützten Position heraus führen zu können … manchmal verändert sich dann etwas … was zuvor gar nicht im Bewusstsein war … wie ist es jetzt für Sie?«

FRAU G.: »Gut, sehr gut …«

BERATERIN: »Das freut mich … manchmal experimentieren Klienten auch zu Hause mit der Übung … und kommen dann noch auf weitere Ideen.«

16. Arbeit mit der Flussmetapher – wie Bewegung angeregt und Übergänge gestaltet werden können

Steckbrief

Für wen: Einzelne, Paare, Familien, Teams.

Ziel: Nutzung unbewusster Ressourcen, Bewegung anregen und Übergänge gestalten, Ambivalenzen würdigen und Ratlosigkeit als Kompetenz nutzen.

Material: Flipchart oder Zeichenblock sind als Ergänzung zur hypnosystemischen Kommunikation hilfreich.

Einordnung: Besonders hilfreich, wenn Beratungsprozesse ins Stocken geraten sind, sowie bei Übergängen zwischen unterschiedlichen Lebensphasen.

Wie bereits beschrieben, ist die Nutzung von Metaphern und einer bildhaften Sprache eine wesentliche Strategie hypnosystemischer Beratung. Unsere Sprache wird von den beiden Gehirnhälften unterschiedlich verarbeitet. Während in der linken Hälfte Sprache eher sachlich, logisch und begrifflich aufgenommen und verarbeitet wird, geschehen die entsprechenden Prozesse in der rechten Gehirnhälfte bildhaft und assoziativ. Eine bildhafte Sprache ist für Beratung insofern bedeutsam, als dass Bilder und Metaphern »emotionale Erfahrungen speichern, die ihre Wurzeln in einer persönlich-biografischen Vergangenheit haben, die uns oft bewusst nicht zur Verfügung stehen« (Meyer-Erben und Zander-Schreindorfer, 2021, S. 49). Dadurch stehen Ressourcen zur Verfügung, welche dem bewussten Denken bislang nicht zugänglich waren.

Im Kapitel »Methoden und Interventionen« habe ich bereits beschrieben, wie entsprechende Metaphern gefunden werden können (S. 129). Hier skizziere ich, wie ich in einem laufenden Beratungsprozess die Flussmetapher als »Choreografie und Ritual der Veränderung« nutze, in Anlehnung daran, wie ich sie 2016 von Stefan Junker in Krefeld lernen durfte. Die beiden »Ufer« werden dabei als zwei unterschiedliche Realitätskonstruktionen gesehen. Das eine Ufer steht für die aktuelle Situation der Klienten, die Anlass für die Beratung ist (»Ich leide, aber ich bin«). Das andere Ufer steht für das vom Klienten mehr oder weniger klar beschriebene Zielerleben (»Ich kann gestalten und bin klarer«). Der »Fluss« bildet den Zwischenbereich der Ambivalenz, der Unklarheit und der Disposition. Berater sind in dieser Hinsicht Begleiter, die helfen, Unklarheit auszuhalten. Dabei hilft eine sichere Beziehung, die es ermöglichen soll, »gemeinsam in den Fluss zu steigen«. So sind manche Dinge auf dem anderen Ufer schon erkennbar und andere erst, wenn ich dort angekommen bin. Und wir gehen immer auch ein Risiko ein, denn ohne Preis ist Veränderung nicht möglich. Und manchmal ist der Preis auch ein Gewinn.

Wichtig ist es, als Berater veränderungsneutral zu bleiben, da nachhaltige Veränderungen nur aus den Klientinnen und Klienten selbst heraus entstehen können. Berater sind hilfreich in der Rolle des »Realitätenkellners«, der unterschiedliche »Realitäten« anbieten kann und entsprechende Feedbackprozesse nutzt.

Herr S. (30 Jahre) und Frau A. (28 Jahre) sind seit acht Jahren ein Paar. Während Frau A. einen intensiven Kinderwunsch in sich spürt, denkt Herr S., dass dafür die Beziehung noch stabiler werden muss. Sie erhoffen sich, im Verlauf der Beratung mehr Klarheit darüber zu gewinnen. In der dritten Sitzung wird deutlich, dass der Beratungsprozess ins Stocken geraten ist. Es scheint einen guten Grund für eine Stagnation zu geben. Eine Veränderungsmotivation ist nicht mehr erkennbar. Ich schildere dem Paar meinen Eindruck, den beide ebenfalls bestätigen. Ich benenne, dass ich ratlos bin und gerade keine Idee für eine Perspektive hier in der Beratung sehe.

Ratlosigkeit kann als wichtige Ressource genutzt werden, wenn sie im Beratungssystem offen angesprochen und »normalisiert« wird. Viele Klienten sind dann überrascht, da sie von der Annahme ausgehen, Berater wüssten immer, was zu tun wäre. Spiegele ich Ratlosigkeit ins Beratungssystem als normales Phänomen zurück, wird damit in der Wirkung die Verantwortung für Veränderung bzw. Nichtveränderung an die Klienten zurückgegeben. Der Berater muss jetzt nicht allein »ackern«, sondern es braucht eine neue Auftragsklärung mit den Klienten. Diese kann darin bestehen, dass der Berater ein Experiment anbietet, um etwas »Licht ins Dunkle« zu bringen:

Berater: »Ich möchte Sie fragen, ob Sie sich auf ein Experiment einlassen können. Es geht dabei darum, mehr Klarheit darüber zu gewinnen, was hier in der Beratung Hilfreiches geschehen kann. Es ist nur eine Idee und keine Wahrheit. Sie entscheiden, ob es gewinnbringend für Sie ist oder nicht.«

Nachdem Herr S. und Frau A. dem Experiment zugestimmt haben, beginne ich auf einem Flipchart eine Flusslandschaft zu malen. Gleichzeitig beschreibe ich detailliert die Landschaft und nutze dabei entsprechende hypnotische Sprachmuster.

Berater: »Und hier sehen Sie das eine Ufer ... da sind Sie jetzt ... und ich habe es so verstanden ... dass Sie Beratung nutzen möchten ... um hier zum anderen Ufer zu kommen ... dabei kann man noch nicht genau sehen, wie es da aussieht ... während Sie beide hier bei diesem Ufer wissen, was Sie haben ... also das wäre ihre Situation jetzt, weswegen Sie gekommen sind … und hier dazwischen ist der Fluss … und man weiß nicht genau, wie es darin aussieht … wie tief er an den verschiedenen Stellen ist … vielleicht gibt es Stromschnellen … an anderen Stellen ist es vielleicht ganz seicht … und manchmal liegen auch Steine in dem Fluss … mal größere und mal kleinere … da kann man sich ausruhen … und sowohl zurück als auch nach vorne blicken … und vielleicht gibt es auch Stöcke … an denen Sie sich vortasten können … und Halt finden … den Weg durch den Fluss zu gehen … oder lieber am Ufer stehen zu bleiben … und die Sicherheit zu haben … was ich gut verstehen könnte … und es ist ja auch nicht so … dass an diesem Ufer alles schlecht wäre … vieles lohnt sich sicher, zu bewahren … und gleichzeitig ist hier das andere Ufer … von dem Sie sich vielleicht etwas erhoffen … von dem Sie aber nicht wissen, wie es ist … sodass beides da ist … die sichere Unsicherheit … und die unsichere Sicherheit … und es ist sehr verständlich … sich da die Zeit zu nehmen … sein Bauchgefühl zu fragen … und erst den nächsten Schritt zu machen … wenn die Zeit dafür gekommen ist … und manchmal ist es auch so … dass noch ganz andere Möglichkeiten entstehen können … die jetzt noch gar nicht vorstellbar sind … und die der bewusste Verstand auch noch gar nicht zu wissen braucht … weil das, was die beiden Personen brauchen … sie bereits in sich tragen … und während ein Teil der Aufmerksamkeit hier bei diesem Ufer sein kann … kann ein anderer bei diesem sein … und ein ganz anderer Teil kann jetzt mit seiner Aufmerksamkeit auch ganz woanders sein … und es kann neugierig machen … was der Körper jetzt dazu sagen würde.«

Während des Erzählens beobachte ich die nonverbalen Reaktionen des Paares auf die Erzählungen, greife sie auf und intensiviere somit das Erleben. Sowohl Herr S. als auch Frau A. sind in einem Trancezustand und »füllen« die Flussmetapher unwillkürlich mit eigenen Empfindungen und Bedeutungsgebungen.

BERATER: »Mich würde nun interessieren … an welcher Stelle Sie sich jeweils in diesem Bild sehen würden.«

HERR S.: »Ich würde mich auf einem Stein im Fluss sehen und einen kleinen Schritt zum anderen Ufer machen. Ich blicke aufs andere Ufer.«

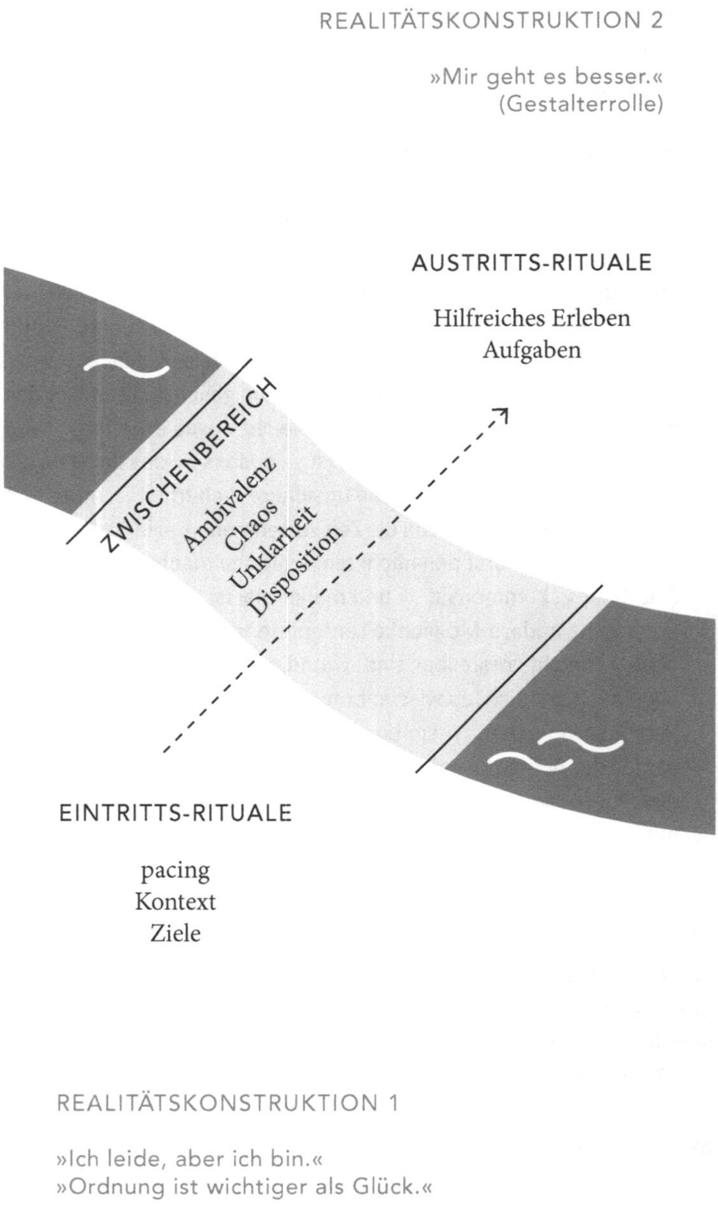

Abbildung 16: Flussmetapher als Ritual des Übergangs

FRAU A.: »Ich sehe mich auch auf dem Stein, allerdings mache ich gerade einen Schritt zurück und schaue auf das Ufer, woher wir kommen.«
BERATER: »Was sehen Sie dort am Ufer, woher sie kommen?«

Frau A. berichtet nun sehr bewegt vom Tod ihrer Mutter. Diese habe sich so sehr ein Enkelkind gewünscht und jetzt sei es zu spät dafür. Frau A. gibt an, sich noch nicht von ihrer Mutter verabschiedet und getrauert zu haben. Sie könne (noch) nicht nach vorne (aufs andere Ufer) schauen und brauche noch Zeit, den Verlust zu betrauern. Gleichzeitig sei es entlastend, jetzt zum ersten Mal darüber sprechen zu können.

Es wird nun möglich, den Auftrag zu modifizieren und neu zu klären.

Die Flussmetapher eignet sich insofern für unterschiedliche Themen und Settings, da viele verschiedene Aspekte von Veränderung und Nichtveränderung bildhaft angesprochen werden. Aufgabe des Beraters ist es, auf unterschiedlichen Ebenen zu kommunizieren und eine entsprechende Choreografie zu gestalten. Dies bildet den Rahmen für Veränderung (siehe Abbildung 16).

Zum Schluss noch die Erkenntnis des Philosophen Heraklit: »Niemand kann zweimal in denselben Fluss steigen, denn alles fließt und nichts bleibt.« Auch diese Metapher kann Klienten angeboten werden. Es kann überlegt werden, was dies für die jeweilige Lebenssituation bedeuten würde. Letztlich ist alles in Bewegung und nichts bleibt stehen.

17. Vom Sorgenland ins Wohlfühlland – wie eine neue Erzählung kreiert werden kann

Steckbrief

Für wen: Kinder im Einzelsetting oder im Beisein ihrer Eltern, auch für Erwachsene geeignet.
Ziel: Kreieren einer neuen »Erzählung«, Ansprechen unbewusster Ressourcen.
Material: Vier Zeichenblockblätter, Buntstifte und ein Tacker.
Einordnung: Eine kreative Methode, die viele Kommunikationsebenen anspricht; mit etwas Übung leicht zu lernen.

Die Methode »Vom Sorgenland ins Wohlfühlland« konnte ich von Peter Allemann 2008 lernen. Dabei werden drei verschiedene Aspekte in einer Intervention integriert: maltherapeutische Ideen, entwickeln und erzählen einer Geschichte sowie hypnosystemische Kommunikation.

Nach Wirl (2007) wirken hypnotherapeutische Geschichten auf drei Ebenen: Auf der ersten Ebene wird während der Erzählung der Geschichte das bewusste Denken des Kindes angesprochen. Auf der zweiten Ebene regt der Berater durch eingestreute Suggestionen das Unbewusste des Kindes an. Auf der dritten Ebene entsteht eine Vernetzung der Sinnessysteme (VAKOG). Dabei geht es – vereinfacht – darum, beim Erzählen der Geschichte eine Sprache zu finden, in der Sinneswahrnehmungen vielfältig zum Ausdruck kommen (Wirl, 2007). So wird eine intensive Erfahrung für das Kind möglich.

Zu Beginn geht es zunächst wieder um die behutsame Entwicklung eines Beratungsziels. Der Berater lädt das Kind nun ein, auf dem *ersten Blatt* sein »Wohlfühlland« zu malen. Manchmal ist es leichter, zunächst gemeinsam mit dem Kind zu sammeln, was alles dazugehören könnte. Dabei sind der Fantasie des Kindes keine Grenzen gesetzt.

Berater: »Wie würde dein Wohlfühlland aussehen? Was gehört für dich alles dazu? Wenn du möchtest, können wir auch erst einmal gemeinsam überlegen.«

Das Kind beginnt nun auf das erste Blatt sein Wohlfühlland zu malen. Erfahrungsgemäß sind dies beispielsweise ein Wohnhaus, die Familie und Freunde des Kindes, ein Spielplatz, ein blauer Himmel, eine Sonne, ein Pool, ein Trampolin, ein Fußballplatz, eine Blumenwiese, ein Wald, ein Strand, ein Wasserfall, ein Badesee, ein Platz zum Chillen, ein Lieblingsspielzeug, Haustiere etc.

Anschließend bittet der Berater das Kind, sich einen möglichen Lieblingsplatz in seinem »Wohlfühlland« zu suchen und entsprechend zu malen. Nun kann das Kind einen Namen für sein »Wohlfühlland« finden und entsprechend auf das Bild schreiben sowie ein »Eingangs- und Ausgangstor« an die linke Seite des Blattes malen.

Nun lässt sich der Berater das Bild mit den einzelnen Elementen vom Kind sehr *detailreich* beschreiben. Dabei erfragt er auch die jeweiligen *Bedeutungen* der Elemente, die *Sinneswahrnehmun-*

gen (die warme Sonne auf der Haut, der Geruch von Tannenwald, der kühle Pool, Kuscheln mit dem Hund) und die *Auswirkungen* auf das Wohlbefinden des Kindes. Auch durch Fragen – wie beispielsweise »Was bedeutet dir die grüne Blumenwiese« oder »Was passiert genau am Platz zum Chillen?« – werden durch Aufmerksamkeitsfokussierung innere Ressourcenzustände aktiviert. Spannend kann auch die Frage sein, aus welchem Material (z. B. Holz, Eisen, Stein) das Ein- und Ausgangtor ist, wie es genau aussieht, ob die Scharniere gut geölt sind und ob es sich leicht oder schwer öffnen lässt.

Nach dem ausführlichen Austausch über das »Wohlfühlland« lädt der Berater das Kind nun ein, sein »Sorgenland« auf das zweite Blatt zu malen. Auch hier kann zunächst gemeinsam überlegt werden, was für das Kind gerade dazugehört. Hilfreich sind auch Fragen nach dem Anlass, warum das Kind in die Beratung gekommen ist. Erfahrungsgemäß gibt es im »Sorgenland« weniger Elemente als im »Wohlfühlland«. Hier ist es wichtig, nicht zu lange möglichst viele »Sorgen« des Kindes erfragen zu wollen, die es vielleicht gar nicht gibt, sondern sich auf einige wenige zu konzentrieren. Manchmal finden Kinder auch Symbole, wie z. B. eine »Höhle«, und beschreiben damit, dass sie sich manchmal »einsam« fühlen. Oftmals malen Kinder, die im »Wohlfühlland« einen blauen Himmel mit Sonne gemalt haben, im »Sorgenland« einen Himmel mit Regenwolken. Auch hier wird das Kind gebeten, einen Namen für das Land zu finden sowie ein »Ein- und Ausgangstor« auf die rechte Seite des Blattes zu malen.

Nun erfolgt ebenso ein gemeinsamer Austausch über das »Sorgenland«. Dabei ist es wichtig, das Kind gut im Blick zu haben und darauf zu achten, dass die Aufgabe gut machbar ist. Das »Sorgenerleben« sollte weit weniger aktiviert werden als das »Wohlfühlerleben«.

Der Berater hält nun in der einen Hand das »Wohlfühlland« und in der anderen Hand das »Sorgenland«, während das Kind beide Bilder gut sehen kann. Er beschreibt währenddessen beide »Länder« im Wechsel. Dabei streut er sprachlich die jeweils für das Kind bedeutsamen Aspekte immer wieder ein:

»Und während es hier im Wohlfühlland (den vom Kind gewählten Namen verwenden) angenehm warm ist … die Familie und die Freunde da sind … das Trampolin sehr viel Spaß macht … ist hier im Sorgenland der Himmel grau … aus den Wolken fällt der Regen … und dort in der Höhle der Einsamkeit (ausführlich beschreiben, auch die Sinneswahrnehmungen und Bedeutungen) und während hier im Wohlfühlland …«

Nun geht es darum, beide »Länder« mehrfach im Wechsel ausführlich zu beschreiben, sodass die beiden »Länder« verschmelzen und ineinanderlaufen können. Wichtig dabei ist es, das Kind zu beobachten, wie es den jeweiligen Erzählungen auf den Bildern folgt. Nach einiger Zeit lädt der Berater dazu ein:

»Stell dir vor, wie es ist, vom Sorgenland zum Wohlfühlland zu kommen. Vielleicht gibt es einen Weg, der beide Länder verbindet. Möglicherweise kennt dein Unterbewusstsein oder dein Bauchgefühl diesen Weg schon. Wie sieht er genau aus? Interessant ist auch, was genau währenddessen passiert, um vom Sorgenland ins Wohlfühlland zu gelangen. Vermutlich gibt es etwas Hilfreiches, vielleicht auch etwas ganz Ungewöhnliches, was in deiner Fantasie jetzt wie von selbst entstehen kann. Es kann auch ein Symbol oder ein besonderes Zeichen sein. Schau dir die beiden Bilder nochmals genau an. Und auf dem Blatt, das jetzt zwischen den beiden Ländern liegt, ist das ›Land dazwischen‹. Wie sieht dieses Land bei dir aus? Du kannst es jetzt malen, auch wieder mit einer Überschrift und an dem linken und rechten Rand jeweils mit einem Eingangs- und Ausgangstor.«

Nachdem das Kind das dritte hinzugelegte Blatt das »Land dazwischen« gemalt hat, ist es wichtig, ausführlich über das Bild zu sprechen und genau zu erfragen, was in diesem Land geschieht und welche Auswirkungen damit für das Kind verbunden sind. Wenn ein Symbol gemalt worden ist, kann der Berater auch fragen: »Was erzählt das Symbol in ein paar Monaten für eine Geschichte, wie es war, vom ›Sorgenland‹ ins ›Wohlfühlland‹ zu kommen? Wie ist es passiert?«

Nun liegen alle drei »Länder« nebeneinander. Der Berater lädt das Kind zu der Vorstellung ein, einen Titel für das »Bilderbuch« zu finden: »Stell dir vor, diese drei Bilder werden zu einem Bilderbuch. Und in diesem Bilderbuch wird die Geschichte eines Kindes – etwa in deinem Alter – erzählt. Welchen Titel möchtest du der Geschichte geben? Und wenn du einen gefunden hast, schreibe ihn hier auf dieses vierte Blatt. Wenn du möchtest, kannst du auch ein richtiges Cover malen.« Manche Kinder stellen sich auch das Drehbuch eines Films vor und malen dann ein Filmplakat mit dem Titel des Films.

Titelblatt	Sorgenland	Land dazwischen	Wohlfühlland

Abbildung 17: Bilderbuchblätter

Der Berater legt jetzt alle vier Blätter (Abbildung 17) so aufeinander, dass das Kind sie gut sehen kann. Dabei ist die *Reihenfolge* so, dass das Titelblatt zuerst sichtbar ist, dann das Sorgenland, dann das Land dazwischen und das Wohlfühlland zum Schluss (eine Beispielserie zeigen die Abbildungen 18a–d). Nacheinander werden gleich die Bilder von vorne nach hinten gesteckt, sodass immer das Blatt gerade sichtbar ist, um welches es in der Geschichte gerade geht. Der Berater hält also die Blätter, steckt diese jeweils nach hinten, erzählt dabei die Geschichte und beobachtet dabei das Kind genau.

Der Berater lädt das Kind ein, es sich ganz bequem zu machen und neugierig auf das zu sein, was jetzt geschieht: »Es ist noch nicht lange her, da trug sich folgende Geschichte zu. Und diese Geschichte heißt … und handelt von einem Jungen, der etwa so alt ist wie du …« Nun geht es darum, dem Kind »seine« Geschichte sehr ausführlich und detailreich zu erzählen und dabei viele Elemente einzustreuen, die der Berater im Verlauf des Gesprächs vom Kind erfahren hat. So können bestimmte Schlüsselwörter bedeutsam sein, die das Kind während der Sitzung verwendet hat. Wichtig ist auch, verschiedene Sinnesebenen einzubeziehen und Gefühle zu benennen. Sehr hilfreich ist es, wenn der Berater eine entsprechende Dramaturgie entstehen lässt und Spannung aufbaut. Dabei sollte er das Kind und seine nonverbalen Reaktionen genau im Blick haben. Die Nutzung und Rückmeldung der Minimal Cues des Kindes begünstigen eine Tranceerfahrung beim Kind, sodass unbewusste Ressourcen noch leichter aktiviert werden können.

Abbildung 18a: Vom Sorgenland ins Wohlfühlland: Titelblatt

Abbildung 18b: Vom Sorgenland ins Wohlfühlland: Sorgenland

Abbildung 18c: Vom Sorgenland ins Wohlfühlland: Land dazwischen

Abbildung 18d: Vom Sorgenland ins Wohlfühlland: Wohlfühlland

Das Kind kann nun ein Feedback geben, wie es die Geschichte erlebt hat. Es besteht dann die Möglichkeit, sich das »Sorgenland« nochmals anzuschauen und zu überlegen, ob das Kind dort noch etwas hinzufügen möchte. Fast immer ergänzen Kinder das »Sorgenland« noch um eine Ressource, malen eine Sonne oder etwas anderes Hilfreiches.

Zum Schluss tackert der Berater die Geschichte zu einem »Drehbuch« zusammen.

Noch ein Hinweis: Sind bei dieser Arbeit die Eltern des Kindes anwesend, so ist es wichtig, diese »über die Bande« zirkulär in die Geschichte mit einzubeziehen und im peripheren Blickfeld ihre Reaktionen darauf zu beobachten.

18. »Innere« Kinder, Jugendliche und Erwachsene – wie verletzten »Teilen« Trost gespendet und sie versorgt werden können

Steckbrief

Für wen: Einzelne.

Ziel: Unterstützung bei der Integration belastender Erfahrungen, Ressourcenaktivierung, Würdigung von Leidvollem.

Material: Nicht erforderlich.

Einordnung: Übung erforderlich; Klient sollte ausreichend stabil sein; wirkungsvoll in der Biografiearbeit; erfahrungsintensiv.

Hypnosystemisch gesehen gibt es das »innere Kind« nicht an sich. Die Arbeit mit dem »inneren Kind« bzw. »inneren Teilen« ist ein Modell, um Menschen dabei zu unterstützen, belastende Erfahrungen in ihre Biografie zu integrieren, bislang unentdeckte Ressourcen zu aktivieren und mit sich als Person wieder mehr im Kontakt zu sein. Aus hypnosystemischer Sicht gibt es viele »innere Kinder, Jugendliche und Erwachsene« in uns. Damit ist gemeint, dass wir im Verlauf unseres Lebens zahlreiche Erfahrungen machen und diese neuronal und körperlich gespeichert sind. Je höher die emotionale Ladung der Erfahrungen, umso eher sind sie in Form von Bildern, Gefühlen, somatischen Markern, Gerüchen, Geräuschen,

Gedanken, Einstellungen, Glaubenssätzen und Verhalten in uns verknüpft und gespeichert. Dies gilt sowohl für angenehme wie belastende Erfahrungen. Und je nachdem, wohin die Aufmerksamkeit gerichtet ist, wird ein »innerer Teil« und ein entsprechendes Erleben aktiviert. Bierbaum-Luttermann und Mrochen (2019, S. 119) »verstehen Teile als Repräsentanten der neurophysiologischen Zustände und Botschafter der Bedürfnisse von Kindern wie Erwachsenen«.

In diesem Modell kann sich jede Erfahrung, die bedeutsam ist, zu einem »inneren Kind« bzw. »inneren Teil« entwickeln, der unbewusst und unwillkürlich bis in die aktuelle Lebenssituation hineinwirkt, sowohl gewünscht als auch ungewünscht. So kann es z. B. sein, dass jemand im Alter von acht Jahren eine schwere Krise erlebt und seine Eltern sich nicht angemessen um das achtjährige Kind kümmern konnten. Das bedeutet, dass ganz zentrale Bedürfnisse nach Zuwendung und Sicherheit des Kindes nicht im Blick waren. In der beraterischen Arbeit geht es zunächst darum, dass der heute erwachsene, z. B. 30-jährige Klient in einem geschützten Rahmen mit dem Achtjährigen in Kontakt kommen kann.

Dies kann ganz unterschiedlich geschehen. So kann der Klient zunächst nochmals die Lebenssituation des Achtjährigen beschreiben. Dabei ist wichtig, dass der Berater die leidvollen Erfahrungen würdigt und dem Klienten hohe Wertschätzung dafür entgegenbringt, dass er den Mut aufbringt, über seine Erfahrungen zu sprechen. Nun geht es darum, gemeinsam herauszuarbeiten, was dem damals Achtjährigen geholfen hätte und welche Bedürfnisse dann im Blick gewesen wären. Meist geht es um ganz basale Bedürfnisse wie in den Arm genommen und gestreichelt werden, Trost erfahren, auf dem Schoß sitzen dürfen, Schutz und Sicherheit erfahren, liebevolles Versorgen und miteinander sprechen. Dies ist oft ein sehr emotionaler Moment, in dem es für den Klienten möglich wird, in einem geschützten Rahmen mit dem Achtjährigen in Kontakt zu kommen und dadurch Sicherheit und Entlastung zu erfahren. Jetzt wird der Frage weiter nachgegangen, was der Achtjährige braucht und vor allem von wem. Oftmals bleibt die Sehnsucht des damaligen Kindes bis heute ins erwachsene Alter erhalten, seine Eltern bzw. andere aktuelle Bezugspersonen mögen ihm doch bitte die Bedürfnisse erfüllen. Wenn der Wunsch aufrechterhalten bleibt, erzeugt dies das Problemerleben immer wieder neu. So kann es sein, dass es dem Betroffenen schwerfällt, Verantwortung für eigene Bedürfnisse zu übernehmen, da er befürchtet, Ablehnung zu erfahren. Die Auswirkung davon ist jedoch, Verantwortung für eigene Belange und Bedürfnisse bei anderen zu lassen, was zu Problemen führen kann.

In der Beratung ist es nun sinnvoll, sich auf die Suche nach Erlebnissen des Klienten zu machen, in denen er genau diese Erfahrung gemacht hat, die ihm geholfen hätte. Die Frage ist, wo es ihm in seinem Leben so richtig gut ging: Wo hat er z. B. ganz viel Sicherheit und Geborgenheit erlebt und sich als kraftvollen Gestalter seines Lebens wahrgenommen? Vielleicht eine Urlaubsreise mit einem Freund, der erfolgreiche Abschluss einer Ausbildung oder ein besonderes Hobby. In diesem Modell wird jetzt ein anderer »innerer Teil« angesprochen, vielleicht der 18- oder 24-Jährige.

Nun begleite ich den Klienten dabei, das Ressourcenerleben dieses »kraftvollen Teils« durch Vorstellen innerer Bilder sowie entsprechender Körperhaltungen intensiv zu aktivieren. Dies kann beiläufig in einer Art Konversationstrance geschehen. Damit ist gemeint, dass der Berater den Klienten während des Gesprächs dazu einlädt, die inneren Bilder der Ressourcensituation entstehen zu lassen, ohne eine formale Trance zu induzieren.

Berater: »Wenn Sie jetzt mal schauen, welche der beiden Erfahrungen – die Urlaubsreise mit Ihrem Freund in Frankreich oder Ihr Parkourhobby – löst bei Ihnen spontan eher ein Gefühl von dem aus, was Sie als Achtjähriger gebraucht hätten?«

Herr L.: »Die sechswöchige Reise durch Frankreich nach dem Abitur.«

Berater: »Schön, vielleicht beschreiben Sie mal, was Sie gerade vor Ihrem inneren Auge sehen.«

Herr L.: »Ich sehe die unglaublich schöne Landschaft ... die Pinienwälder ... diese Weite ... und wir beide, mein bester Freund und ich, nur mit dem Zelt unterwegs.«

Berater: »Ja, diese unglaubliche schöne Landschaft und diese Weite ... und was löst das gerade aus bei Ihnen?«

Herr L.: »Eine Freiheit ... wir konnten alles machen ... entscheiden, was wir tun ... jetzt fällt mir gerade unsere Wanderung auf diesen

Berg ein … sechs Stunden lang … und dieser Ausblick … wir waren über den Wolken … und ich merke gerade … wie mich das sehr anrührt …«

BERATER: »Was rührt Sie an?«

HERR L.: »Ja, zu sehen … wie ich das alles geschafft habe … und dass es dem Achtjährigen nicht gut ging … und er sich allein gefühlt hat.«

Nun geht es darum, mit dem Achtjährigen imaginativ in Kontakt zu treten und ihm das Gefühl von Trost und Sicherheit des »älteren Teils« zukommen zulassen. In der inneren Vorstellung können beide Teile in Verbindung kommen und sich gegenseitig Wertschätzung entgegenbringen.

BERATER: »Ja, er hat sich allein gefühlt und seine Eltern konnten ihm nicht das geben, was er gebraucht hätte … ja, das war schwer für den Achtjährigen. Vielleicht können Sie sich die Vorstellung einer Begegnung der beiden ›Teile‹ erlauben.«

HERR L.: »Das ist jetzt etwas ungewöhnlich … es geht aber.«

BERATER: »Und vielleicht können Sie neugierig darauf sein, wie die beiden miteinander in Kontakt treten und der ältere Teil dem jüngeren Trost und Anerkennung zukommen lässt.«

HERR L.: »Der Achtjährige möchte das aber nicht. Der schützt sich.«

BERATER: »Ja, das kann ich gut verstehen. Er möchte das jetzt nicht. Woher soll er auch wissen, dass der ältere Teil es wirklich gut mit ihm meint? Da ist es verständlich, dass er sich schützt. Manchmal braucht es eben die Zeit, die es braucht … um mutig einen Schritt zu gehen … und dass es sich lösen kann … Wunden heilen … und der Achtjährige entscheidet ganz allein.«

HERR L.: »Jetzt ist es einfacher … gelöster …«

BERATER: »Das ist schön … wichtig ist: Der Achtjährige bestimmt das Tempo …«

Manchmal tauchen jetzt Ressourcenerfahrungen auf, die bislang nicht mehr im Bewusstsein waren. So kann es sein, dass der Klient sich an ein schönes Erlebnis in der schweren Zeit erinnert, welches in Vergessenheit geraten ist und nun als Ressource wieder hilfreich sein kann. Das können z. B. die regelmäßigen Besuche bei

Oma und Opa oder einer anderen wichtigen Bezugsperson, wie z. B. einem Freund, sein. Eine gute Möglichkeit ist es auch, dem erwachsenen Klienten vorzuschlagen, in einen Spielzeugladen zu gehen und für den Achtjährigen ein Geschenk zu kaufen: Womit hat er damals gerne gespielt? Hatte er ein Lieblingskuscheltier? Dann kann geschaut werden, wo ein guter Platz für das Spielzeug sein könnte. Diese Erfahrung ist für viele Klienten oft sehr befreiend, da sie spüren, dass es ihrem »inneren Kind« wieder besser geht, sie es emotional gut versorgen und wieder beruhigen können. Dies hat auf den erwachsenen Klienten meist eine entlastende und stärkende Wirkung und kann ihn bei der Erreichung seiner Beratungsziele unterstützen.

19. Zeitlinienarbeit - wie »Biografie« neu eingeordnet und daraus Kraft geschöpft werden kann

Steckbrief

Für wen: Einzelne, Paare, Familien und Teams.
Ziel: Ordnen und Integrieren von Erfahrungen, Ressourcenaktivierung, Würdigung von Leidvollem und Säen von Hoffnung.
Material: Seile, Karten, Bilder, Steine, Murmeln etc.
Einordnung: Etwas zeitintensiver, besonders im Mehrpersonensetting; erlebnisintensive Biografiearbeit.

In der Arbeit mit Zeitlinien geht es darum, mit Seilen, Karten, Symbolen und anderen Materialien einen Lebenslauf auf dem Boden des Beratungszimmers zu visualisieren und erfahrbar zu machen. Ziel ist es, aus einer Beobachterperspektive den Möglichkeitsraum zu vergrößern, bestimmte Erlebnisse neu zu rahmen, belastende Erfahrungen zu würdigen und ungeahnte Ressourcen zu aktivieren. Dadurch wird es für die Klientin bzw. den Klienten möglich, in Kontakt mit den Gefühlen von aktuell Erlebtem, früher Erfahrenem sowie mit möglichen »Zukünften« zu kommen (Schindler, 2014).

Auch hier wieder der Hinweis: Hypnosystemisch gesehen gibt es keinen Lebenslauf an sich. Je nachdem, worauf die Aufmerksamkeit gerichtet ist, entstehen verschiedene Lebenslaufkonstruktionen.

Die Arbeit mit Zeitlinien- oder auch Lebensflussmodellen kann im Einzel-, Paar-, Familien- und Teamsetting sinnvoll sein. Während im Einzelsetting die Neurahmung aus der Sicht einer Person im Fokus steht, sind im Mehrpersonensetting vor allem auch die jeweils unterschiedlichen Sichtweisen mit den damit verbundenen Wechselwirkungen bedeutsam. Die Beraterin muss immer alle Beteiligten mit ihren jeweiligen Zeitlinien im Blick haben. Auch bei dieser Methode gibt es sehr viele verschiedene Vorgehensweisen.

Nach Nemetschek bietet das Lebensflussmodell den Vorteil, »dass es mit sinnlichen analogen Mitteln zügig den Lösungsprozess einleitet und ganzheitlich begleitet. […] Im Unterschied zum ›coolen‹, sprachlich orientierten Konstruktivismus wird das Unbewusste ermuntert, vergessene Ressourcen wieder zu nutzen: Arbeit mit Herz und Hand« (Nemetschek, 2006, S. 85, 87).

Nach Neumann (2006, S. 308) ist die Timeline-Arbeit besonders »geeignet zur Befreiung von alten Emotionen, in denen Menschen noch immer feststecken, zum Loslassen negativer Einstellungen, Schuldgefühlen und Trauer, Furcht und Angst, um einschränkende Entscheidungen aufzuheben, bei Trauma- und Missbrauchserfahrungen oder um alte Ressourcen wieder in Besitz zu nehmen, und vieles mehr«.

Auch wenn sich das Lebensflussmodell nach Nemetschek und die Timeline-Arbeit im Vorgehen an einigen Stellen unterscheiden, gehen beide Modelle von der Grundidee aus, »Biografie« sinnlich erfahrbar zu machen und mit ihr mit Blick auf die Ziele der Klienten ressourcenorientiert zu arbeiten.

Jakob (16 Jahre) lebt seit zwei Jahren in einer Jugendwohngemeinschaft. Im Alter von neun Jahren trennten sich seine Eltern. Jakob und sein Bruder (14 Jahre) blieben bei ihrer Mutter, mussten jedoch kurz danach für zwei Jahre in einer Wohngruppe untergebracht werden, da ihre Mutter aufgrund von Alkoholmissbrauch die Betreuung ihrer Kinder nicht mehr gewährleisten konnte. Als Jakob 12 Jahre alt war, kamen er und sein Bruder zur Mutter zurück, da sich ihre Situation stabilisiert hatte und sie bereit war, eine Sozialpädagogische Familienhilfe des Jugendamtes anzunehmen. Als Jakob 15 Jahre alt war, eskalierte die häusliche Situation erneut, sodass Jakob in einer Jugendwohngruppe untergebracht wurde. Nun steht bald der Auszug in eine eigene Wohnung an. Jakob fühlt sich jedoch zunehmend unsicher und hat das Gefühl, das Erlebte »sortieren« zu müssen.

Ich bitte Jakob zunächst, alle Ereignisse zu benennen - angenehme und unangenehme -, die ihm zu seinem Lebensweg einfallen. Diese schreibe ich währenddessen stichpunktartig auf Moderationskarten.

Manchmal ist es einfacher, mit zeitlich eindeutigeren Ereignissen, wie z. B. »Einschulung« oder »Wohnungswechsel«, zu beginnen. Auch Fragen nach ressourcenvollen Erlebnissen mit wichtigen Bezugspersonen, Urlaubsreisen oder Hobbys sind bedeutsam. Wichtig ist, Jakob dabei Zeit zu lassen und auch scheinbar unbedeutende Ereignisse mit aufzunehmen.

Nun bitte ich ihn, sich eines von mehreren farbigen Seilen auszusuchen und auf dem Boden auszulegen. Etwa in die Mitte des Seils lege ich in eine Karte für die aktuelle Situation. Die erste Hälfte beginnt somit mit der Geburt bis heute, die zweite Hälfte ist zeitlich nach hinten offen und steht für den künftigen Lebensweg von Jakob. Jetzt lade ich ihn ein, die Karten chronologisch an das Seil zu legen. Jakob hat dabei auch die Möglichkeit, die Karten mit passenden Symbolen zu bemalen oder farbige Steine an sie zu legen. Ich bitte ihn jetzt, eine Zielvision zu entwerfen. Jakob gibt als Ziel an, in einem halben Jahr in seiner eigenen Wohnung mit Betreuung leben zu wollen und weiter seiner Ausbildung als Kfz-Mechatroniker nachzugehen. Helfen würde ihm dabei, dass er besser auf seine eigenen Fähigkeiten vertrauen kann und genügend Mut für diesen Schritt entwickelt. Auf diese Karte legt Jakob einen blauen Stein, da dieser für ihn »innere Kraft« bedeutet (siehe Abbildung 19a und 19b).

Ich bitte Jakob nun, die Zeitlinie ganz langsam entlangzugehen und bei jeder Karte kurz zu verweilen, dabei zwei bis drei kurze Sätze dazu zu sagen und dabei nachzuspüren, welche Gefühle und vielleicht Bilder entstehen. Auch körperliche Resonanzen können einbezogen werden. Meine Aufgabe ist es, durch Pacing behutsam zu begleiten und Leidvolles zu würdigen.

Dabei können diese Leitfragen wichtig sein:

- Was hätte Jakob (generell: die Klientin/der Klient) damals gebraucht?
- Wer oder was hat Jakob damals geholfen, um von der einen Lebensstation zur nächsten zu kommen?

- Was hat Jakob damals gutgetan?
- Wer war für Jakob damals wichtig?
- Was hat Jakob geholfen, heute hier zu sein? (Fähigkeiten, Überzeugungen, Personen etc.)

In der konkreten Arbeit an der Zeitlinie entwickelt Jakob zu diesen Leitfragen folgende Ressourcenerfahrungen: »Mein bester Freund und dass ich oft bei ihm zu Hause sein konnte und mich dort wohlgefühlt

Abbildung 19a: Zeitlinienarbeit: Anfang bis heute

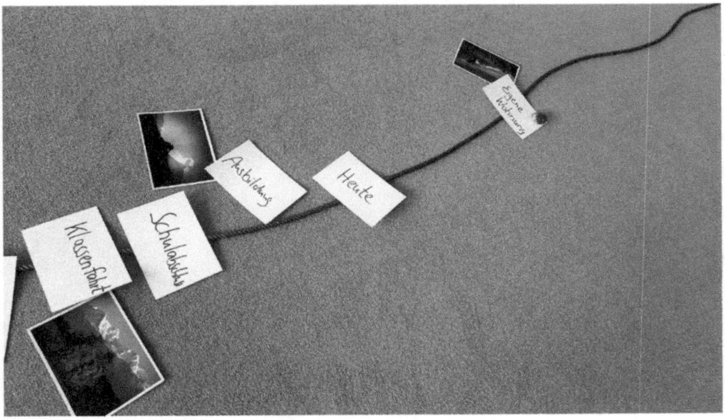

Abbildung 19b: Zeitlinienarbeit: Heute bis Zukunftsvision

habe; mein Klassenlehrer, der viel mit mir gesprochen und an mich geglaubt hat, und mein Betreuer in der Wohngruppe, der mich auch sehr unterstützt hat.« Ich lade ihn dazu ein, für dieses Erleben jeweils eine entsprechende Körperhaltung zu finden und sich ein Moment Zeit zu nehmen, diese Erfahrungen zu würdigen.

Manchmal kann jetzt auch eine kleine Trance hilfreich sein: »Und während jetzt die Zeit da sein kann … das zu würdigen … was dir geholfen hat … mit den schwierigen Situationen umzugehen … kann manchmal auch noch mal Raum für die Traurigkeit sein … und dass es deinen Eltern nicht gelungen ist … sich so zu kümmern … weil sie es nicht konnten … und gleichzeitig ist deinen Eltern einiges gelungen bei dir … sonst wärest du nicht so ein klasse Jugendlicher … der vieles gut kann … der sich jetzt hier damit beschäftigt … der eine Ausbildung macht … handwerklich geschickt ist … gute Freunde hat … super im Parkour ist … und der alles in sich trägt … was es braucht … um auch den nächsten Schritt zu gehen … in seinem Tempo … auf seine Art und Weise …«

Ich bitte Jakob, sich langsam auf die Zielkarte zuzubewegen, sich einen Moment Zeit zu lassen und nachzuspüren, wie es ihm dabei geht. Dies ist oft ein bewegender und kraftvoller Moment zugleich. Dem Leidvollen und Kraftvollen kann Raum gegeben werden. Jakob befindet sich nun in einer Beobachterperspektive, in einer Gestalterrolle, die es ermöglicht, alle diese Erfahrungen zu würdigen, zu betrauern und aus ihnen Kraft für seinen weiteren Lebensweg zu schöpfen.

20. Sandbildergeschichten – wie Lebensgeschichten gewürdigt und auf neue Art weitererzählt werden können

Steckbrief

Für wen: Einzelne, Paare und Familien.
Ziel: Anregen von Suchprozessen und inneren Bewegungen, Sichtbarmachen von Gefühlen, Erweitern von Möglichkeiten und Entwickeln von Perspektiven.
Material: Sand, verschiedene Materialen zum Aufbau einer Landschaft, manchmal reichen auch wenige Elemente wie ein paar Figuren, Steine oder Klötze.
Einordnung: Schwerpunkt liegt auf der Begleitung und Förderung von Suchprozessen; eine Haltung des Nichtwissens ist förderlich.

Hypnosystemische Arbeit im Sand bietet viele verschiedene Möglichkeiten, Geschichten entstehen zu lassen und unwillkürliche Suchprozesse anzuregen. Ich nutze das Sandspiel für die Arbeit mit Familien, Paaren und Einzelnen. Die Verwendung von unterschiedlichen Materialien wie Sand, Wasser, Steine, Figuren, Tiere, Holzklötze, Papier, Bäume etc. lässt eine lebendige äußere und innere Landschaft entstehen. Durch die Weiter- bzw. Neuerzählung der Geschichte initiieren die Klientinnen und Klienten dann eine innere Bewegung und Perspektiverweiterung. Sandspielarbeit kann ganz unterschiedlich geschehen und hat sich vor allem in der systemischen Spieltherapie mit Familien etabliert. Besonders wichtig ist es dabei, auf Deutungen zu verzichten und sich an der Haltung des Nichtwissens zu orientieren. Es geht auch nicht um ein »Durcharbeiten« von Problemen, sondern um die Erweiterung von Perspektiven durch Aktivieren von Ressourcen. Dabei sind Beratende und Klienten in einem dialogischen Prozess (Brächter, 2015b, 2015c).

Mögliches Vorgehen für ein Einzelsetting

1. Ich lade den Klienten dazu ein, sich zunächst die unterschiedlichen Materialien anzuschauen, vielleicht auch einmal den Sand mit den Fingern zu spüren, um so ein Gefühl dafür zu bekom-

men. Jetzt rege ich den Klienten an, ein Sandbild aufzubauen, wie es gerade zu seiner Lebenssituation passen würde. Eine andere Möglichkeit wäre es, ein Sandbild für den Beratungsanlass zu finden. Meine Aufgabe als Berater ist es, diesen Prozess behutsam zu begleiten und den Klienten zu ermuntern, sich Zeit zu lassen, vielleicht auch mal etwas auszuprobieren oder es einfach so zu machen, wie es gerade für ihn passend ist.

2. Wenn der Klient mit dem Aufbau seines Sandbildes fertig ist und es für ihn stimmig ist, lade ich ihn dazu ein, eine Geschichte dazu zu erzählen: »Sie können einfach irgendwo anfangen … manchen fällt es auch leichter, wenn sie zunächst beschreiben können, was sie aufgebaut haben. Ich würde Sie dann bitten, die Geschichte in der dritten Person zu erzählen und nicht in der Ich-Form.« Durch den Abstand ist es leichter möglich unwillkürliche Impulse nutzen zu können, da es ja nicht direkt um den Klienten geht.
3. Nun frage ich, wie es dem Klienten mit der Geschichte geht und welche Gefühle ausgelöst werden. Meine Aufgabe als Berater ist es, den Klienten dabei zu begleiten, zu pacen und ggf. offene Fragen oder Verständnisfragen zu stellen.
4. Ich rege den Klienten an, die Geschichte weiterzuerzählen und entsprechend das Sandbild zu verändern. Dabei ist es wichtig, den Klienten zu ermuntern, sich viel Zeit zu lassen, auf seine Intuition zu achten und mit spontanen Impulsen zu experimentieren. Meine Aufgabe ist es nur, behutsam zu begleiten, zu pacen und ggf. offene Fragen zu stellen. Der Prozess des Weiterzählens und der Veränderung des Sandbildes gehen dabei Hand in Hand.
5. Wenn der Klient mit seinem veränderten Sandbild fertig ist und auch die Geschichte dazu erzählt hat, frage ich wieder, wie es ihm mit der neuen Erzählung geht und welche Resonanzen körperlich spürbar sind. Dies ist oftmals eine sehr bewegende Erfahrung. Im Verlauf schauen wir dann gemeinsam, was dies für seine Lebenssituation bedeuteten könnte und welche Auswirkungen damit verbunden wären. Manchmal kann es jedoch auch Sinn ergeben, weniger zu reden und das Erlebte stehen und wirken zu lassen. In der nächsten Sitzung kann dann wieder daran angeknüpft werden. Sandbildarbeit ist eine erlebnisinten-

sive Form der Beratung. Unterschiedliche methodische Ansätze können hier gut integriert werden.

Im Paar- oder Familiensetting gibt es unterschiedliche Vorgehensweisen. Es kann ein gemeinsames Sandbild entstehen, indem jeder einen Bereich im Sandkasten gestaltet. Interessant ist dann, wie der Übergang vom einen in den anderen Bereich gestaltet wird. Es besteht aber auch die Möglichkeit, nacheinander ein Sandbild zu bauen. Wichtig ist, dass während des Erzählens die anderen Beteiligten nur zuhören. In der Auswertung geht es dann um die Wirkungen der jeweiligen Bilder und Geschichten auf die anderen Beteiligten.

Aus hypnosystemischer Sicht ist dabei bedeutsam, dass durch die Fokussierung von Aufmerksamkeit unwillkürliches Erleben gezielt für Veränderungsprozesse genutzt wird. Die bislang erzählte Geschichte lädt dazu ein, Aufmerksamkeit auf leidvolle Aspekte zu richten. Die Neu- und Weitererzählung ermöglicht es, Aufmerksamkeit auf Ressourcen zu richten und den Möglichkeitsraum zu vergrößern. Die Begrenzungen des bewussten Denkens werden erweitert und unbewusste Potenziale aktiviert.

21. Das Drei-Felder-Modell – wie die Entwicklung von Familien unterstützt werden kann

Steckbrief

Für wen: Familien mit älteren Kindern und Jugendlichen.
Ziel: Initiieren von Entwicklungsschritten, Anregen neuer Muster, Klärung von Verantwortung.
Material: Karten mit Stiften oder drei farbige Seile.
Einordnen: Diese Übung habe ich für die Erziehungsberatung von Familien aus der Praxis heraus entwickelt. Das Modell ist ein Konstrukt, das auch kritisch hinterfragt werden soll.

Familien durchlaufen über die Jahre unterschiedliche Entwicklungsphasen. Jede Zeit ist für die Familie mit bestimmten Entwicklungsaufgaben verbunden und hat jeweils unterschiedliche Auswirkungen auf die Familienmitglieder. So laufen in Familien mit kleinen

Kindern andere Prozesse ab als in Familien mit Jugendlichen. Der Verlauf dieser Entwicklungsphasen ist jedoch sehr unterschiedlich und steht in Wechselwirkung mit zahlreichen Faktoren, sodass letztlich jede Familie ihren eigenen Weg finden muss.

Das Drei-Felder-Modell unterstützt Familien dabei, wieder in eine gemeinsame Bewegung zu kommen. Es regt innere Suchprozesse an und kann helfen, bestimmtes Verhalten und Erleben neu zu rahmen.

Ich lege auf den Boden drei unterschiedliche farbige Karten, die jeweils drei Entwicklungsfelder darstellen. Ein Feld (*blaue* Karte) steht für die Familie mit Säugling bzw. kleinem Kind, das mittlere Feld (*gelbe* Karte) für die Familie mit älterem Kind bzw. Jugendlichem und das dritte Feld (*grüne* Karte) für die Familie mit dem erwachsenen Kind. Bei der Arbeit mit Seilen lege ich entsprechend drei Kreise nebeneinander im Raum aus.

Nun beschreibe ich die Felder etwa so: »Die *blaue* Karte steht für die Familie Müller mit dem kleinen Leo, da kümmern sich die Eltern um alles, sorgen für Essen und Trinken, füttern, wechseln die Windeln, mieten die Wohnung, zahlen den Strom, kaufen das Essen, räumen auf und machen sauber, bringen das Kind in die Kita und holen es ab. Da haben die Eltern die volle Verantwortung und Leo hat keine. Leo könnte sonst gar nicht überleben. Die *grüne* Karte steht für die Familie mit dem erwachsenen Leo, er lebt in einer eigenen Wohnung, zahlt selbst die Miete und den Strom, geht selbst in den Supermarkt und kauft Nudeln oder Zahnpasta im Drogeriemarkt, er steht auch allein auf, und wenn er zu spät zur Arbeit kommt, klärt er das mit seinem Chef, vielleicht muss er auch den Hausflur putzen und sich mit den Nachbarn auseinandersetzen, wenn er das nicht macht, er wäscht seine Wäsche selbst und kümmert sich ums Waschmittel. Sie als Eltern kommen mal auf einen Cappuccino vorbei oder helfen, wenn Leo Sie um Unterstützung bittet – oder Sie vielleicht mal auf die Enkel aufpassen, wenn Leo Kinder haben sollte. Und hier, die *gelbe* Karte steht für Familie Müller wie sie für die heutige Zeit passen könnte. Da lernen Kinder, altersangemessen Verantwortung zu übernehmen, und Eltern, Verantwortung Stück für Stück abzugeben.

Und da geschieht es manchmal, dass Kinder schon mal gerne etwas dürfen wollen wie Größere, um sich dann aber wieder wie kleinere Kinder zu verhalten und nur die Dinge zu machen, zu denen sie gerade Lust haben. Dann fangen Eltern an, ihren 14-jährigen Sohn wieder wie einen 7-Jährigen zu behandeln. Nun kann leicht ein Kreislauf entstehen, indem die Eltern sagen: ›Ich kann mich nicht auf dich verlassen, deshalb muss ich dir ständig sagen, was du machen sollst‹, und das Kind sagt: ›Du nervst mich mit deinen ständigen Anweisungen, so mach ich gar nichts!‹ Und so geht es dann weiter. Unzufriedenheit entsteht. Können Sie mit dieser Idee, diesem Modell etwas anfangen?« Die meisten Familien antworten auf diese Frage, woher ich eigentlich wisse, dass es so bei ihnen zugeht.

Bei der Variante mit den drei Seilfeldern lade ich nun die Familie ein, sich in die jeweiligen Felder hineinzustellen und einen Moment innezuhalten. Jedes Familienmitglied kann den verschiedenen »Entwicklungsfeldern« in Ruhe nachspüren, auf körperliche Resonanzen achten und Aufmerksamkeit auf das richten, was nun entsteht. Im Anschluss daran gibt es einen Austausch über die jeweiligen Erfahrungen und neugewonnenen Ideen. Oftmals können nun Bedürfnisse und Ängste erstmals angesprochen werden.

Nun schlage ich der Familie ein Experiment vor: »Leo, sag doch mal, an welcher Stelle wärst du konkret bereit, Verantwortung zu übernehmen?« Fast immer machen Kinder Vorschläge wie: Flur staubsaugen, Müll wegbringen, allein aufstehen etc. Im Verlauf des Gesprächs wird eine konkrete Vereinbarung entwickelt, die bis zur nächsten Sitzung gilt und dann ausgewertet wird. »Entwicklungsaufgabe« des Kindes ist, Verantwortung zu übernehmen und z. B. den Mülleimer selbstständig zu leeren; »Entwicklungsaufgabe« der Eltern ist es, Verantwortung abzugeben, sich rauszuhalten und nichts zu sagen – mit dem Wissen, dass das Experiment in der nächsten Sitzung ausgewertet wird. Anschließend werden die jeweiligen Auswirkungen auf die Familie ausführlich beschrieben: Was würde sich in der Familie ändern, wenn diese Vereinbarung von allen eingehalten würde? Hilfreich ist es, die verschiedenen Aspekte der möglichen Veränderung auf Karten zu visualisieren.

Mögen die Inhalte oftmals kleinlich wirken, machen die Familienmitglieder jedoch eine sehr bedeutsame Beziehungserfahrung: »Ich kann mich auf mein Kind verlassen, es steht zu seinem Wort und ist verlässlich« bzw. »Meine Eltern trauen mir etwas zu und behandeln mich auf Augenhöhe. Und: Ich kann Verantwortung übernehmen«. Diese veränderte Beziehungs- und Autonomieerfahrung – ein neues Muster – kann als wichtiger Impuls für die Entwicklung der Familie wirksam werden.

Imaginationen

Der Begriff »Imagination« leitet sich aus dem lateinischen »imago« ab und bedeutet so viel wie »Bild« oder »Vorstellung«. Imaginieren ist die natürliche menschliche Fähigkeit, über unsere verschiedenen Sinne innere Bilder in der Vorstellung lebendig werden zu lassen. Allein die Vorstellung von Bildern führt dazu, dass im Gehirn entsprechende Erregungsmuster aktiviert werden. Bewertet unser Gehirn dieses innere Bild als wichtig und bedeutsam, können wir unsere Aufmerksamkeit willentlich darauf richten (Abram, 2017). Dabei kann ein intensives Erleben entstehen, so, als wäre die Vorstellung eine reale Situation. Man könnte zugespitzt auch sagen, allein die Vorstellung *ist* die reale Situation. Je öfter wir entsprechende Imaginationen üben, je leichter und schneller stehen uns entsprechend hilfreiche Bilder zur Verfügung. Die neuronale Vernetzung wird durch Wiederholung intensiver und führt leichter zu einem gewünschten Erleben.

Imaginationen finden im Alltag ständig statt. Wir stellen uns den nächsten Urlaub vor, uns läuft das Wasser im Munde bei der Vorstellung unseres Lieblingsessens zusammen und die Vorstellung einer bevorstehenden Prüfung lässt in uns Aufregung entstehen.

In hypnosystemischer Beratung werden Imaginationen systematisch genutzt. Sie unterscheiden sich von den zuvor beschriebenen Methoden insofern, als dass der Schwerpunkt noch unmittelbarer auf dem Vorstellen innerer Bilder liegt. Die Imaginationen bieten immer einen konkreten inhaltlichen Rahmen, der dann vom Klienten mit eigenen Empfindungen und Bedeutungen gefüllt wird. In hypnosystemisch orientierten Imaginationen holt sich der Berater fortwährend Rückmeldung vom Klienten über sein Befinden. Er kann zudem äußere Störgeräusche wie beispielsweise eine Türklingel sinnvoll in die Imagination einbauen, indem er es auf kreative Art anspricht: »Und wie interessant es ist, dass diese Erfahrung nochmals durch ein Klingeln hervorgehoben wird.«

Imaginationen sollten vor allem stabilisierend und ressourcenaktivierend auf den Klienten wirken. Genau wie bei der Methodenwahl ist es wichtig, zu wissen, mit welchem Ziel ich eine Imagination anwenden möchte. Wie soll der Klient dadurch unterstützt werden und welche möglichen Alternativen gibt es dazu?

Imaginationen bestehen aus einer mehr oder weniger klaren Struktur: Einführung, Vertiefung, inhaltliche Arbeit, Ankern, Reorientierung. Eine Struktur kann Beratern und Klienten eine gewisse Orientierung bieten. Gleichzeitig ist wichtig, Imaginationen möglichst kreativ und lebendig zu entwickeln und an den jeweiligen Kontext anzupassen.

Beim Erzählen der Imaginationen ist es hilfreich, genügend Pausen zwischen dem Gesprochenen zu lassen, so kann sich das Erleben besser ausbreiten und bekommt genügend Raum. Dazu ist es wichtig, die eigene Stimme zu nutzen und zu modulieren, was ebenfalls trancevertiefend wirkt (vgl. Kapitel »Hypnosystemische Kommunikation«, S. 72). Entsprechende Punkte (…) zwischen den einzelnen Satzteilen weisen darauf hin. Wichtig ist auch: Imaginations- und Trancetexte unterliegen keiner üblichen inhaltlichen und grammatikalischen Logik, sie orientieren sich in der konkreten Beratungssituation letztlich am Erleben des Klienten. Sie haben das Ziel, unbewusstes Material zu aktivieren und zu nutzen, und das unterliegt einer Und-und-Logik sowie einer Sowohl-als-auch-Logik und keiner Entweder-oder-Logik (Prior, 2005).

Mit Imaginationen zu arbeiten, erfordert etwas Übung. So werden sie lebendiger und können vom Klienten leichter angenommen werden. Dazu empfehle ich das laut *Lesen,* das *Hören* sowie das selbst *Schreiben* von Texten. Je öfter wir dies wiederholen, umso sicherer und freier werden wir in der Anwendung und Anleitung von Trancen und Imaginationen. Und ganz nebenbei lernen wir hypnosystemisch kommunizieren (vgl. Kapitel »Übungen zur Selbsterfahrung und Reflexion«, S. 113).

Auch vor den nun beschriebenen Imaginationen steht jeweils ein kurzer Steckbrief. Ebenso gilt die Ermunterung, die Imaginationstexte zu modifizieren oder ganz eigene zu entwickeln.

1. Arbeiten mit ressourcenreichen Teilen

Steckbrief

Für wen: Einzelne.
Ziel: Aktivieren unbewusster Ressourcen und Transfer in den Alltag.
Einordnung: Ressourcenimagination, wohltuend und entspannend, kann leicht an unterschiedliche Ziele angepasst werden.

Ich lasse mir vom Klienten zunächst eine für ihn schwierige Situation kurz beschreiben. Anschließend entwickele ich mit ihm, was er brauchen würde, um die Situation besser bewältigen zu können: »Was würde dir helfen, um diese Situation gut meistern zu können? Welche Fähigkeit wäre wichtig? Welche Ressource würde dir helfen? Was bräuchte z. B. der unsichere Teil in dir?« Ich arbeite gemeinsam mit dem Klienten nun einen gewünschten ressourcenreichen »Teil« heraus. Oft sind es Ressourcen wie beispielsweise innere Stärke, Schutz, Beruhigung, Gelassenheit, Ruhe, Mut etc.

Imagination

»Und du kannst es dir einmal bequem machen und eine dir angenehme Position finden … dem natürlichen Fluss der Atmung folgen … während in dir die Vorstellung entstehen kann … wie du eine Treppe … oder einen Weg entlang gehst … in deinem eigenen Tempo … und in deiner ganz besonderen Art und Weise … und wenn du am Ende angekommen bist … kannst du mir durch ein Kopfnicken ein Zeichen geben … und wenn du angekommen bist … kannst du dir erlauben … an einen angenehmen Ort zu gehen … es kann ein Ort in der Natur sein … am Meer … in den Bergen … oder auf einer Wiese … oder im Inneren eines Hauses … ein Ort in der Fantasie … oder auch von allem etwas … ein ganz angenehmer Ort … und wenn du ihn gefunden hast … kannst du mir wieder ein Zeichen geben … erlaube dir nun … dich dort einmal umzusehen … um zu sehen … was dir gefällt … und wie es ist … an diesem angenehmen Ort … den du vielleicht noch angenehmer machen kannst … so wie du es möchtest … und du kannst auf die Geräusche achten … von nah und fern … und sie in deiner

Vorstellung so verändern ... das sie sich auf besondere Art angenehm anhören ... und vielleicht ist auch ein Körpergefühl zu spüren ... vielleicht Wärme ... oder angenehme Kühle ... so wie es wohltuend ist an diesem angenehmen Ort ... und vielleicht ist da auch ein Geruch ... an diesem angenehmen Ort ... während du dir erlauben kannst ... dich noch wohler zu fühlen ... an diesem angenehmen Ort ... während ich dich einladen möchte ... eine Erinnerung auftauchen zu lassen ... in der es dir gelungen ist ... den Teil zu erfahren ... der jetzt hilfreich sein kann ... und wo es dir gelungen ist ... das zu zeigen ... was jetzt helfen könnte ... vielleicht eine Erinnerung aus der früheren Vergangenheit ... oder aus der jüngeren Zeit ... und so ein tiefes inneres Wissen ... wie (z. B. Stärke, Beruhigung etc.) entstehen kann ... und es ist nicht wichtig, zu wissen, wie genau es passiert ... sondern es passiert einfach ... und wenn du eine Erinnerung gefunden hast ... kannst du kurz mit dem Kopf nicken ... eine Erinnerung ... wo es dir gelungen ist ... diese Ressource in dir zu erfahren ... und dem unsicheren Teil das zu geben ... was er braucht ... vielleicht eine Situation ... die ähnlich war wie die ... die bevorsteht ... und du kannst dir erlauben, neugierig zu sein ... und wenn du da bist ... mit dem Kopf nicken ... und es gibt die Erinnerung an diese Situation ... wo es dir gelungen ist ... diesen Teil zu beruhigen ... und was genau hast du getan? ... in dieser Situation ... was hast du gesagt? ... und was hast du gefühlt? ... und was hast du gedacht? ... als es dir gelungen ist ... diesen Teil zu beruhigen ... und spür mal genau hin ... wie es sich anfühlt ... wenn du mit diesem Teil in Kontakt bist ... und vielleicht kannst du das Gefühl sichern ... durch einen Gedanken ... ein Symbol oder ein Körpergefühl ... und ich möchte dich einladen auf eine Reise in die Zukunft ... wo eine Aufgabe ansteht ... und wo so viel inneres Wissen ist ... den unsicheren Teil zu beruhigen und ihm das zu geben ... was er braucht ... und ich möchte dich einladen ... in diese Situation zu gehen und zu sehen ... wie es sich auswirken wird ... und vielleicht eine kleine Veränderung zu machen ... die zu einer größeren werden kann ... und wo wirst du im Körper spüren ... dass die Situation gut läuft ... und vielleicht kannst du ein inneres Foto davon machen ... wie du es geschafft hast ... und es speichern ... oder die neue Erfahrung auf eine ganz eigene Art in deinem Körper speichern ... ganz von allein ... und du kannst dich jetzt von der Situation verabschieden ... in deinem eigenen Tempo ...

und wieder zu dem angenehmen und sicheren Ort gehen ... und dort einige Zeit verweilen ... solange wie es jetzt gut ist für dich ... um dann langsam die Treppe oder den Weg zurückzugehen ... und dann wieder hier in den Raum zurückzukommen ... nimm dir die Zeit, die du brauchst ... und mach es auf deine ganz eigene Art ... wieder ganz wach hierher zurückzukommen ...«

2. Balsam für die Haut

Steckbrief

Für wen: Einzelne und Gruppen.
Ziel: Entspannung und Beruhigung.
Einordnung: Diese Imagination habe ich für eine Frau mit starkem Hautausschlag entwickelt. Ihre Ärzte verabreichten aufgrund der Schwangerschaft keine starken Medikamente und gaben an, nichts gegen den Hautausschlag tun zu können. Diese Imagination ersetzt keine medizinische Behandlung, kann sie aber sinnvoll ergänzen. Sie kann - modifiziert - auch in anderen Kontexten ganz leicht angewendet werden und ihre wohltuende Wirkung schonend entfalten.

Imagination

»Und du kannst eine dir angenehme Haltung einnehmen ... vielleicht eher im Liegen oder lieber im Sitzen ... so, wie es für dich passend ist ... und du kannst darauf achten, an welchen Stellen dein Körper die Unterlage berührt ... spür genau hin und finde eine dir angenehme Position ... manchen fällt es leichter, die Augen zu schließen ... andere lassen sie lieber auf ... während sich eine immer tiefere Entspannung ausbreiten kann ... vielleicht gehen jetzt einige Gedanken durch den Kopf ... sie können ruhig kommen ... und sie können weiterziehen ... wie weiße Wölkchen am Himmel ... die Atmung kann immer ruhiger werden ... einatmen ... und wieder ausatmen ... in deinem eigenen Tempo ... ein- und wieder ausatmen ... und es kann sich immer mehr Ruhe und ... tiefe Gelassenheit einstellen ... und bei jedem Ausatmen darf sich die Gelassenheit weiter vertiefen ... und du kannst dir jetzt einen Balsam vorstellen ... einen Balsam ... in dem alles drin ist … was die Haut braucht … wie sieht er aus … der Balsam für die Haut … in dem alles drin ist … was die Haut braucht … um ruhig zu werden … ein heilsamer Balsam … welche Konsistenz hat er? … ist er eher dünnflüssiger … oder eher zähflüssiger … oder eher sämig oder ganz anders? … welche Farbe hat der heilsame Balsam … der Balsam für die Haut … in dem alles drin ist, was die Haut braucht … welche Farbe ist zu sehen? … vielleicht ist da auch ein Geruch … wie riecht der heilsame Balsam für die Haut? … und wie ist die Temperatur des Balsams … eher wohlig warm … oder eher kühlend … wie genau ist dieser Balsam für die Haut temperiert? … der heilsame Balsam für die Haut … in dem alles drin ist … was die Haut braucht … in was für einem Gefäß ist dieser Balsam aufbewahrt … in einer Flasche … einer Schale … einem Krug … oder einem ganz anderen Gefäß? … wie sieht dieses Gefäß genau aus? … welche Form … aus welchem Material ist es geformt … eher aus natürlichem … oder eher künstlichem Werkstoff? … wie genau sieht dieses Gefäß aus … wie ist die Oberfläche … eher rau und porös … oder eher glatt? … wie ist die Farbe des Gefäßes … was ist zu sehen? … das Gefäß mit dem Balsam kann sich ein wenig bewegen … und der Balsam in dem Gefäß die Bewegung aufnehmen … kreisend … oder eher hin und her Bewegungen … der heilsame Balsam … in dem alles drin ist, was die Haut braucht … beruhigende Unruhe … alles drin, was die Haut braucht … und jetzt kann das Gefäß ganz langsam und vorsichtig kippen … bis ein Tropfen kurz davor ist … über den Rand zu tropfen … jetzt kann ein Tropfen des heilsamen Balsams über den Rand tropfen … wie sieht dieser Tropfen genau aus? … während er in der Luft ist … im Licht schimmernd … und sich ganz sachte auf deine Haut legen kann … ein Tropfen heilsamen Balsams reicht … um den ganzen Körper zu benetzen … sich wie ein dünner … heilsamer Film über die Haut zu legen … genau so … und zu beruhigen … wo Verletzungen sind … und es sich verwandeln kann … und es sich beruhigen kann … langsam … im eigenen Tempo … und deiner eigenen Art und Weise … und es kann passieren … ohne dass du wissen musst, wie es passiert … es kann geschehen … genau so … der heilsame Balsam … der alles hat … was die Haut braucht … und die ruhige Unruhe kann fließen … und sich verwandeln in Gelassenheit und Zufriedenheit … und so wie es ist … ist es in Ordnung … genau so … und jetzt kann es passieren … dass noch ein weiterer Tropfen des heilsamen Balsams … auf eine Stelle deiner Haut tropft … ein Stelle … die besonders gereizt ist … vielleicht schmerzt … und es kann passieren … dass dieser Tropfen sich über diese Stelle legt … ganz leicht und behutsam … dieser Tropfen weiß … was die Reizung braucht … damit sie heilen kann … und sich in Kraft und Kompetenz verwandeln kann … in ihrem eigenen Tempo und in ihrer eigenen Art und Weise … es ist so viel Zeit da, wie benötigt wird … genau so … wie es gut ist … und jetzt siehst du … wie noch ein dritter Tropfen aus dem Gefäß auf deine Haut gleitet … ein Tropfen reicht … um den ganzen Körper mit einem heilsamen Film zu überziehen … und es kann geschehen … dass der Balsam langsam … mehr und mehr … sich in eine neue Energie verwandelt … Beruhigung … die jetzt deinen ganzen Körper durchströmt … wie ein heilsamer Strom … vom Kopf … in die Schultern … und … die Arme … die Brust … den Bauch … die Beine bis in die Fußspitzen … fließend … auch in andere Bereiche … vielleicht ist jetzt ein Kribbeln zu spüren … oder eine angenehme Wärme oder Kühle … oder einfach nichts von alldem … genau so, wie es ist … ist es in Ordnung … damit ganz in Ruhe wachsen kann … was in dir wächst … genau so … in Ruhe … und sicher … geschützt … und jetzt kannst du nochmals das gut gefüllte Gefäß mit dem heilsamen Balsam in den Blick nehmen … es genau anschauen … und es an einen guten und sicheren Ort stellen … einen Ort … zu dem du immer wieder hinkommen kannst … es kann dort immer wieder aufgefüllt und der Balsam neu hergestellt werden … wenn du es möchtest … mit dem Wissen … dir jederzeit einen Tropfen des Balsams nehmen zu können … kannst du jetzt wieder hierher in den Raum kommen … manchen fällt es leichter, sich zu recken … die Augen zu öffnen … oder die Unterlage zu spüren …«

3. Arbeiten mit der Baummetapher

Steckbrief

Für wen: Einzelne, Paare, Familien, Teams, Gruppen.
Ziel: Stabilisierung und Ressourcenaktivierung.
Einordnung: Die Imagination eines Baums als Metapher für »innere Ruhe, Gelassenheit, Lebendigkeit, Wachstum und Stärke« ist weit verbreitet und findet neben der Hypnose auch in Bereichen der Achtsamkeit

und Meditation Anwendung. Hilfreich ist es, die Imagination regelmäßig zu üben, um so mehr und mehr eine entsprechende Erfahrung zu etablieren. So ist sie bei Bedarf leichter und schneller abrufbar. Die Übung kann im Stehen oder Sitzen durchgeführt werden.

Im Vorgespräch geht es zunächst darum, Informationen zur Lebenssituation des Klienten zu erfragen. Dabei sind neben dem Beratungsanlass vor allem auch ressourcenvolle Erfahrungen, Fähigkeiten, Stärken und Vorlieben bedeutsam.

Imagination

»Und du kannst dir erlauben … es dir jetzt hier so angenehm zu machen … wie du es gerade möchtest … und du kannst die Füße auf dem Boden spüren … erlaube dir deine Aufmerksamkeit nun nach innen zu richten … und an einen angenehmen und sicheren Ort zu gehen (bestätigen und ausmalen lassen) … und nimm dir all die Zeit, die du jetzt brauchst … um dein tiefstes Inneres zu verwöhnen … und ihm all das zu geben … was deinem tiefsten Inneren gut tut … bis ich wieder mit dir spreche … so ist es gut … und ich möchte dich bitten … dir jetzt einen Baum vorzustellen … einen Baum … so wie er für dich gerade passt … mit Stamm … Wurzeln … Krone … Ästen … Zweigen … Blättern … oder Nadeln … oder auch ganz anders … (bestätigen lassen) … und du kannst dir vorstellen … du bist der Baum … lass dir Zeit, einen Baum zu finden … (bestätigen lassen) … Wie sieht der Baum genau aus? … Was ist es für einer? … Wie groß ist er? … Welcher Geruch? … und du weißt … ein Baum ist lebendig … während man von außen nicht alle Prozesse sehen kann … die sich innerhalb des Baumes abspielen … und ein Baum kann auch atmen … und in Kürze werde ich dich bitten … wenn du einatmest … dieses unglaubliche Gefühl aus deinen Wurzeln … die dich nähren und die dir Halt geben … denn deine Wurzeln sind deine Ressourcen (Ressourcen aus Vorgespräch einfließen lassen) … dieses kraftvolle Gefühl mit dem Einatmen aufzunehmen … und bei der Krone die Krönung deiner Ressourcen zu erleben … und die Krone ist der Wendepunkt … um dann wieder auszuatmen … und Sorgen oder Reste von Anspannung auszuatmen und loszulassen … und dann beim Einatmen wieder die Aufmerksamkeit in die Wurzeln zu richten … um deine Ressourcen intensiv wahrzunehmen … und bei den Wurzeln und in der Krone ist jeweils der Wendepunkt … ich bitte dich, dass du jetzt damit anfängst (Inhalte aus Vorgespräch einstreuen) … und in Kürze werde ich dich bitten noch etwas zu machen … du kannst nun das Einatmen bei den Wurzeln mit einer Farbe kombinieren … einer Farbe … die dazu passt … wenn du deine kraftvollen Ressourcen durch die Wurzeln aufnimmst … bis sie bei der Krone die Krönung erleben … und dann beim Ausatmen wieder mit einer anderen Farbe kombinieren … (Nachfragen, welche Farben) … und jetzt kannst du dir erlauben … wieder an deinen sicheren Ort zu gehen … dort einen Augenblick zu verweilen … und dir ermöglichen … zu genießen … dieses angenehme Gefühl … während du dir die Zeit nehmen kannst … die du brauchst … und ich bitte dich … dir ein bis zwei kraftvolle Sätze einfallen zu lassen … dir die Zeit zu lassen … die du dafür brauchst … (bestätigen lassen) … und wenn du magst … diese Sätze laut zu wiederholen … und ich möchte dir vorschlagen … dass du in Zukunft … wenn du es brauchst … wieder deine Ressourcen wahrzunehmen … wenn eine schwierige Situation bevorsteht … geh in den Baum hinein … und nimm ein paar Atemzüge von den Wurzeln bis zur Krone … in Kürze werde ich dich bitten, hierher in den Raum zurückzukommen … erlaube den Augenlidern, sich zu öffnen … und nimm ein paar leichte Atemzüge … und komme mit deiner Aufmerksamkeit wieder hierher zurück.«

4. Der inneren Stärke begegnen

Steckbrief

Für wen: Einzelne, Paare, Gruppen.

Ziel: Stabilisierung, Ressourcenaktivierung und wohltuende Entspannung.

Einordnung: Arbeit mit der inneren Stärke eignet sich für viele Anliegen und Themen.

Diese Imagination entstand aus eigenen Mitschriften aus einem Seminar mit Woltemade Hartman 2014 in Krefeld. Der Text wurde von mir nachbereitet und ergänzt. Die Übung kann sowohl anliegenbezogen als auch als einfache Entspannungstrance ihre Wirkung leicht entfalten. Sinnvoll ist es, die Informationen über Ressourcen des Klienten aus dem Vorgespräch an den entsprechenden Stellen einzuflechten.

Imagination

»Und du kannst mit dem Einatmen die Augen so hochrollen ... als wenn sie die Stirn sehen könnten ... dann bis drei zählen ... dann wieder ausatmen ... und währenddessen die Augen langsam schließen ... und du kannst ein paar leichte Atemzüge nehmen ... und dir erlauben ... noch tiefer zu entspannen ... und einmal darauf achten ... wie es sich anfühlt ... so entspannt zu sein ... und während es interessant ist, zu beachten ... wo im Körper vielleicht die Entspannung besonders zu spüren ist ... und sich auf den ganzen Körper ausbreiten kann ... wie von selbst ... und du dir jetzt die Zeit nehmen kannst ... eine interessante Reise zu machen ... und in Kürze werde ich dich bitten ... dir etwas vorzustellen ... wie eine innere Treppe ... vielleicht zehn Stufen ... diese Treppe kann eine große, freundliche Treppe sein ... modern oder auch alt ... aus Stein ... oder aus Holz ... oder ganz anders ... und du kannst dir die Zeit nehmen, die du brauchst ... um eine Treppe zu finden ... wie sie gerade für dich passend ist ... und wenn du eine gefunden hast, kannst du mir durch Kopfnicken ein Zeichen geben ... komm, wir nehmen die ersten Stufen gemeinsam ... wie genau sehen diese Stufen aus? ... vielleicht gibt es ein Geländer ... und vielleicht möchtest du dich entspannen ... jetzt hast du die Hälfte geschafft ... und du kannst dir die Zeit nehmen, die du brauchst ... langsam weiterzugehen ... jetzt kommen noch drei Stufen ... acht ... neun ... (Stimme verlangsamen) ... und ... zehn ... und wenn du angekommen bist ... möchte ich dich bitten, über einen Weg zu deinem inneren angenehmen Ort zu gehen ... an dem du dich sicher fühlst ... es kann ein Ort in der Natur sein ... oder drinnen ... ein Ort, an dem du schon einmal warst ... oder einer in deiner Fantasie ... ein Ort ... an dem du dich sicher und wohl fühlst ... und wenn du dort angekommen bist, kannst du mir durch ein Kopfnicken ein Zeichen geben ... während du dich umschauen kannst ... und dir Zeit nehmen kannst ... zu genießen ... und alles wahrzunehmen ... und zu spüren ... wie wohl und sicher du dich fühlst ... und ich weiß nicht … ob du dich schon wohl genug fühlst … oder ob es sich jetzt noch etwas angenehmer anfühlen darf … und diese innere Erfahrung … manche Leute nennen es Selbsthypnose … manche Meditation … und manche Leute nennen es Achtsamkeit … oder ganz anders … vergiss nicht … alle Hypnose ist Selbsthypnose … und es ist wichtig, sich auch selber zu schützen … wenn es für dich so okay ist, gib mir durch ein Kopfnicken ein Zeichen … ich werde dir jetzt etwas Interessantes erzählen … weißt du … dass wir alle unterschiedliche Seiten in uns haben? … das Ich besteht aus mehreren Seiten … wie unser Körper … er besteht auch aus vielen Teilen … Arme … Beine … Kopf … Hände … und alles gehört zusammen … und unsere Persönlichkeit besteht auch aus mehreren Teilen … und ich möchte dich einladen … deinen ›inneren Stärketeil‹ zu entdecken … deine innere Stärke … sie hat dir geholfen … schwierige Situationen zu meistern … Herausforderungen anzunehmen … deine innere Stärke hat dir geholfen, mit Enttäuschungen umzugehen … Krisen zu bewältigen … und dir Kraft gegeben … und so hat man viele Situationen gemeistert … und vielleicht kannst du ein Symbol oder Bild für deine innere Stärke finden … für manche ist es ein Stein … ein Licht … oder ein Kristall … oder etwas ganz anderes … ein Symbol für deine innere Stärke … die ganz tief in deinem Inneren verankert ist … und wenn du ein Symbol gefunden hast … kannst du mir durch ein Kopfnicken ein Zeichen geben … und ab heute wirst du in Kontakt treten können mit deiner inneren Stärke … und wenn du in Kontakt treten möchtest … mit deiner inneren Stärke … brauchst du es nur in deinem Bewusstsein oder in deinem Kopf wachzurufen … das Symbol … das Bild … das Gefühl … die Empfindung … den Geruch … die Geräusche … und wenn du das tust, dann bist du sofort in Kontakt mit deiner inneren Stärke … und gleichzeitig wirst du in deinem tiefsten Inneren … im Unterbewusstsein … freudig überrascht … überrascht freudig sein … wie viel … wie viel (Spannung aufbauen, Ziele aus Vorgespräch einstreuen) … z. B. Selbstvertrauen … du haben wirst … und wie viel z. B. innere Kontrolle du haben wirst … und nicht nur in Bezug auf das, was du denkst … sondern auch in das, was du fühlst … und wie optimistisch du sein kannst … deine inneren Ziele zu erreichen … mit dem Wissen, das du in dir hast … all deine Fähigkeiten und Ressourcen, die du wirklich brauchst … um deine Ziele zu erreichen (Ressourcen aus Vorgespräch einstreuen) … z. B. Selbstvertrauen …

innere Kontrolle … mehr Optimismus mit dem Wissen, das du hast … alle deine Fähigkeiten die du wirklich brauchst … (Pause – Vornamen einstreuen) … und je mehr du das einübst … deine Fähigkeiten zu nutzen … umso mehr wirst du imstande sein … deinem tiefsten Inneren zu vertrauen … wie einem inneren Reisebegleiter zu folgen … mit dem Wissen … das du jetzt hast in dir … was du brauchst … und du kannst dich jetzt bei deiner inneren Stärke bedanken … und bitte deine innere Stärke jetzt, dorthin zu gehen … wo es wichtig ist, hinzugehen … um dir nahezustehen (Pause) … und ich möchte dich nun bitten … dich wieder deinem inneren sicheren Ort zuzuwenden … dich dort umzuschauen … um einen Augenblick dort zu verweilen … und in Kürze werde ich dich bitten … langsam hierher in den Raum zurückzukehren … die Augenlider zu lockern und zu öffnen … nimm ein paar leichte Atemzüge …«

5. Gelassenheit – ein Platz in der Natur

Steckbrief

Für wen: Einzelne, Paare und Gruppen.

Ziel: Stabilisierung in der Krise, Entspannung und Ressourcenaktivierung.

Einordnung: Vielseitig verwendbar, eignet sich gut zum Üben von Imaginationen. Hilfreich ist es, sich den Text aufs Handy zu sprechen oder sprechen zu lassen und regelmäßig zu hören, wenn es als angenehm empfunden wird. Diese Imagination habe ich für Menschen in Krisen entwickelt, sie kann auch als einfache Entspannungstrance in anderen Kontexten wirksam sein.

Imagination

»Ich lade dich ein … dir in der Vorstellung einen schönen Platz in der Natur zu suchen … im Garten … auf einer Terrasse … im Wald … auf einer Wiese … am Meer … oder ganz woanders … und wenn du einen Platz gefunden hast … mach es dir bequem … so … wie es für dich gerade passend ist … nimm ein paar leichte Atemzüge … während du dir nun erlauben kannst … für einen Moment zu genießen … und wahrzunehmen … wie sich eine Leichtigkeit in dir ausbreiten kann …

und wie es ist … auf all das zu achten … was deine Sinne wahrnehmen können … zunächst kannst du deine Aufmerksamkeit darauf richten … was zu sehen ist an diesem schönen Platz … welche Farben … welche Details … oder auch mal das Ganze … und vielleicht gibt es Dinge … die dich besonders ansprechen … die besonders schön anzusehen sind … mit ihrer Form … ihrer Farbe … ihren Proportionen … oder alles zusammen … interessant kann auch sein … was gerade zu hören ist an diesem schönen Platz … welche Geräusche da sind … von nah … und fern … vielleicht ein Rauschen der Blätter … Summen von Insekten … Vögel … oder etwas ganz anderes … während du dir die Zeit nehmen darfst, genau hinzuhören … welche Geräusche sind da … oder Stille … in diesem Moment? … und du darfst gespannt sein … vielleicht ist da auch ein Geruch … vielleicht ein Geruch von Frische … Blüten … oder etwas anderes … und es ist interessant … einmal darauf zu achten … welcher Geruch da ist … während du dir erlauben kannst … deine Aufmerksamkeit darauf zu richten … und genau zu beobachten … und zu genießen … wie immer mehr Gelassenheit da ist … wie von selbst … ohne dass du etwas machen musst … während es leicht geschehen kann … wie von selbst … und sich diese Gelassenheit nun ausbreiten kann … im ganzen Körper … vom Kopf … über die Schultern … die Arme … den Rücken … die Brust … der Bauch … die Beine … bis in die Fußspitzen … wellenartig … und strömend … im ganzen Körper … vielleicht nimmst du nun ein paar leichte Atemzüge … während du diese Gelassenheit genießen kannst … und dabei spürst … wie wohltuend es sich anfühlt … in so einem angenehmen Zustand zu sein … zu genießen … wie leicht es ist … und sich die Zeit zu lassen … die nötig ist … um diese angenehme Erfahrung zu machen … und du kannst dir nun erlauben … einen Augenblick zu verweilen … und die Eindrücke zu genießen … und darauf zu vertrauen … dass deine Atmung von allein … in einer strömenden Bewegung … deinen Körper mit Sauerstoff versorgt … von ganz alleine … unwillkürlich … verweile noch einen Moment … gleich werde ich dich bitten … dich von diesem schönen Augenblick zu verabschieden … und deine Aufmerksamkeit wieder nach außen zu richten … und ganz wach zu werden … und dieses angenehme Gefühl der Gelassenheit in den Tag mitzunehmen … wie von selbst … und darauf zu vertrauen … dass es geschehen darf … sodass sich Gelassenheit wie von selbst einstellt … und es geschehen kann ... dass Dinge klarer werden ... und mehr mit Leichtigkeit erlebt werden können ... mit gutem Abstand zu den Dingen ... und all die Eindrücke und Erfahrungen von diesem angenehmen Ort ... in dir gespeichert sind ... im Archiv deiner Erinnerungen ... und wenn du möchtest ... kannst du diese angenehme Erfahrung wieder neu erfahren ... indem sich dein Unbewusstes oder deine Intuition daran erinnert ... und nun möchte ich dich bitten ... dich von diesem Ort zu verabschieden ... es auf deine Art zu machen ... dir einen Moment dafür zu nehmen ... und dann mit deiner Aufmerksamkeit wieder hierher in den Raum zurückzukehren ... und ganz wach zu werden.«

6. Arbeit mit inneren Teilen bei Ambivalenzen

Steckbrief

Für wen: Einzelne.
Ziel: Würdigung von unterschiedlichen Bedürfnissen, Umgang mit Ambivalenzen und Entscheidungsfindungen.
Einordnung: Leicht zu lernen, einfache Grundstruktur.

Oftmals sind bei Ambivalenzen alle verstandesmäßigen Argumente ausgetauscht, während gleichzeitig keine befriedigende Lösung gefunden worden ist. Diese Übung würdigt die unterschiedlichen Bedürfnisse und ermöglicht einen imaginativen Rahmen, in dem Lösungsideen entstehen können. Im Vorgespräch arbeite ich gemeinsam mit der Klientin oder dem Klienten die Ambivalenzen heraus und konkretisiere die »inneren Teile«. Beispielsweise könnte bei der Ambivalenz »Arbeitsstelle wechseln oder bleiben« der eine Teil mit »Mut« und der andere Teil »Sicherheit« beschrieben werden. In einer Imagination werden beide »Teile« miteinander in Kontakt gebracht und ein »unbewusster« Aushandlungsprozess initiiert.

Imagination

»Und ich möchte dich einladen ... eine bequeme Sitzhaltung einzunehmen ... und zu spüren ... an welchen Stellen dein Körper den Boden berührt ... und an welchen Stellen den Stuhl ... und ich weiß nicht, ob du schon eine angenehme Haltung gefunden hast … oder es dir noch angenehmer machen willst … während deine Atmung einfach fließen kann … und sich so leicht eine Gelassenheit einstellen kann … und du dir jetzt erlauben darfst … die Augen zu schließen … in deinem ganz eigenen Tempo … während sich eine noch tiefere Gelassenheit ausbreiten kann … und du dir jetzt die beiden Teile ansehen kannst … auf deine ganz besondere Art und Weise … und du dir vielleicht zuerst für den einen Teil ein Symbol aussuchen kannst … in deinem ganz eigenen Tempo … kann vielleicht von ganz alleine ein Symbol auftauchen … was irgendwie zu diesem Teil passt … den du dir gerade ansehen möchtest … während du jetzt einmal nachspüren kannst … welches Körpererleben dabei entsteht … wenn dieser Teil da ist … und dir für einen Moment die Zeit nehmen … dieses Körpergefühl einmal wahrzunehmen … vielleicht gibt es eine Stelle im Körper … wo dieser Teil besonders spürbar ist … und dich dann … wenn es für dich passend ist … dem anderen Teil zuwenden … und auch für den anderen Teil ein Symbol finden … nimm dir Zeit dafür … und wie von selbst … kann ein Symbol jetzt aufsteigen … in deinem eigenen Tempo … in der Zeit … die es braucht … während du jetzt auch hier einmal nachspüren kannst … welches Köpererleben dabei wahrzunehmen ist … und dir die Zeit nehmen … die es braucht … um vielleicht an einer besonderen Stelle eine Köperreaktion zu spüren … während du dir dann ganz in Ruhe die beiden Teile einmal ansehen kannst … was denkt jeder Teil vom anderen? … Wie geht es jedem Teil mit dem anderen? … Was wünscht sich jeder Teil vom anderen? … Was sagen sich die beiden Teile gegenseitig? … Was wäre ein guter Umgang der beiden Teile miteinander, damit es dir gut geht? … Und während du in deinem ganz eigenen Tempo … darauf achten kannst … was jeder Teil dem anderen mitzuteilen hat … und welche Wünsche da sind … und welche Bedürfnisse sich melden … während die Ambivalenzen auch da sind … und es vielleicht auch etwas gibt … was beide Teile am jeweils anderen anerkennen können … und ich weiß nicht … wie es ist … wie etwas Neues entstehen kann … oder ob es so bleibt, wie es ist … während vielleicht jetzt etwas Anderes entstehen kann … etwas Interessantes … und dein bewusster Verstand noch gar nicht zu wissen braucht … weil dein Unbewusstes weiß … was dein Bewusstes noch nicht weiß … und während Raum für Überraschendes sein kann …

und für Ideen … und neue Möglichkeiten … die bisher so nicht spürbar waren … und sich beide Teile nun das geben können … was sie brauchen … und sich die Zeit dafür nehmen können … während sich vielleicht jetzt ein Körpererleben einstellen darf … und vielleicht ist jetzt etwas Neues spürbar … Neugierde und Mut … auf deine ganz eigene Art und Weise … so … wie es angenehm für dich ist … und für dich und deine Lebenssituation passend ist … während du dich jetzt langsam von den beiden Teilen verabschieden kannst … und dich vielleicht bedanken kannst … nimm dir einen Moment Zeit dafür … und mit dem Wissen … immer wieder mit beiden Teilen in Kontakt kommen zu können … wenn es wichtig für dich ist … kannst du jetzt wieder hierher in den Raum kommen … in deinem ganz eigenen Tempo … die Füße auf dem Boden spüren … die Augen öffnen … und manchen hilft es, sich zu recken …«

7. Im Land der Verantwortung

Steckbrief

Für wen: Einzelne Jugendliche und Erwachsene.
Ziel: Begleitung von Übergängen und Ressourcenaktivierung.
Einordnung: Der Text kann sowohl als Geschichte erzählt wie auch als Imagination verwendet werden. Er dient als eine Art Arbeitsgrundlage, die verändert und modifiziert werden möchte.

Diese Imagination habe ich für einen 15-jährigen Jungen entwickelt, dem es zunächst schwerfiel, sich so anzunehmen, wie er ist, seine vielen Potenziale zu sehen und seinen eigenen Weg zu finden. Es ist die Geschichte von Übergang, Selbstannahme und Aufbruch.

Imagination

»Mach es dir so angenehm wie möglich … vielleicht möchtest du lieber sitzen oder lieber liegen … schau, was gerade passend ist für dich … und nimm dir einen Moment Zeit … und erlaube dir … deine Aufmerksamkeit auf das zu richten … was jetzt gleich geschieht … und du kannst dich nun auf eine kleine Reise begeben … eine Reise in ein Land ... bei dem vieles möglich ist ... ein Land ... was neugierig machen kann ... auf das ... was das Leben so Reichhaltiges zu bieten hat ... und man weiß ja nicht immer ... wie der nächste Schritt aussieht ... und das Schöne ist ... dass auf dieser Reise der bewusste Verstand es auch gar nicht zu wissen braucht ... weil unser unbewusstes Wissen ... eine riesige Quelle der Kraft ist ... und unsere Intuition viel genauer weiß ... was der Verstand noch nicht weiß ... die Reise handelt von einem jungen Mann etwa in deinem Alter ... und der junge Mann wandert durch das hügelige Land der Verantwortung ... eine unglaubliche Landschaft ... faszinierend ... mal über gut befestigte Wege ... auf einem sicheren und festen Grund ... und mal über Schotter und Geröll ... und beide Arten von Wegen sind da ... in sicherer Unsicherheit ... und in unsicherer Sicherheit ... und während der junge Mann an eine besondere Stelle des Weges kommt ... an eine Stelle ... wo es dunkler ist ... und sich ein kühler Wind auf die Haut legt ... und wo plötzlich mitten auf dem Weg ... ein großer dunkler Stein liegt ... der Stein der Trägheit ... in dunklen Farben ... mit Ecken und Kanten ... und von großer Schwere ... genau so ... dunkel ... und sehr schwer ... der Stein der Trägheit ... und der junge Mann steht vor dem schweren Stein der Trägheit ... der ihm nur scheinbar den Weg versperrt ... und der junge Mann ist ohne Rat ... und auch ein bisschen hilflos ... er kennt das Gefühl zu gut ... plötzlich ... am Rande des Weges ... ein leises Geräusch ... schwer einzuordnen ... und fast unmerklich ... ein weiser Freund am Wegesrand steht ... ein weiser Freund ... der dem jungen Mann irgendwie bekannt erscheint ... während er den weisen Freund genau betrachtet ... seine Haare ... sein Gesicht ... die Stirn ... den Mund ... die Farbe und Oberfläche der Haut ... und die Augen ... was kann ich tun? ... fragt der junge Mann den weisen Freund ... während er ihm immer tiefer in die Augen schaut ... blinzelnd ... und der junge Mann ... plötzlich im Spiegel der Augen des weisen Freundes ... sich selbst erkennt ... der weise Freund als innerer Teil des jungen Mannes ... ein warmer Strom durchfährt den Körper ... der weise Freund schaut den jungen Mann liebevoll an und sagt ... du weißt, was zu tun ist ... alles was du dazu brauchst, trägst du bereits in dir ... den Mut ... die Liebe zu dir selbst ... und die Fähigkeit ... Verantwortung für deinen Lebensweg zu übernehmen ... noch bevor der junge Mann bewusst versteht ... da breitet sich in ihm ein Gefühl voller sonnengelber Freude … und strömend warmer Hoffnung aus … sonnengelbe Freude … wohlig warm … Hoffnung und Zuversicht … und das Gefühl … sich selbst so anzunehmen, wie er ist … genau so ist er in Ordnung, wie er ist … spürt der junge Mann tief in seinem Inneren … während alte Wunden heilen können … und Verletzungen … in ihrer Art und Weise … und sich die Zeit nehmen können … die sie brauchen … um zu heilen … und sich zu beruhigen … ganz langsam … und behutsam … sodass neue Hoffnung entstehen kann … und Vertrauen … vielleicht auch Dankbarkeit für das … was gut gelaufen ist … während der junge Mann da steht … verschwindet der weise Freund am Wegesrand … der nun seinen Platz im Inneren des jungen Mannes gefunden hat … wie ein innerer weiser Freund … und plötzlich erkennt der junge Mann … dass sich der große Stein in einen kleinen hellen Kieselstein der Klarheit verwandelt hat … während der junge Mann den Kieselstein der Klarheit aufhebt … und in die Hosentasche steckt … und denkt … vielleicht brauche ich den Kieselstein irgendwann nochmals … da wird der Himmel sonnenhell und klar … der Wind angenehm warm … strömend warm … und der Weg sicher und auf festem Grund … der junge Mann weiß nun … was zu tun ist … während er alles bereits in sich trägt … was er braucht … und sich selbst so lieben darf, wie er ist … genau so … und in der kommenden Nacht … hatte der junge Mann einen ganz besonderen Traum …«

8. Unbewusste Ressourcen mit dem Paarschiff aktivieren

Steckbrief

Für wen: Einzelne, Paare, Familien, Gruppen.
Ziel: Unbewusste Ressourcen nutzen.
Einordnung: Vielseitig nutzbare Imagination, leicht lernbar.

Diese Imagination habe ich ursprünglich für die Arbeit mit Paaren entwickelt, während sie auch für andere Settings in modifizierter Form hilfreich ist. Beispielhaft beschreibe ich hier die Arbeit mit dem »Paarschiff«. Auch ein Garten oder ein Haus sind geeignete Metaphern.

Im Vorgespräch erkläre ich dem Paar mein Vorgehen: »Ich möchte Sie beide gleich dazu einladen, ein Schiff oder ein Boot vor dem inneren Auge entstehen zu lassen, welches gerade zu Ihrer Paarbeziehung passt. Danach werde ich Sie bitten, in der Vorstellung von dem Schiff zu einem für Sie angenehmen Ort zu gehen, einen Ort, an dem Sie sich wohl und sicher fühlen und an dem Sie Kraft tanken können. Anschließend werde ich Sie einladen, in der Vorstellung wieder zurück zu Ihrem Schiff zu gehen. Sie dürfen neugierig sein, was dann bei Ihnen geschieht.« Das Vorgespräch dient dem Säen der Inhalte im Sinne eines Priming, bereits jetzt beginnen innere Suchprozesse, welche im Verlauf der Imagination intensiviert werden.

Imagination

»Und Sie können nun eine für Sie angenehme Körperhaltung einnehmen … und darauf achten … wo Ihre Füße im Kontakt mit dem Boden sind … und an welchen Stellen Ihr Körper vom Stuhl getragen wird … und sich erlauben … dem einmal nachzuspüren … während sich eine angenehme Entspannung einstellen kann … und mit jedem Ausatmen … sich die Entspannung noch vertiefen kann … wie von selbst … und Anspannung abfließen kann … während Sie sich nun die Zeit dafür nehmen können … Ihre Aufmerksamkeit ganz nach innen zu richten … und sich auf eine kleine Reise zu begeben … und sich ein Schiff oder Boot vorzustellen … welches derzeit zu Ihrer Paarbeziehung passt … und die Bilder … die nun wie von alleine auftauchen … neugierig machen … während Sie sich die Zeit nehmen können … die Sie dazu brauchen … um sich vorzustellen … wie das Schiff aussieht … das Paarschiff … ist es eher ein Ruderboot … oder eine Segeljacht … ein Kreuzfahrtschiff … oder ein Floß … ein Schlauchboot … ein Rettungsboot … oder ein ganz anderes Schiff? … und Sie sich die Zeit nehmen können … wie von selbst ein inneres Bild entstehen zu lassen … während Sie einmal darauf achten können … wie die Umgebung aussieht … was ist es für ein Gewässer … ein Fluss … oder ein See … ein Meer … ein Hafen … oder etwas ganz anderes? … und wie ist die Temperatur … eher kühler oder eher wärmer? … und wie sieht der Himmel aus? … vielleicht scheint die Sonne oder es sind Wolken da …

es regnet … oder es ist trocken … vielleicht weht ein Wind … oder es ist ganz still … oder ganz anders und nichts von alldem … während Sie die Aufmerksamkeit nun darauf lenken können … wo Ihr Platz auf dem Schiff ist … am Sonnendeck … im Maschinenraum … im Rettungsbot … am Steuer … oder ganz woanders … und wo der Platz Ihrer Partnerin/Ihres Partners ist … und es interessant sein kann, zu beobachten … was Sie gerade machen auf dem Schiff … und wenn Sie eine innere Vorstellung gefunden haben … können Sie mir ein Zeichen durch Kopfnicken oder Handheben geben … und Sie dann über eine Brücke oder einen Weg an einen angenehmen Ort gehen … einen Ort … an dem es Ihnen gut geht … einen Ort, an dem Sie sich wohlfühlen … es kann ein Urlaubsort sein … oder zu Hause … in der Natur … oder ein Fantasieort … oder ein ganz anderer … während Sie sich die Zeit nehmen dürfen … die Sie dazu brauchen … um an dem Wohlfühlort angekommen zu sein … und wenn Sie angekommen sind … können Sie mir wieder durch Kopfnicken oder Handheben ein Zeichen geben … während Sie sich nun erlauben können … sich dort einmal umzuschauen … an dem Ort … an dem Sie sich wohlfühlen … was gibt es dort zu sehen, hören, fühlen, riechen, schmecken? (VAKOG sehr ausführlich und langsam beschreiben lassen!) … und wo ist Ihr Platz … was machen Sie genau … wie sind Sie gekleidet? … und ist es nicht schön … all diese Eindrücke wahrnehmen zu können und dieses unglaubliche Gefühl zu genießen … und es sich auch körperlich ausbreiten zu lassen … und die Erfahrungen an diesem angenehmen Ort … in Ihrem Unterbewusstsein wie von selbst speichern zu lassen? … in Kürze werde ich Sie bitten … sich von diesem angenehmen Ort zu verabschieden … mit dem Wissen … jederzeit an diesen wohltuenden Ort zurückgehen zu können … wenn Sie es möchten … nachdem Sie sich verabschiedet haben … möchte ich Sie einladen … wieder über die Brücke oder den Weg zurück auf Ihr Paarschiff zu gehen … sich die Zeit zu lassen, die Sie dafür brauchen … und es auf Ihre ganz eigene Art zu machen … um dann nach einer Zeit wieder auf Ihrem Schiff angekommen zu sein … und darauf zu achten … was gleich geblieben ist … oder was sich verändert hat … der beständige Wandel … während es ganz interessant sein kann … darauf zu achten … was nun geschieht … wie von selbst … wie Dinge in Bewegung kommen … oder auch gleich bleiben … oder etwas Neues hinzukommt … oder etwas ganz anderes geschieht … und vielleicht nun ein Bild entstanden ist … und Sie genau hinschauen können … wahrnehmen … was wahrzunehmen ist …«

Im Nachgespräch frage ich beide nach Ihrer Erfahrung: »Wie war die Erfahrung, war es eher leichter oder schwerer, ein Bild zu finden, war es eine eher angenehme Erfahrung, wie war das Körpererleben?« Beide beschreiben dann ihr Bild und der andere hört nur zu. Die Bilder bleiben als innere Momentaufnahmen des Unbewussten der jeweiligen Partner stehen und werden nicht vom jeweils anderen bewertet oder kommentiert.

In den folgenden Sitzungen kann immer wieder auf das innere »Paarschiff« eingegangen und nach Resonanzen und Auswirkungen gefragt werden. Die Erfahrung zeigt, dass sich die Bilder prozesshaft verändern und oftmals eine kraftvolle innere Bewegung des Einzelnen auslösen, die dann Wechselwirkungen mit der Paarbewegung zur Folge haben.

9. Die tanzenden Buchstaben[2]

Steckbrief

Für wen: Einzelne Kinder, Jugendliche und Erwachsene.
Ziel: Die Erfahrung ermöglichen, wie Imaginationen wirken, Ressourcenaktivierung, Umgang mit Wut.
Einordnung: Eine »Einsteigerimagination«. Klienten können recht schnell die Erfahrung machen, dass allein durch eine andere Vorstellung ein anderes Erleben entsteht.

Imagination

»Nehmen Sie sich einen Moment Zeit … während Sie es sich auf Ihrem Platz bequem machen können … und merken, wo Ihr Körper den Stuhl berührt … und wo die Füße Kontakt mit dem Boden haben … und während Ihre Atmung gleichmäßig fließen kann … ein … und wieder aus …

2 Nach Mrochen und Bierbaum, 2007.

und Sie eine angenehme Haltung einnehmen können … kann sich nun Entspannung einstellen … ganz von allein … während vielleicht Gedanken vorbeikommen … und wieder weiterziehen können … und Sie merken … wie entspannt und gelöst Sie werden … und Sie sehen jetzt vor Ihnen eine weiße Leinwand … und auf dieser Leinwand steht das Wort ›Wut‹ geschrieben … Sie können es genau sehen … In welcher Farbe ist das Wort geschrieben? … In welcher Schriftform? … In welcher Größe? … Eher fett oder eher dünn? … Und in welcher Farbe ist der Hintergrund? … Und vielleicht bemerken Sie jetzt auch eine körperliche Resonanz … manchmal entsteht jetzt ein Gefühl … beim Anblick der Leinwand … und während Sie die Leinwand mit dem Wort jetzt genau vor sich sehen … beginnen die einzelnen Buchstaben zu tanzen … und in die Luft zu hüpfen … und zu springen … und nach einer Zeit kommen die Buchstaben wieder zusammen … sortieren sich wieder … und plötzlich steht der erste Buchstabe des Wortes auf dem Kopf … ja genau (siehe Abbildung 20) … und Sie können darauf achten, was jetzt passiert … wie ist jetzt die Farbe … die Schriftform … die Größe … der Hintergrund? … während Sie das Wort ›Mut‹ jetzt deutlich sehen können … was merken Sie jetzt im Körper … wie ist die Atmung … Ihr Wohlbefinden? … während sich ein Gefühl von Erleichterung oder ein anderes Gefühl zeigen kann … wie ist es jetzt für Sie? …«

Abbildung 20: Die tanzenden Buchstaben

10. Eine wohlig-warme Dusche

Steckbrief

Für wen: Einzelne, Paare und Gruppen.
Ziel: Stabilisierung und Entspannung.
Einordnung: Eine Imagination für viele Situationen. Leicht anzuwenden und zu lernen. Hilfreich ist es, sich den Text aufs Handy zu sprechen oder sprechen zu lassen und regelmäßig zu hören, wenn es als angenehm empfunden wird.

Imagination

»Ich möchte dich nun einladen … dir in der Vorstellung eine angenehme warme Dusche zu nehmen … erlaube dir, eine Dusche vorzustellen … so … wie es besonders wohltuend für dich ist … und du kannst die Temperatur so einstellen … dass du dich besonders wohl dabei fühlst … vielleicht ein wenig die Temperatur nachjustieren … bis es so richtig angenehm ist … während sich ein angenehmes Wohlbefinden einstellt … und dann einmal neugierig zu sein … wahrzunehmen … was wahrzunehmen ist … während du diese angenehme Erfahrung machen kannst … ganz wie von selbst … kann deine Aufmerksamkeit darauf gerichtet sein … was zu hören ist … achte darauf … welche Geräusche da sind … ein Prasseln … oder Tropfen … oder ein anderes Geräusch … und wie ist es … wenn die Geräusche sich verändern, während du deine Körperhaltung veränderst … und du kannst dir die Zeit lassen, die du brauchst … um genau hinzuhören … während du jetzt deine Aufmerksamkeit darauf richten kannst … wie es ist … wenn das Wasser deine Haut berührt … wie fühlt es sich an … wenn einzelne Tropfen … oder Wasserstrahlen … auf den Körper fallen? … wie ist es … wenn das Wasser auf die Haut fließt? … auf unterschiedliche Körperstellen … den Kopf … die Schultern … die Brust … das Gesicht … den Rücken … die Füße? … wie fühlt es sich an … eher sanft … oder eher druckvoll … oder ganz anders? … achte einmal darauf … wie ist die Temperatur? … und du kannst dir erlauben … dir die Temperatur so angenehm wie möglich einzustellen … während du merkst … wie das Wasser den Körper hinunterläuft … kannst du dir nun erlauben …

die Wärme zu genießen ... und zu spüren ... wie angenehm es sich anfühlt ... wohlig warm ... und wie schön es ist ... sich darüber zu freuen ... deinen Körper zu spüren ... und ihm Gutes zu tun ... und wie von selbst ... kann sich jetzt ein wohliges Gefühl einstellen ... und es kann geschehen ... in diesem Gefühl einen Moment zu verweilen ... und zu genießen ... und zu spüren ... wie Körper und Seele zusammenwirken ... wie in einem Wechselspiel ... sich Gutes tun können ... und zu merken ... wie das wohlige Gefühl in deinem Körper sich jetzt auch ausbreiten kann ... strömend warm ... in alle Zellen deines Körpers ... und alle Anspannung ... die vielleicht noch in Resten da ist ... kann sich lösen ... und abfließen ... mit dem ablaufenden Wasser die Beine hinunter ... wie von selbst ... ohne dein Zutun ...«

11. Zaubertranktrance für Familien, Paare und Teams[3]

Steckbrief

Für wen: Familien, Paare und Teams.

Ziel: Förderung unbewusster Ressourcen und Stärkung der Familienbeziehungen.

Einordnung: In der Familientrance werden innere Suchprozesse angestoßen. Die Familie macht die Erfahrung, sich in großer Ruhe zu begegnen, ohne dass Inhalte diskutiert werden. So können die ressourcenreichen Teile der Familienbeziehungen gestärkt werden, welche im Alltag zuweilen aus dem Blick geraten.

Ich lade die Familie zu der Vorstellung ein: In der Mitte des Stuhlkreises lodert ein schönes Lagerfeuer und an einem Dreifuß hängt ein großer Topf über dem Feuer. In diesem Topf wird gemeinsam eine Familienmedizin mit vielen guten Zutaten zubereitet. Jeder, der möchte, kann gleich eine oder mehrere Zutaten in den Topf geben. Die Zutaten sind Stärken, Fähigkeiten und gute Wünsche, die die Familie gut gebrauchen könnte. Das Besondere an der Medizin ist, dass sie sehr schmackhaft und leicht bekömmlich ist. Egal ob Kinder, Jugendliche oder Erwachsene – bei allen kann sie gleicherma-

3 Nach Bierbaum-Luttermann und Mrochen, 2019.

ßen ihre wohltuende Wirkung entfalten. Manchmal passieren auch wundersame Dinge nach Einnahme der Medizin. Dinge, von denen man nicht gedacht hätte, dass sie so leicht geschehen.

Imagination

»Ihr könnt es euch jetzt einfach hier am Lagerfeuer bequem machen … und lasst uns mal überlegen, wenn es eine Familienmedizin gäbe … in der alles drin ist … was eure Familie brauchen könnte … was man für Geld nicht kaufen kann … was kommt dort hinein … was könnte jeder von euch da hineingeben? … und ihr könnt euch vorstellen … hier in der Mitte steht ein großer Topf, in dem die Familienmedizin angerührt wird … und lasst euch Zeit … um zu überlegen … welche Zutaten würden Euch guttun? …«

Jedes Familienmitglied kann nun Zutaten benennen. Oftmals sind es Zutaten wie beispielsweise »Vertrauen, Liebe, Ruhe, Frieden, Gelassenheit oder Offenheit«. Wichtig ist, dass nur Zutaten benannt werden, die der Einzelne für die Familie hinzutun kann. Wünsche für andere Familienmitglieder, wie »mein Sohn soll mehr das tun, was ich ihm sage«, gehören nicht in die Medizin.

»Ich tue jetzt noch eine große Portion Anerkennung und Wertschätzung dazu … dafür, dass ihr alle gekommen seid … und dass ihr den Mut aufgebracht habt, gemeinsam nach einer Lösung zu suchen … und ihr könnt nun euch vorstellen, wie es ist, wenn jeder einen Schluck davon nimmt … wie genau fühlt sich das an … wie wirkt es in eurem Körper … an welchen Stellen breitet es sich in eurem Körper aus? … welche Farbe hat der Zaubertrank … und wo könnt ihr die Farbe im Körper jetzt sehen? … jeder kann sich Zeit lassen, um zu spüren … wie sich der Zaubertrank im Körper ausbreitet und wie es sich anfühlt … und wenn ihr jetzt wisst, wie es wirkt … der Zaubertrank … wann – heute Abend oder morgen – könnt ihr den nächsten Schluck gebrauchen? … vielleicht wenn die Kinder ins Bett gehen oder am Frühstückstisch … oder in einer anderen Situation … wie würde der Zaubertrank jetzt wirken … wie würde er sich jetzt auswirken? … Jeder für sich kann jetzt die Frage beantworten …«

Die Reise geht zu Ende

Langsam nähert sich die Reise des Buches dem Ende. In ihrem Verlauf konnten Sie, liebe Lesende, hoffentlich viel entdecken und spannende Erfahrungen sammeln. Und manchmal ist es so, dass man seine Reise nochmals Revue passieren lässt und die Aufmerksamkeit auf das richten kann, was besonders interessant und ansprechend war. Und während der eine beflissen vom umfangreichen Praxiswissen profitieren konnte, stürzte sich die andere möglicherweise eher in die vielen Übungen und Methoden. Vielleicht gibt es auch einige von Ihnen, die schon während des Lesens damit begonnen haben, hypnosystemische Elemente in ihrer beruflichen Praxis anzuwenden, während andere sich lieber noch die Zeit nehmen mochten, das Buch ganz zu Ende zu lesen.

Auch meine Reise des Schreibens geht nun zu Ende. Von Sommer 2021 bis März 2022 war dies eine besondere Zeit. Neben dem Schreiben war ich als Seminarleitender und vor allem als Berater in meiner Arbeitsstelle tätig. Der Dreiklang aus Beraten, Schreiben und Lehren führte zu einer intensiven Lernerfahrung, einer Komposition aus drei sich gegenseitig bereichernden Klängen hin zu einem tiefen, wohlig-warmen und erfüllenden Klangerlebnis.

Hypnosystemische Lebensberatung kann Menschen bei der Stärkung ihrer Selbstwirksamkeit nachhaltig unterstützen. Dabei bildet eine von Wertschätzung und Respekt getragene Beziehung auf Augenhöhe zwischen Beratenden und Ratsuchenden die wesentliche Grundlage für wirksame Hilfe. Es ist zu wünschen, dass Lebensberatung als niederschwelliges komplementäres Angebot neben dem heilkundlichen des Gesundheitssystems noch mehr Verbreitung finden und in Deutschland strukturell besser verankert und vernetzt werden würde. Damit wäre eine spürbare Verbesserung der psychosozialen Versorgung verbunden. Angebote einiger Gesundheitskassen, zeitnah präventive Beratungssitzungen zu ermöglichen, ist eine von vielen Ideen, die schon jetzt in diese Richtung weisen.

Zum Schluss möchte ich Sie nochmals zu einem kleinen Experiment einladen:

Nehmen Sie sich einen kurzen Moment der Ruhe und suchen Sie sich einen bequemen Platz. Erlauben Sie nun Ihren Augenlidern, sich sanft zu schließen (nachdem Sie den Text gelesen haben). Nehmen Sie einen tiefen Atemzug und atmen Sie ganz langsam wieder aus. Überlassen Sie nun Ihrer Atmung ihren natürlichen Fluss. Nehmen Sie Ihre rechte Hand und legen Sie sie sanft auf Ihr Herz und die linke auf Ihren Bauch. Warten Sie einen Augenblick. Stellen Sie sich nun folgende Frage: Welchen Herzenswunsch trage ich in mir? Auch wenn er sich vielleicht (noch) nicht erfüllen wird. Lassen Sie sich einen Moment Zeit. Gehen Sie mit Ihrem Herzenswunsch in Kontakt und begrüßen Sie ihn freundlich. Finden Sie einen Platz für Ihren Herzenswunsch und versorgen ihn gut – er dankt es Ihnen womöglich irgendwann. Mögen Sie neugierig und achtsam mit sich sein!

Danksagung

Mit einem ganz herzlichen Dank möchte ich mein Buch schließen:

An die vielen Menschen, die ich in den vergangenen Jahren begleiten durfte. Ohne sie und ihr Vertrauen in unsere gemeinsame Arbeit wäre das Buch nicht möglich gewesen.

An meine Frau Ina und unsere Tochter Malin für die liebevolle, tatkräftige und geduldige Unterstützung meines Buchprojekts.

An Olaf Thane für die zahlreichen konstruktiven Gespräche und die sehr fundierten Rückmeldungen zu den Texten.

An Mascha Cordes für das ausführliche und detailreiche Feedback zum Manuskript.

An Sarah Wetter und Simon Gies für die sehr ansprechend gestalteten Grafiken.

An Anke Lingnau-Carduck für die großartige Unterstützung sowie ihren – schon vor Jahren – unerschütterlichen Glauben an das Buch und die damit einhergehende Motivation, das Projekt umzusetzen.

An Siegfried Mrochen, der mich in meiner beruflichen Entwicklung sehr gefördert hat. Die Annahme, man braucht, um ein Problem zu lösen, nicht die Ursache zu suchen – weil es vielleicht keine gibt –, erweiterte meinen Horizont ganz erheblich.

Und schließlich an den Verlag Vandenhoeck & Ruprecht, im Besonderen an Sandra Englisch und Ulrike Rastin, für die wertvolle Begleitung bei der Realisierung des Buchprojekts.

Literatur

Abram, A. (2017). Imaginationen. Paderborn: Junfermann.

Allemann, P. (2008). Mit Kindern Lösungen erfinden. Ideen, Impulse und Werkzeuge für die lösungsorientierte und hypnosystemische Arbeit mit Kindern und Jugendlichen. Skript und Mitschriften aus dem Seminar bei Intakkt, Krefeld. Unveröffentlichtes Manuskript.

Benaguid, G., Schramm, S. (2016). Hypnotherapie. Paderborn: Junfermann.

Bertsch, H. E., Böing, H. (2005). Lernende Organisationen – lernende Professionelle, Praxistools in der Jugendhilfe. Kontext, 36 (4), 356–367.

Bierbaum-Luttermann, H., Mrochen, S. (2019). Klinische Hypnose und Hypnotherapie mit Kindern und Jugendlichen. Paderborn: Junfermann.

Bitzer-Gavornik, G. (2016). Lebens- und Sozialberatung in Österreich. Wien: Facultas.

bke: Bundeskonferenz für Erziehungsberatung e. V. (2022). QS EB. Qualitätsstandards für die Erziehungs-, Familien- und Jugendberatung.

Brächter, W. (2015a). Metaphern. In R. Hanswille (Hrsg.), Handbuch systemische Kinder- und Jugendlichenpsychotherapie (S. 397–402). Göttingen: Vandenhoeck & Ruprecht.

Brächter, W. (2015b). Sandspiel und Spieltherapie. In R. Hanswille (Hrsg.), Handbuch systemische Kinder- und Jugendlichenpsychotherapie (S. 483–491). Göttingen: Vandenhoeck & Ruprecht.

Brächter, W. (2015c). Bilder in Bewegung bringen. Hypnosystemische Konzepte zur Sandspieltherapie. Skript und Mitschriften aus dem Seminar bei Intakkt, Krefeld. Unveröffentlichtes Manuskript.

Bräutigam, B., Müller, M. (2014). Aufsuchende Hilfen. In T. Levold, M. Wirsching (Hrsg.), Systemische Therapie und Beratung – das große Lehrbuch (S. 435–439). Heidelberg: Carl-Auer.

Conen, M.-L. (2002). Das Stärken der familialen Resilienz. In M.-L. Conen (Hrsg.), Wo keine Hoffnung ist, muss man sie erfinden – Aufsuchende Familientherapie (S. 17–40). Heidelberg: Carl-Auer.

Croos-Müller, C. (2015). Kraft. Der neue Weg zu innerer Stärke. Ein Resilienztraining. München: Kösel.

Croos-Müller, C. (2020). Ich schaf(f) das! Leichte Körperübungen für mehr Lebenspower. München: Kösel.

Damasio, A. (1994). Descartes' Irrtum. Fühlen, Denken und das menschliche Gehirn. München: List.

De Shazer, S., Dolan, Y. (2008). Mehr als ein Wunder. Lösungsfokussierte Kurztherapie heute. Heidelberg: Carl-Auer.

Erickson, M., Rossi, E. (2008). Hypnotherapie. Aufbau – Beispiel – Forschungen. Stuttgart: Klett-Cotta.

Fernkorn, E., Haid-Loh, A., Hufendiek, S., Meyer, A., Merbach, M., Volger, I. (2014). Bewahren und Verändern – 1964 bis 2025. EZI-Korrespondenz, 2014 (27), 31–58.

Gilligan, S. G. (2008). Therapeutische Trance. Das Prinzip der Kooperation in der Ericksonschen Hypnotherapie (5. Aufl.). Heidelberg: Carl-Auer.

Gross, M., Popper, V. (2020). Und die Maus hört ein Rauschen. Hypnosystemisches Erleben in Therapie, Coaching und Beratung. Heidelberg: Carl-Auer.

Haken, H., Schiepek, G. (2010). Synergetik in der Psychologie. Selbstorganisation verstehen und gestalten. Göttingen: Hogrefe

Hammer, C. (2020). Im Körper zu Hause sein. Mit Zapchen Somatics zu Leichtigkeit und Wohlbefinden (2. Aufl). Heidelberg: Carl-Auer.

Hanswille, R. (2015). Haltungen systemischer Therapeuten und Therapeutinnen. In R. Hanswille (Hrsg.), Handbuch systemische Kinder- und Jugendlichenpsychotherapie (S. 23–69). Göttingen: Vandenhoeck & Ruprecht.

Hanswille, R. (2020). Vor den Bergen der praktischen Intervention liegt das Tal der konzeptionellen Ideen. Systemische Interventionen und Werkzeuge lehren. In P. Bauer, M. Weinhardt (Hrsg.), Systemische Kompetenzen entwickeln. Grundlagen, Lernprozesse und Didaktik (S. 158–175). Göttingen: Vandenhoeck & Ruprecht.

Hantke, L. (2012). Traumazentrierte Arbeit im psychosozialen Feld – Unterschiede und Gemeinsamkeiten von Traumatherapie, -beratung und -pädagogik. Trauma & Gewalt, 6 (3), 198–205.

Hantke, L., Görges, H.-J. (2012). Handbuch Traumakompetenz. Paderborn: Junfermann.

Hantke, L., Görges, H.-J. (2019). Ausgangspunkt Selbstfürsorge. Strategien und Übungen für den psychosozialen Alltag. Paderborn: Junfermann.

Hargens, J., (2001). Lösungs- und ressourcenorientiertes Arbeiten. Skript und Mitschriften aus dem Seminar beim Paritätischen Bildungswerk, Wuppertal. Unveröffentlichtes Manuskript.

Hartman, W. (2014). Einführung in die Ego-State-Therapie. Skript und Mitschriften aus dem Seminar bei Intakkt, Krefeld. Unveröffentlichtes Manuskript.

Häublein, P. (2018). Hypnosystemische Konzepte zum Umgang mit Prüfungsangst bei Studierenden. Heidelberg: Carl-Auer.

Holtz, K. L. (2008). Entwicklungs- und altersangemessene Induktion. Skript und Mitschriften aus dem Seminar bei Intakkt, Krefeld. Unveröffentlichtes Manuskript.

Holtz, K.-L., Mrochen, S. (2005). Einführung in die Hypnotherapie mit Kindern und Jugendlichen. Heidelberg: Carl-Auer.

Hüther, G. (2016). Mit Freude lernen ein Leben lang. Göttingen: Vandenhoeck & Ruprecht.

Hüther, G. (2017). Wie Embodiment neurobiologisch erklärt werden kann. In M. Storch, B. Cantieni, G. Hüther, W. Tschacher (Hrsg.), Embodiment – Die

Wechselwirkung von Körper und Psyche verstehen und nutzen (S. 75–97). Bern: Huber.

Junker, S. (2016). Hypnosystemische Konzepte und Integration in die jeweiligen Praxiskontexte. Skript und Mitschriften aus dem Seminar bei Intakkt, Krefeld. Unveröffentlichtes Manuskript.

Kampel, M., Frank, A. (2021). Achtsames Arbeiten. 60 Impulse für mehr Achtsamkeit, Selbstfürsorge und Stressbewältigung im Arbeitsalltag. Weinheim u. Basel: Beltz.

Kluschatzka-Valera, R.-E. (2021). Hypnosoziale Systemik. https://www.carl-auer.de/magazin/hypnosoziale-systemik/hypnosoziale-systemik-2 (31.10.2021).

Kluschatzka-Valera, R.-E. (2022). Hypnosystemisches Case Management in der Sozialen Arbeit. Heidelberg: Carl-Auer.

Korittko, A. (2019). Traumafolgen in der Erziehungsberatung. Richtig erkennen und gezielt helfen. Weinheim: Beltz Juventa.

Krautkrämer-Oberhof, M., Haaser, K. (2013). Traumapädagogik und Jugendhilfe – Eine Institution macht sich auf den Weg – Werkstattbericht. In J. Basaum, L. U. Besser, M. Kühn, W. Weiß (Hrsg.), Traumapädagogik – Grundlagen, Arbeitsfelder und Methoden für die pädagogische Praxis (S. 68–90). Weinheim u. Basel: Beltz Juventa.

Lang, A. M. (2022). Konstruktivistische Psychotherapie: Prozess-Hypno-Systemisch. Das Bonner Ressourcen Modell. München: Elsevier.

Levold, T. (2014). Der Stellenwert von Tools und Methoden. In T. Levold, M. Wirsching (Hrsg.), Systemische Therapie und Beratung – das große Lehrbuch (S. 220–223). Heidelberg: Carl-Auer.

Liechti, J. (2009). Dann komm ich halt, sag aber nichts – Motivierung Jugendlicher in Therapie und Beratung. Heidelberg: Carl-Auer.

Lingnau-Carduck, A., Kronenberg, K. (2021). Von der Erschöpfung zur Lebensfreude. Systemische Gesundheitsförderungen in fünf Sitzungen. Göttingen: Vandenhoeck & Ruprecht.

Lingnau-Carduck, A., Wolter, B. (2021). König*innendisziplin Hilfeplanung: das unterschätzte Instrument – ein systemischer (Aus-)Blick. Zeitschrift für systemische Therapie und Beratung, 39 (3), S. 120–127.

Ludewig, K. (2005a). Einführung in die theoretischen Grundlagen der systemischen Therapie. Heidelberg: Carl-Auer.

Ludewig, K. (2005b). »Junge Menschen lügen nicht, Erwachsene dagegen sehr«. Über den Umgang mit Selbstverständlichkeiten und Besonderheiten in der Therapie mit Jugendlichen. In W. Rotthaus (Hrsg.), Systemische Kinder- und Jugendlichenpsychotherapie (3. Aufl.; S. 162–184). Heidelberg: Carl-Auer.

Ludewig, K. (2010). Systemische Therapie mit Kindern und Jugendlichen. Skript und Mitschriften aus dem Seminar am IR Bochum. Unveröffentlichtes Manuskript.

Ludewig, K., Pflieger, K., Wilken, U., Jakobskötter, G., (1983). Entwicklung eines Verfahrens zur Darstellung von Familienbeziehungen: Das Familienbrett. Familiendynamik, 8, 235–251.

Lutterer, W. (2020). Gregory Bateson. Eine Einführung in sein Denken. Heidelberg: Carl-Auer.

Mahr, C. (2015). Ressourcenaktivierung mit Hypnotherapie. Praktischer Einsatz auf den Spuren Milton H. Ericksons. Wiesbaden: Springer Fachmedien.

Maturana, H., Varela, F. (1987). Der Baum der Erkenntnis. Die biologischen Wurzeln des menschlichen Erkennens. München: Scherz.

Meyer-Erben, C., Zander-Schreindorfer, U. (2021). Hypnosystemisch arbeiten. Ein kleiner Praxisleitfaden. Göttingen: Vandenhoeck & Ruprecht Verlag.

Mrochen, S., Bierbaum, H. (2007). Einige Grundlagen der Kinderhypnose. In S. Mrochen, K. L. Holtz, B. Trenkle (Hrsg.), Die Pupille des Bettnässers. Hypnotherapeutische Arbeit mit Kindern und Jugendlichen (S. 10–29). Heidelberg: Carl-Auer.

Muffler, E. (2015a). Grundlagen hypnosystemischer Kommunikation und ihre Anwendung in der Psychoonkologie. In E. Muffler (Hrsg.), Kommunikation in der Psychoonkologie – der hypnosystemische Ansatz (S. 33–56). Heidelberg: Carl-Auer.

Muffler, E. (2015b). Hypnosystemische Kommunikation mit Krebspatienten und Angehörigen. In E. Muffler (Hrsg.), Kommunikation in der Psychoonkologie. Der hypnosystemische Ansatz (S. 19–32). Heidelberg: Carl-Auer.

Muffler, E. (2016). Beziehung und Kontakt im Beratungskontext. Skript und Mitschriften aus dem Seminar bei Intakkt, Krefeld. Unveröffentlichtes Manuskript.

Nemetschek, P. (2006). Systemische Familientherapie mit Kindern, Jugendlichen und Eltern. Lebensfluss-Modelle und analoge Methoden. Stuttgart: Klett-Cotta.

Neumann, K. (2006). Lexikon systemischer Interventionen. Psychotherapeutische Techniken in Theorie und Praxis. Wien: Krammer.

Neumeyer, A. (2002). Zauberhafte Lösungen in der Kindertherapie – Zaubern als Medium in der Arbeit mit Kindern. In K. L. Holtz, S. Mrochen, P. Nemetschek, B. Trenkle (Hrsg.), Neugierig aufs Großwerden. Praxis der Hypnotherapie mit Kindern und Jugendlichen (S. 251–270). Heidelberg: Carl-Auer.

Neumeyer, A. (2013). Einführung in das therapeutische Zaubern. Heidelberg: Carl-Auer.

Ochs, M. (2020). Die erkenntnistheoretischen Säulen und praxeologischen Grundorientierungen systemischen Arbeitens. In P. Bauer, M. Weinhardt (Hrsg.), Systemische Kompetenzen entwickeln. Grundlagen, Lernprozesse und Didaktik (S. 134–157). Göttingen: Vandenhoeck & Ruprecht.

Ochs, M., Orban, R., Crone, I., Lingnau-Carduck, A., Mengel, M., Herchenhan, M. (2016). Netzwerke Frühe Hilfen systemisch verstehen und koordinieren. Qualifizierungsmodul. Köln: Nationales Zentrum Frühe Hilfen (NZFH).

Olness, K., P., Kohen, D. (2006). Lehrbuch der Kinderhypnose und -hypnotherapie (2., überarb. Aufl.). Heidelberg: Carl-Auer.

Peichl, J. (2019). Einführung in die hypnosystemische Teiletherapie. Heidelberg: Carl-Auer.

Plate, M. (2015). Grundlagen der Kommunikation. Gespräche effektiv gestalten. Göttingen: Vandenhoeck & Ruprecht.

Prior, M. (2003). MiniMax-Interventionen. Heidelberg: Carl-Auer.

Prior, M. (2005). Einführung in die Hypnotherapie. Skript und Mitschriften aus dem Seminar bei intakkt, Krefeld. Unveröffentlichtes Manuskript.

Prior, M. (2006). Beratung und Therapie optimal vorbereiten – Informationen und Interventionen vor dem ersten Gespräch. Heidelberg: Carl-Auer.

Reddemann, L., Dehner-Rau, C., (2006). Trauma. Folgen erkennen, überwinden und an ihnen wachsen (2. Aufl.). Stuttgart: Trias.

Reitz, M. (2014). Helm Stierlin – Zeitzeuge und Pionier der systemischen Therapie. Heidelberg: Carl-Auer.

Retzlaff, A. (2009). Spielräume. Lehrbuch der systemischen Therapie mit Kindern und Jugendlichen (3. Aufl.). Stuttgart: Klett-Cotta Stuttgart.

Revenstorf, D. (2017). Hypnotherapie und Hypnose. Tübingen: Psychotherapie-Verlag.

Ritscher, W. (2014). Stationäre familienorientierte Jugendhilfe (Heimerziehung). In T. Levold, M. Wirsching (Hrsg.), Systemische Therapie und Beratung – das große Lehrbuch (S. 447–450). Heidelberg: Carl-Auer.

Rotthaus, W. (2005). Zur Einführung: Systemische Kinder- und Jugendlichenpsychotherapie – eine Erweiterung der therapeutischen Handlungskompetenz. In W. Rotthaus (Hrsg.), Systemische Kinder- und Jugendlichenpsychotherapie (3. Aufl.; S. 9–17). Heidelberg: Carl-Auer.

Rotthaus, W. (2015). Therapie mit Schulkindern. In R. Hanswille (Hrsg.), Handbuch systemische Kinder- und Jugendlichenpsychotherapie (S. 109–130). Göttingen: Vandenhoeck & Ruprecht.

Schindler, H. (2014). Die Arbeit mit der Zeitlinie (Timeline). In T. Levold, M. Wirsching (Hrsg.), Systemische Therapie und Beratung – das große Lehrbuch (S. 246–250). Heidelberg: Carl-Auer.

Schlippe, A. von, Schweitzer, J. (2013). Lehrbuch der systemischen Therapie und Beratung I. Das Grundlagenwissen (2. Aufl.). Göttingen: Vandenhoeck & Ruprecht.

Schlippe, A. von, Schweitzer, J. (2019). Gewusst wie, gewusst warum. Die Logik systemischer Interventionen. Göttingen: Vandenhoeck & Ruprecht.

Schmidt, G. (2004). Liebesaffären zwischen Problem und Lösung. Hypnosystemisches Arbeiten in schwierigen Kontexten. Heidelberg: Carl-Auer.

Schmidt, G. (2005a). Einführung in die hypnosystemische Therapie und Beratung. Heidelberg: Carl-Auer.

Schmidt, G. (2005b). Systemisch-hypnotherapeutische Interventionen in Therapie und Supervision. Skript und Mitschriften aus dem Seminar am ifs, Essen. Unveröffentlichtes Manuskript.

Schmidt, G. (2008a). Hypnosystemische Traumatherapie. Skript und Mitschriften aus dem Seminar bei intakkt Krefeld. Unveröffentlichtes Manuskript.

Schmidt, G. (2008b). Mein Weg zur Erickson'schen Hypnotherapie. In Festschrift 30 Jahre Milton Erickson Gesellschaft für Klinische Hypnose (S. 17–20). München: Milton Erickson Gesellschaft für Klinische Hypnose e. V.

Schmidt, G. (2011a). »Wer nur Schemata runter schrubbt, kommt nicht in Kontakt mit einzigartigen Menschen«. Interview. Coaching-Magazin, 4, 10–17.

Schmidt, G. (2011b). Berater als »Realitätenkellner« und Beratung als koevolutionäres Konstruktionsritual für zieldienliche Netzwerkaktivierungen – Einige hypnosystemische Implikationen. In W. A. Leeb, B. Trenkle, M. F. Weckmann (Hrsg.), Der Realitätenkellner. Hypnosystemische Konzepte in Beratung, Coaching und Supervision (S. 18–35). Heidelberg: Carl-Auer.

Schmidt, G. (2014). Hypnosystemische Ansätze. In Levold, T., Wirsching, M. (Hrsg.), Systemische Therapie und Beratung – das große Lehrbuch (S. 78–82). Heidelberg: Carl-Auer.

Schütz, G., Freigang, H. (2013). Hypnolinguistik. Die Sprache der Hypnose verstehen und anwenden. Paderborn: Junfermann.

Signer-Fischer, S. (2011). Lebensübergänge in Beratung und Therapie. In W. A. Leeb, B. Trenkle, M. F. Weckmann (Hrsg.), Der Realitätenkellner. Hypnosystemische Konzepte in Beratung, Coaching und Supervision (S. 303–320). Heidelberg: Carl-Auer.

Stierlin, H. (1980). Eltern und Kinder. Das Drama von Versöhnung und Trennung im Jugendalter. Frankfurt a. M.: Suhrkamp.

Stierlin, H. (1989). Individuation und Familie. Studien zur Theorie und therapeutischen Praxis. Frankfurt a. M.: Suhrkamp.

Stierlin, H. (2008). Gedanken zu Milton Erickson. In Festschrift 30 Jahre Milton Erickson Gesellschaft für Klinische Hypnose (S. 14). München: Milton Erickson Gesellschaft für Klinische Hypnose e. V.

Storch, M. (2017). Wie Embodiment in der Psychologie erforscht wurde. In M. Storch, B. Cantieni, G. Hüther, W. Tschacher (Hrsg.), Embodiment – Die Wechselwirkung von Körper und Psyche verstehen und nutzen (S. 35–72). Bern: Huber.

Storch, M., Tschacher, W. (2016). Embodied Communication. Kommunikation beginnt im Körper, nicht im Kopf. Bern: Hogrefe.

Walker, W. (2004). Abenteuer Kommunikation. Bateson, Perls, Satir, Erickson und die Anfänge des Neurolinguistischen Programmierens. Stuttgart: Klett-Cotta.

Watzlawick, P., Beavin, J. P., Jackson, D. (2011). Menschliche Kommunikation. Formen, Störungen, Paradoxien. Bern: Huber.

Welter-Enderlin, R. (2006). Wirksamkeit von Gefühlen in Beratung und Therapie. In B. Reuser, R. Nitsch, A. Hundsalz (Hrsg.), Die Macht der Gefühle – Affekte und Emotionen im Prozess von Erziehungsberatung und Therapie (S. 127–138). Weinheim u. München: Juventa.

White, M., Epston, D. (1990). Die Zähmung der Monster. Literarische Mittel zu therapeutischen Zwecken. Heidelberg: Carl-Auer.

Wienands, A. (2010). Einführung in die körperorientierte systemische Therapie. Heidelberg: Carl-Auer.

Winkelmann, I. (2020). Systemisch-ressourcenorientiertes Arbeiten in der Jugendhilfe (2. Aufl.). Heidelberg: Carl-Auer.

Wirl, C. (2007). Therapeutische Geschichten und Metaphern. Aufbau und Drei-Ebenen-Kommunikation. In S. Mrochen, K. L. Holtz, B. Trenkle (Hrsg.), Die Pupille des Bettnässers. Hypnotherapeutische Arbeit mit Kindern und Jugendlichen (S. 60–83). Heidelberg: Carl-Auer.

Anhang I: Hypnosystemisches Arbeiten – dreimal kompakt

1. Hypnosystemisch *KOMPAKT*

- Erleben wird in Prozessen der Aufmerksamkeitsfokussierung ständig neu erzeugt.
- Sowohl Lösungs- wie auch Problemerleben.
- Je nachdem, wohin die Aufmerksamkeit fließt.
- Dies geschieht sowohl willkürlich als auch unwillkürlich, bewusst und unbewusst.
- Sowie mit gewünschtem oder ungewünschtem Ergebnis.
- Ist die Aufmerksamkeit auf ein bestimmtes Erleben konzentriert, sind entsprechende neuronale Netzwerke aktiv, welche wiederum ein entsprechendes Erleben aktivieren.
- Emotional geladenes Erleben aus der Vergangenheit ist im Episodengedächtnis in unterschiedlichen neuronalen Netzwerken gespeichert und kann durch Reize willkürlich und/oder unwillkürlich aktiviert werden.
- Es gibt demnach nicht die *eine* Vergangenheit, sondern *viele* Vergangenheiten.
- Erleben bildet sich im ganzen Organismus und auf allen Sinneskanälen ab (VAKOG) und wird wechselwirksam und kontextuell erzeugt.
- Und eben auch körperlich und in Beziehungen.
- Dabei sind ganz natürliche Trancephänomene wirksam.
- Hypnosystemische Praxis hat zum Ziel, den »aktiven Beobachter und Gestalter« zu stärken und gleichzeitig die verschiedenen Erlebniszustände miteinander in Kontakt zu bringen.
- Durch willkürliches Aktivieren von Lösungs- und Problem-

zuständen auf den Sinneskanälen (VAKOG) und entsprechender Körperkoordination …

- … und anschließendem Pendeln zwischen beiden …
- … kann der Klient orientiert an seinen Zielen zum einen wieder in Kontakt mit seinen kraftvolleren Erfahrungen kommen …
- … zum anderen können die leidvollen Erfahrungen angemessen gewürdigt und es kann wieder eine hilfreiche Distanz zu ihnen gewonnen werden.
- So kann eine Ressourcenerfahrung, auch wenn sie biografisch weit zurückliegt, gezielt für die Bewältigung von schwierigen Situationen utilisiert werden …
- … und neuronale Netzwerke erweitern sich, bilden sich neu und verknüpfen sich …
- … dabei ist es nicht notwendig, ganze Netzwerke zu verändern, sondern nur einige Erlebniselemente durch Unterschiedsbildungen. Dies geschieht mit entsprechenden hypnosystemischen Haltungen und Methoden.
- Der Aufmerksamkeitsfokus kann sich öffnen und weiten, und der
- Klient erlebt sich wieder mehr als aktiveren Gestalter seiner Lebenssituation …
- … und spürt zunehmend eine kraftvolle, flexibel zu dem jeweiligen Kontext gestaltbare Beziehung zum Problemerleben.
- Das Selbstwirksamkeitserleben wird intensiver, ein Gefühl von Hoffnung und Vertrauen in die eigenen Fähigkeiten kann wieder spürbar werden.
- Hypnosystemische Mehrebenenkommunikation – also die Nutzung von Sprachmustern, unbewussten Prozessen aus Imaginationen sowie der Resonanzen somatischer Marker – unterstützt diesen Prozess wesentlich.
- Das Konzept kann passgenau auf zahlreiche Kontexte zugeschnitten werden.

2. Anregungen und Ideen für die hypnosystemische Praxis

KOMPAKT

- Entwicklung und Lernen brauchen angemessene *Beziehungen* zwischen Menschen.
- Zeige dich als Berater authentisch und bringe dich als Person ein.
- Vertraue auf das Wissen des Klienten und achte auf das für ihn Wichtige.
- Nutze den Kontext, das Weltbild, die Ressourcen, die Besonderheiten und auch die »Pathologien« der Klienten und Klientinnen zur Erreichung derer Ziele.
- Achte auf den »guten Grund«: In welchem Kontext ist das gezeigte Symptomverhalten eine Fähigkeit?
- Sei offen im Sinne von nichtwissend.
- Nutze Ratlosigkeit als Ressource im Beratungssystem.
- Das, was die Klientin anbietet, ist in Ordnung und kann nutzbar gemacht werden.
- Geh ins Gespräch, statt zu monologisieren.
- Vertraue auf deine Fähigkeiten und auf deine unbewussten Ressourcen als Berater.
- Achte auf deine Bedürfnisse als Berater. Was brauchst du, um gut arbeiten zu können?
- Das Unbewusste ist ein riesiges Reservoir an Ressourcen und Lernerfahrungen.
- Das Bewusste hat Begrenzungen, die das Unbewusste eventuell nicht hat.
- Trau deinen Impulsen und nimm wahr, was sie bewirken.
- Lass dem Klienten Raum für seine Erfahrung.
- Zeig deinem Klienten bzw. deiner Klientin, dass es dich mitfreut, wenn er oder sie Freude hat.
- Geh nicht geradlinig auf Ziele hin, sondern beachte, dass die alten Muster, die so vertraut und bedeutsam sind, manchmal noch gehütet werden müssen.
- Von Herzenswünschen geht Energie aus, zunächst nicht unbedingt von Zielen. Würdige und nutze Herzenswünsche, um daraus hilfreiche Ziele zu entwickeln.

- Übe sowohl das alte wie auch das neue Verhalten. Wo macht es Sinn, das alte Muster noch eine Weile auszuführen?
- Hüte dich davor, dich in Hypothesen zu »verlieben«. Es könnte auch ganz anders sein.
- »Gutgehen« geht nur auf der Basis der Würdigung des »Schlechtgehens«.
- Wie viele »Trauertage«, Rituale oder Mahnmale braucht die »traumatisierte Seite«, um sich auf Veränderung einzulassen?
- Ich kann Symptome nur als Kompetenz nutzen, wenn ich zuvor eine schützende Position einnehme.
- Es wird »Ehrenrunden« geben, das Symptom war bisher der »Marktführer«. Das »Neue« ist das »zarte Pflänzchen« und braucht einen »Sponsor«. Dabei ist wichtig, zu entwickeln: »Jedes Mal, wenn Sie eine ›Ehrenrunde‹ machen, was könnten Sie dann tun?«
- Der »perfektionistische Antreiberteil« möchte Ehrenrunden vermeiden. Was braucht dieser, um sich beruhigen zu können?
- Wenn du es eilig hast, gehe langsam und mach kleine Schritte.
- Lass in der Beratung auch mal die Seele baumeln.
- Bei starrem Muster: Steh auf und bring den Körper in Bewegung!
- Suche nach »Unterschieden, die Unterschiede machen«.
- Hole dir sinnstiftendes Feedback von der Klientin: »Sind wir mit der Beratung noch auf dem richtigen Weg? Fühlen Sie sich dadurch unterstützt?«
- Pendle zwischen Problem- und Lösungszustand und ziele nicht einseitig auf eine Lösung ab.
- Arbeite in »Teilemodellen«. Verbalisiere hypothetisch innere Anteile, wie der Klient sie erlebt, und mache sie als Ich-Botschaften dem Klienten transparent: »Mir kommt es so vor, als gäbe es zwei Seiten in Ihnen, die eine Seite … und die andere Seite … und beide kämpfen um die Oberhand. Können Sie mit diesem Bild etwas anfangen?« So werden Ambivalenzen deutlich, gewürdigt und utilisiert.
- Utilisiere die Zuweisungsdynamik: »Wer hatte die Idee zur Beratung? Wie geht es Ihnen damit? Welche Hoffnungen sind damit verbunden?«

- Nutze Skepsis, statt sie wegmachen zu wollen. Würdige Misstrauen als Hinweis auf wichtige Bedürfnisse.
- Wogegen du ankämpfst, dahin geht Energie und Aufmerksamkeit, dadurch wird der Problemzustand aufrechterhalten.
- Restriktionen sind nicht direkt veränderbar, ich kann jedoch den Umgang mit Restriktionen verändern.
- Man lernt in die Welt zu gehen und neue Erfahrungen zu machen, indem man sich löst.
- Ziel ist die »bezogene Individuation« (Helm Stierlin): Ich fühle mich ganz bei mir und gleichzeitig mit anderen verbunden.

3. Anregungen für Klienten zur Klärung von Zielen und Motivation *KOMPAKT*

- Wie genau sieht dein Ziel aus? Was möchtest du erreichen? Formuliere es positiv, sehr konkret und als aus eigener Kraft erreichbar.
- Skaliere auf einer Skala von 1 bis 10 deine Motivation, das Ziel zu erreichen.
- Wofür ist es für dich wichtig, dieses Ziel zu erreichen?
- Wofür wäre es gut, das Ziel (noch) nicht zu erreichen? Was wäre der »gute Grund« dafür?
- Kannst du den »guten Grund« anerkennen?
- Für welches legitime Bedürfnis steht der »gute Grund«? Vielleicht Entspannung, Ruhe, Sicherheit oder etwas anderes? Nimm dir ruhig etwas Zeit für die Frage.
- Angenommen, dein Ziel wäre erreicht. Woran merkst du das ganz konkret? Was ist dann anders? Beschreibe es möglichst konkret und präzise.
- Welche Auswirkungen hat es auf unterschiedliche Lebensbereiche sowie die Beziehungen zu deinen Bezugspersonen, wenn du das Ziel erreicht hast?

- Von welchem Glaubenssatz müsstest du dich dann vielleicht lösen?
- Was wirst du dann zu dir selbst sagen können?
- Welches Symbol würde dazu passen, wenn du dein Ziel erreicht hast?
- Welches Gefühl ist dann da?
- Angenommen, eine Farbe würde zu diesem Gefühl passen, welche könnte das sein?
- Vielleicht gibt ein Bild, was dazu passt … (eine Landschaft oder etwas anderes).
- Wo in deinem Leben gab es Situationen, wo dir etwas gut gelungen ist? Male dir ein inneres Bild dazu. Welches Gefühl löst das aus? Lass dir dafür ruhig einen Moment Zeit …
- Welche Resonanz gibt es im Körper? Fühlt es sich irgendwo vielleicht leichter, weiter, offener, lockerer, wärmer, kraftvoller, stärker etc. an? … in den Schultern, im Brustbereich, oder im Bauch, oder ganz woanders?
- Nimm eine Körperhaltung ein, so, wie wenn dein Ziel erreicht wäre.
- Würdest du dann stehen oder sitzen? Wie wären die Schultern, wie die Arme und wie die Atmung?
- Nimm dir einen Moment Zeit. Mach ein paar leichte Atemzüge und achte darauf, wie sich bei jedem Ausatmen eine tiefere Entspannung einstellen kann. Stell dir nun eine Situation in deinem Leben vor, wo dir etwas gut gelungen ist und wo du sehr zufrieden mit dir warst, du gut in Kontakt mit dir warst und wo du positives Feedback bekommen hast. Nimm dir einen Moment Zeit dafür. Und stell dir jetzt vor, wie diese Erfahrung hinüberfließen kann … in die Situation, als wenn du dein Ziel erreicht hast … lass ein Bild entstehen … wie es ist, wenn du dein Ziel erreicht hast … was ist da zu sehen … wie ist die Situation … wie die Stimmung … und welches Gefühl kann sich jetzt ausbreiten? … nimm dir einen Augenblick Zeit dafür … und nach einer Weile kannst du dich von diesem Moment verabschieden und mit deiner Aufmerksamkeit wieder ganz ins Hier und Jetzt kommen …
- Wie war die Erfahrung und wie geht es dir jetzt?

- Wie geht es dir mit deinem Ziel im Vergleich zum Beginn der Übung?
- Skaliere deine Motivation erneut. Gibt es einen Unterschied zu dem Wert zu Beginn der Übung?
- Gibt es vielleicht schon einen nächsten Schritt oder braucht es noch Zeit dafür?

Anhang II: Zwei Fragebögen zum Ressourcensammeln

1. Ressourcensammeln für einzelne Klienten

Welche Fähigkeiten schätze ich an mir …? Was kann ich gut …? Was mache ich gerne …? Wobei geht mein Herz auf …? Was macht mich stolz?
Welche Menschen sind besonders wichtig für mich?
In welcher Lebensphase war ich besonders zufrieden und glücklich?
Was kann ich selbst über mich Wohlwollendes sagen?
Wie kann ich genießen?
Was schätzt meine Familie an mir? (Partner bzw. Partnerin, Kinder, Geschwister, Eltern, Großeltern)
Was würde ein guter Freund bzw. eine gute Freundin Wohlwollendes über mich sagen?

Was mache ich im Rahmen meiner Arbeit/Schule/Ausbildung gerne?
Welcher Herzenswunsch beschäftigt mich – auch wenn er sich vielleicht nicht erfüllen wird?
Was hat mir geholfen, eine schwierige Situation in meinem Leben zu bewältigen?
Wem bin ich in meinem Leben besonders dankbar? Und wofür genau?
Wie kann ich entspannen und ganz bei mir sein?
Wie kann ich mir körperlich etwas Gutes tun?
An welchem Ort fühle ich mich sicher und wohl? Erzähle etwas über den Ort und lass ein inneres Bild mit Farben, Geräuschen, Stimmungen und Gefühlen entstehen … und welche Resonanz im Körper ist währenddessen spürbar? …

2. Ressourcensammeln für Paare

Zu Beginn der Übung beschäftigt sich jeder zunächst allein mit den Fragen. Dabei geht es nicht darum, alle Fragen beantworten zu müssen. Ziel ist es, einen inneren Reflexions- und Suchprozess zu initiieren. Dabei können auch Fragen einfach ausgelassen werden, die gerade noch nicht passend erscheinen. Manchmal werden sie erst zu einem späteren Zeitpunkt bedeutsam und entfalten ihre Wirkung ganz von allein.

Im Anschluss daran können beide Partner über die Fragen ins Gespräch kommen. Dabei ist es wichtig, sich gegenseitig zuzuhören, neugierig zu sein und wertschätzend Interesse an der Sichtweise des anderen zu zeigen. Es geht um die Anerkennung der jeweiligen Sichtweisen und den damit verbundenen Bedürfnissen und nicht um eine Bewertung.

Wo und wie haben wir uns kennengelernt? Wer hat den ersten Schritt gemacht?
Was fand ich damals an meinem Partner bzw. meiner Partnerin attraktiv und reizvoll?
Wie sind wir dann als Paar zusammengekommen? Wie genau war die Situation?
Gibt es etwas, was bei mir Erinnerungen an damals weckt (z. B. besondere Musik, ein Ort, ein Geruch)?

Was war unser schönster gemeinsamer Urlaub?
In welcher Lebensphase waren wir als Paar besonders zufrieden und glücklich? Wie war das genau?
Wie können wir die gemeinsame Zeit genießen? Was machen wir gerne und mit Leichtigkeit zusammen?
Was verbindet uns als Paar besonders? (z. B. Werte, Haltungen, Vorlieben, Lebensentwürfe)
Womit bringt mich mein Partner/meine Partnerin zum Lachen?
Was würde mein Partner bzw. meine Partnerin Wohlwollendes über mich sagen?
Welche »Seiten« schätze ich besonders an meinem Partner bzw. meiner Partnerin?

Welche Krisen bzw. Übergänge haben wir in der Vergangenheit bewältigt? Was hat uns dabei geholfen?
In welcher schwierigen Situation oder Lebensphase hat mich mein Partner bzw. meine Partnerin besonders unterstützt?
Wofür bin ich meinem Partner bzw. meiner Partnerin besonders dankbar?
Wo möchte ich mit meinem Partner bzw. meiner Partnerin in einem Jahr stehen? Was wäre anders?
Welche Hoffnung ist damit verbunden?
Welcher Herzenswunsch beschäftigt mich, bezogen auf unsere Paarbeziehung – auch wenn er sich vielleicht nicht erfüllen wird?
Wie kann *ich* dazu beitragen, dass sich unsere Paarbeziehung positiv entwickelt?

Was wünsche ich mir von meinem Partner bzw. meiner Partnerin, was man nicht für Geld kaufen kann?
Angenommen, meinem Partner bzw. meiner Partnerin würde etwas sehr guttun, was man nicht für Geld kaufen kann – was könnte das sein? (z. B. Gelassenheit, Sicherheit, Vertrauen etc.)
Womit konkret könnte ich meinen Partner bzw. meine Partnerin positiv überraschen?
Was soll sich in Zukunft nicht verändern, was darf so bleiben wie es ist?
In welchen Bereichen unterscheiden wir uns? (z. B. Einstellungen, Haltungen, Vorlieben)
In welchen Situationen und bei welchen Aktivitäten bin ich am liebsten nur für mich?
Was würde ich gerne mal Neues ausprobieren?

Wie kann ich mir etwas Gutes tun und mich entspannen?
An welchem Ort fühle ich mich sicher und wohl? Erzähle oder schreibe etwas über den Ort und lass ein inneres Bild mit Farben, Geräuschen, Stimmungen und Gefühlen entstehen … und welche Resonanz im Körper ist währenddessen spürbar? …
Angenommen, ihr seid alt und weise und sitzt gemeinsam zufrieden und milde lächelnd auf einer Bank. Was könnte das weise Paar dem heutigen Paar Hilfreiches mit auf den Weg geben? Was hat dazu beigetragen, als Paar im Alter zufrieden zu sein? Was könnte es sagen?
Meine Zusatzfrage: